U0115450

《華嚴經》與哲學科學
會通之研究

--果濱撰

自序

　　本書命名為《華嚴經與哲學科學會通之研究》，乃末學多年講授「《華嚴經》與科學」的論文寫作結晶。「佛學與科學」一直是教內、教外熱門的議題，但究竟應該稱為「佛學與科學」？還是「科學與佛學」？應該說研究「科學」，然後去「證明」佛法的智慧？還是說研究「佛法」，然後去「印證」科學家的成果？國父孫中山先生曾說：「**佛學為哲學之母，救世之仁，研究佛學可以補科學之偏**」。也就是說應該是研究「佛法」，然後去「印證」科學家的成果才對。一般最常聽到的用辭是：「**用科學去印證佛法**」，其實這種邏輯是不對的！這好比是說由一位「學生」去印證「教授」的說法？還是由一位「教授」去印證「學生」的說法呢？「佛法」是屬於「教授」？還是屬於「學生」呢？

　　中國科學技術大學前校長暨中國科學院院士朱清時曾於「物理學步入禪境：緣起性空」一演講中說：

　　「**當科學家千辛萬苦爬到山頂時，『佛學大師』已經在此等候多時了**」！
(詳見 2009 年 3 月 8 日，朱清時發表《物理學步入禪境：緣起性空》的宣傳佛教演講，認為當代物理學「弦理論」就是佛教的「緣起性空」觀點，詳見網址 http://fo.ifeng.com/zhuanti/shijiefojiaoluntan2/lingshanhuichang/fojiaoyukexue/200903/0328_360_54420.shtml)

　　中國近代諾貝爾得獎楊振寧博士（1922-　）於 2001 年 4 月香港「世紀論壇」上作了一次「美與物理學」的學術演講，他最後的結語說：

　　「**科學的極限是數學，數學的極限是哲學，哲學的極限是宗教**」。
又說：「**科學的盡頭是哲學，哲學的盡頭是佛學**」。
或說：「**物理研究到盡頭是哲學，哲學研究到盡頭是宗教**」。

「佛教是世界上偉大的宗教之一，兩千年傳入中國後，對中國文化
產生了深遠的影響」。
(以上說法，詳馬毅「哲學與人」。大連大學學報第一期第 26 卷。2005 年 2 月，p.57。或觀線上影片
2001 年 4 月香港「世紀論壇」之楊振寧演講：「美與物理學」。
http://www.56.com/u47/v_NjI1NzMxNDA.html 。或 http://www.youtube.com/watch?v=2TiqCr9jo7o)

若套用楊振寧的名言，那麼研究近代科學、數學、物理學；其盡頭
就是佛經的最高哲學，也可說就是《華嚴經》「一即一切」的最高哲學。

德國最有名的物理科學權威阿爾伯特‧愛因斯坦(Albert Einstein 1879-
1955)也這麼說：

「佛學是一切真正科學的原動力」。
(請參考《愛因斯坦論宗教與科學》(英漢對照，原題：《Science, Philosophy and Religion, A Symposium》,
published by the Conference on Science, Philosophy and Religion in Their Relation to the Democratic Way
of Life, Inc., New York, 1941。本文不同的譯文亦見於《愛因斯坦晚年文集》北京大學出版社，2008
年。題目是：「科學與宗教」，頁 17-24。或參考《愛因斯坦論佛教》。譯自 Albert Einstein： 《The
Human Side》, edited by Helen Dukas and Banesh Hoffman, Princeton University Press，1954 年普林斯
頓大學出版社出版）

所有科學的「新發明」，最終必須由「佛法」來認證。說深一點，佛法
根本就不需要「世間科學」來「證明」或「印證」的。因為在人世間有沒有
「科學」的存在？這不影響佛法存在，因為佛法永遠就是「真理」，不會因
沒有科學而變成「邪理」！然而「科學」是有「死角＆盲點」的，因為科學
家往往會推翻自己的說法，而且會不斷的「更正」或「修訂」自己的觀點；
然而佛法的「深義」卻不需「修訂」的！如太虛大師曾說：

佛典之「諸法實相」，即普通所謂「宇宙萬有真相」。佛學與通常「科
學、哲學」不同：「科學家」以「五官感覺」為工具，根據其所得之經
驗而歸納之，其所得結論為種種之學問，此種學問恒確而「不遍」，
屬「部份」的……

然則佛學並非科學之確定「一物一事」而「不移」，亦非其他哲學之「超人生」而恒「不切實際」者也。佛學以為一切真相，皆在「尋常萬有」之中，日用事物之內，故「無上正遍覺」，非惟佛能得之，人皆能得之；非惟人能得之，一切有情生物蓋能得之。

(詳黃夏年主編《太虛集》，中國社會科學出版社，1995 年 12 月一版，229 頁)

在《大般若波羅蜜多經》中說：「若如來出世、若不出世，『法性』常住，真如、法界，不虛妄性，終無改易。以一切法『法性、法界、法住、法定、真如、實際』，猶如虛空」(詳 CBETA, T07, no. 220, p. 744, c)。《佛說大乘入諸佛境界智光明莊嚴經・卷 4》也說：「若佛出世，若不出世，『法性』常住。以『法住』故，即是『法界』」(詳 CBETA, T12, no. 359, p. 262, a)。我們也可以這樣套用說：若科學出世，或不出世，佛法的「法性真理」永遠常住！又如佛典常說：「諸法無常、無法無我、性空、眾因緣生法」，這些法義是永遠不需要「更正、修訂」的。頂多佛會進一步說「法尚應捨、何況非捨」，或者「空亦復空」的道理，要人去除「法執」而已。

將來的「科學」無論進步到何種程度，它與佛法也只能是「不即不離」的關係而已。科學有「死角」與「盲點」，所以它與甚深的佛法，只能是「不即」的關係。佛法之深義，有時科學又可發揮「補充註解」的功能，所以科學與甚深佛法亦有「不離」的關係。「佛法與科學」這類的議題，會歸龍樹《中論》的名句，就是「不即不離」而已！

不能說「佛法」與「科學」終究會研究到「完全一樣」的等同關係。
也不能說「佛法」與「科學」之間是「完全沒有交涉」的相異關係。

《大方廣佛華嚴經》云：「知一切法『非世間』、知一切法『不離世間』」(詳 CBETA, T09, no. 278, p. 580, a)。又云：「不住世間，『不離』世間。不住於法，『不

離』於法」(詳 CBETA, T10, no. 279, p. 233, c)。吾人研究「佛法」與「科學」這類的議題,應該要有這種「如法」的知見,方不至落入「邪見」中。二十一世紀的許多科學新發現,幾乎每一件都可成為佛教經典的「詮釋」或「旁證」,如馬克斯·普朗克(Max Planck 1858-1947)所云:

宗教與科學之間,絕不可能存在任何真正的對立,因為二者之中,一個是另一個的補充。(詳馬克斯·普朗克《科學向何處去》)

本書共分為五章,第一章是探討「《華嚴經》與『心識』的科學實驗觀」。據四十《華嚴》云:「善男子!諸業虛妄,積集名心,末那思量,意識分別,眼等五識,了境不同」(詳 CBETA, T10, no. 293, p. 688, a)。可知吾人的「第八識」能「積集」種種善惡業習種子,「第七識」有恒審「思量」作用,「第六識」及「前五識」則具「分別」作用。四十《華嚴》又說:「彼阿賴耶終不自言:我生七識。七識不言:從賴耶生,但由自心執取境相,分別而生」(詳 CBETA, T10, no. 293, p. 704, c)。這段經文說明吾人的「阿賴耶識」與「前七識」乃處於微妙不可思議的關係,兩者有「種子起現行,現行薰種子」及「不即不離」的關係。據現代腦科學研究亦認為「意識」時而不與「潛意識」來往,各自分工合作;時而又互相增進彌補的微妙關係,這些現象皆可由先進的「功能性磁振造影」(fMRI)掃描而得到實驗結果,同時亦可佐證《華嚴經》的「心識」思想與科學相會通之處。

第二章是對《華嚴經》最有名的偈頌「心、佛及眾生,是三無差別」(詳 CBETA, T09, no. 278, p. 466, a)做研究。這句話在經論著解及諸多禪師語錄中被廣泛的運用,它是代表佛法的最高哲學「意境」?還是一種可以「實現」的真理?本章討論這三者為何是無差別的問題?三者為何有「不離」的邏輯哲理,以及如何在人世間實現這番道理,文中亦舉出科學實驗的相關證據。

第三章是「《華嚴經》的『分形』與『全息』理論哲學觀」。「分形」（fractal）的概念是由美籍數學家<u>伯奴瓦・曼德布羅特</u>（Benoit Mandelbrot 1924-2010）於 1967 年首先提出，他認為一切事物的「局部」形態與「整體」形態總是「相似」的。如果能了解「單一」的個體，就可掌握到「全體」，此即《華嚴經》「一塵中現無量刹」(詳 CBETA, T09, no. 278, p. 434, c)的哲學觀。「全息」（Holography）理論又稱「全像」理論，是由美國物理學家<u>大衛・玻姆</u>（David Bohm 1917-1992）所提出，他認為宇宙在「高維」（Higher Dimensions）系統中是一個不可分割的「整體」，但在「三維空間」時卻變成了獨立的個體，此即是《華嚴經》「一能為無量，無量能為一」(詳 CBETA, T09, no. 278, p. 424, c)的哲學觀，文中亦舉出許多相關的科學理論。

第四章是「《華嚴經》『六根互用』之研究」。「六根互用」是指如來於一根中能具足「見色、聞聲、齅香、別味、覺觸、知法」的功德。《華嚴經》中有「佛不思議法品、十定品、賢首品」三品都在探討「六根互用」的思想。本章將研究「六根互用」的修法、「六根互用」的科學觀，及「三根聯覺互用」的人。後面附錄為：《度世品經》與六十、八十《華嚴經》「離世間品」的十種「六根」義比對。

第五章是「《華嚴經》『華藏世界』的宇宙論與科學觀」。分別討論「二十重世界種的宇宙論與科學觀、世界種構造的星系觀、世界海的宇宙論與科學觀、華藏莊嚴世界海的宇宙論與科學觀、圍繞「華藏莊嚴世界海」之十個世界海的宇宙論與科學觀」……等。宇宙的浩瀚無窮無盡，終需會歸「萬法唯心、色即是空」的「一真法界」性空境界。

本書最後附錄的是「《華嚴經・華藏世界品》的全文解析」。每一個「世界海」都附上自製的圖片說明。

下面再附上一段科學的演變流程：

❶公元 100 年左右，古希臘數學家、天文學家、地理學家、占星家克勞狄烏斯·托勒密（古希臘語：Κλαυδιος Πτολεμαῖος，Klaudios Ptolemaios；拉丁語：Claudius Ptolemaeus，約 90—168，又譯托勒玫或多祿某）認為「地球」是宇宙的「中心」點，而其他的星球都環繞著地球而運行，此稱為「地心說」或「天動說」。

❷公元 1500 年左右，波蘭天文學家尼古拉·哥白尼（拉丁語名 Nicolaus Copernicus，波蘭語名 Mikołaj Kopernik，1473～1543 年）提出宇宙是以「太陽」為中心的說法，此稱為「日心說」或「地動說」。

❸公元 1700 年左右，英國天文學家弗里德里希·威廉·赫雪爾爵士，FRS，KH（Sir Frederick William Herschel，德語原名：Friedrich Wilhelm Herschel。1738～1822）於 1785 年繪出了「銀河系」的「扁平」形體，並認為我們的「太陽系」是位於「銀河系」的中心。他曾作出多項的天文發現，包括「天王星」等，故被譽為「恆星天文學之父」。➔佛法講「心」才是「宇宙」的中心點。

❹公元 1900 年左右，美國天文學家及美國科學院院士哈羅·沙普利（Harlow Shapley 1885～1972）提出我們的「太陽系」是位於「銀河系」的「邊緣」。

❺公元 2000 年左右，英國「皇家天文學會」院長兼劍橋大學教授馬丁·芮斯（Martin J. Rees 1942-）說：人類永遠不可能瞭解宇宙！

❻公元 2000 年左右美國物理學家約翰·阿奇博爾德·惠勒（John Archibald Wheeler 1911-2008）說：Nothing exists until it is observed.（只有受到「觀察」，才有「存在」；若無「觀察」，就無物存在！）

❼公元 2007 年的量子物理學家說：向「現實」道別（Quantum physics says goodbye to reality）一文，詳細說明：「現實」或「真實」是不存在的！(詳閱 http：//physicsweb.org/articles/news/11/4/14)

❽ ？ ？ ？

　　如果按照這樣發展下去的話，便如《華嚴經》所云：「了知境界如幻如夢，如影如響，亦如變化」(詳 CBETA, T10, no. 279, p. 88, c)，及「一切諸法，但是虛妄，無有真實」(詳 CBETA, T09, no. 278, p. 467, b)。科學研究的「終點站」就如前面朱清時院士說的「當科學家千辛萬苦爬到山頂時，『佛學大師』已經在此等候多時了！」。

　　期望這本《華嚴經與哲學科學會通之研究》專書，能帶給愛好《華嚴經》及喜歡研究「哲學」與「科學」的廣大讀者更多的啟發。

　　　　　　　　　　公元 2014 年 1 月 20　果濱序於土城楞嚴齋

第一章 《華嚴經》「心識」的科學實驗觀

本章發表於 2011 年 3 月 13 日(星期日)大華嚴寺主辦之「第二屆華嚴學術研討會-佛學與科學研討會」。當天與會學者為本文提供諸多寶貴意見,經筆者多次修潤後已完成定稿。

　　唐・實叉難陀(Śikṣānanda 652～710)譯《大方廣佛華嚴經・卷第十六》云：「不能了自心，云何知正道？」[1]《華嚴經》的「心識」思想並非如《唯識二十、三十頌》或《成唯識論》般來的詳贍，但卻為唯識學「六經十一論」[2]的其中一經，有關《華嚴經》的「唯識」思想研究並不多，本章將以《華嚴經》的「唯識」思想為主軸，進而探討其與現在科學科學實驗相印證之處。據四十《華嚴》之唐・般若(prajñā 734～？)譯《大方廣佛華嚴經・卷六》云：「善男子！諸業虛妄，積集名心，末那思量，意識分別，眼等五識，了境不同。」[3]由經文可知吾人的「第八識」能「積集」種種善惡業習種子，「第七識」有恒審「思量」作用，「第六識」及「前五識」則具「分別」作用。以現代的腦科學發展來說，「第八識」則相似於科學所稱之「靈魂」或「靈性」；「第七識」相似於「杏仁核(Amygdala)、生命預警中心」或「潛意識」；「前六識」則同大眾所用的「意識」一語。

　　又四十《華嚴》之唐・般若譯《大方廣佛華嚴經・卷第九》云：「彼阿賴耶終不自言：我生七識。七識不言：從賴耶生，但由自心執取境相，分別而生。」[4]此段經文說明吾人的「阿賴耶識」與「前七識」乃處於微妙不可思議的關係，兩者有「種子起現行，現行薰種子」[5]及「不即不離」的

[1] 詳《大正藏》第十冊頁82上。

[2] 據唐・窺基撰《成唯識論述記・卷一》云：「又今此論爰引六經，所謂《華嚴》、《深密》、《如來出現功德莊嚴》、《阿毘達磨》、《楞迦》、《厚嚴》。十一部論。《瑜伽》、《顯揚》、《莊嚴》、《集量》、《攝論》、《十地》、《分別瑜伽》、《觀所緣緣》、《二十唯識》、《辨中邊》、《集論》等為證，理明唯識三性、十地因果行位了相大乘」。詳《大正藏》第四十三冊頁229下。

[3] 詳《大正藏》第十冊頁688上。

[4] 詳《大正藏》第十冊頁704中。

[5] 此語請參閱《成唯識論・卷七》云：「一種子，二現行。種子者，謂本識(第八識)中善、染、無記諸界地等功能差別，能引次後自類功能……現行者，謂『七轉識』及彼相應所變相見性界地等，除佛果善極劣無記，餘『熏』本識(第八識)，生自類種」。詳《大正藏》第三十一冊頁40上。又《成唯識論述記・卷七》云：「六轉識皆依本識(第八識)『種子』現行，而得現起」。詳《大正藏》第四十三冊頁475中。

關係。據現代腦科學研究亦認為「意識」時而不與「潛意識」來往，各自分工合作；時而又互相增進彌補的微妙關係，這些現象皆可由先進的「功能性磁振造影」(fMRI)掃描而得到實驗結果，同時亦可佐證《華嚴經》的「心識」思想與科學相會通之處。

　　本章題目「從《華嚴經》探討「心識」的科學實驗觀」，這個題目在科學領域或佛學領域上應該是不被看好的[6]，因為研究佛法者，普遍認為佛典上的「心識」或「阿賴耶識」問題難以用現代科學儀器去證明的；就算有科學實驗證明，但科學往往是有死角與盲點的，因為科學家每隔一陣子就會推翻自己的說法，而且會不斷的更正或修訂自己曾經發現的觀點。然而佛法的深義卻不需修訂，如經典上常說：「若佛出世，若不出世，法性常住」[7]，又說「諸法無常、無法無我、性空、眾因緣生法」，這些法義是永遠不需要再做更正或修訂的。不過，科學日新月異，在 3C 高科技不斷提升下，我們對大腦有了更深一層的認識，相關的研究也不斷地被發表出來，逐漸與佛典所說的道理「相似」或「接近」中。

　　在麗塔・卡特著(Rita Carter)洪蘭譯《大腦的祕密檔案》一書中，就「宗教」與「科學」問題提出了嶄新的觀點：

　　「宗教」上的信仰和經驗，通常被認為不可能用「科學」去探索，但是加州大學聖地牙哥分校的神經學家在腦的「顳葉」附近，找到製造強烈的「超理智感覺」以及部分「神祕感」的地方。加拿大羅倫西安

---

[6] 如《大腦的祕密檔案》一書云：「直到最近，大部份的認知科學家或神經科學家都覺得『意識』實在太有哲學性，或太捉摸不定，無法用實驗的方法去研究它」。詳麗塔・卡特著(Rita Carter)，洪蘭譯《大腦的祕密檔案》(《Mapping the Mind》)，台北：遠流出版，2002 年 02 月，頁 332。

[7] 此語見《佛說大乘入諸佛境界智光明莊嚴經・卷四》。詳《大正藏》第十二冊頁 262 上。

大學(Laurentian University)的神經科學家辛吉(Michael Persinger)刺激這個地方的皮質，甚至可以在不信教的人身上製造出這種「靈魂」超然存在的感覺……這似乎顯示，我們大腦裡有一塊宗教區。[8]

佛典所說的「心識」問題，目前雖仍無法獲得科學「完整」的佐證，但比起過去十年已進步很多，誠如國父孫中山先生說的：「佛學為哲學之母，救世之仁，研究佛學可以補科學之偏。」所以佛學道理的確可以彌補科學研究上不足的地方，也可補充科學無法完整解釋之處。

本章中所引用的科學實驗影片皆為電視節目所公開播放過諸如：英國廣播公司(British Broadcasting Corporation 簡稱 BBC)、國家地理頻道(National Geographic Channel 簡稱 NGC)、探索頻道(Discovery Channel)……等。期望章內容能讓研究《華嚴經》者更能認識「心識」的科學問題，也期待腦神經科學研究專家皆能引用佛典的觀點去進一步探索人類大腦的「心識」問題。

---

[8] 詳麗塔‧卡特著(Rita Carter)，洪蘭譯《大腦的祕密檔案》(《Mapping the Mind》)，台北：遠流出版，2002 年 02 月，頁 24。

第一節　前七識與第八識乃「不即不離」的科學觀

「前七識」指「眼識、耳識、鼻職、舌職、身識、意識、末那識」，統稱「前七識」，其與「阿賴耶識」二者一直處於「不即不離」或「非同非異」的關係，此類說法從世親(Vasubandhu 約公元 320~400)的《唯識三十頌》即云：「(末那識)依彼(第八識)轉(生起)，緣彼(生起)」，[9]屬於唯識「六經十一論」之元魏‧菩提留支(Bodhiruci，公元 508 年至洛陽譯經)譯《入楞伽經‧卷二‧集一切佛法品》亦云：「大慧！如是轉識(前七識)、阿黎耶識，若『異相』者，(前七識則)不從阿黎耶識生。若『不異』者，轉識(前七識)滅(則)阿黎耶識亦應滅，而自相(之)阿黎耶識不滅。」[10]

到了唐代才譯出的《大乘密嚴經》則將「阿賴耶識」喻作「磁石」，「末那識」或「前七識」喻作「鐵」，「阿賴耶識」能生出「前七識」，而「前七識」所造的善惡業種子亦會去薰習「阿賴耶識」，這二者始終處在「相生又不相知」的微妙關係，如唐‧不空譯《大乘密嚴經‧卷一‧妙身生品〉云：

「末那」(第七識)緣「藏識」(阿賴耶識)，如磁石(喻藏識)吸鐵(喻末那識)。
如蛇有二頭(一末那頭，一藏識頭)，各別為其業。[11]

《大乘密嚴經‧卷三‧阿賴耶即密嚴品》云：

「賴耶」(阿賴耶識)與「(餘)七識」，當知亦復然。
習氣繩所牽，無人而若有。遍滿有情身，周流於險趣。

---

[9] 詳《大正藏》第三十一冊頁 60 中。
[10] 詳《大正藏》第十六冊頁 522 上。
[11] 詳《大正藏》第十六冊頁 729 中。

如鐵(喻前七識)與磁石(喻藏識)，展轉「不相知」。[12]

《大乘密嚴經‧卷三‧阿賴耶即密嚴品》云：

「七識、阿賴耶」，展轉互相生。[13]

以現代的腦神經科學也證明了我們的意識是來自看似「各不相同」卻又「相互聯結」的「神經元」眾緣和合下所產生[14]，如此則與佛典是互相印證的，底下將分別以「不離」與「不即」二段小標題作說明。

(一)不離

「前六識」及「第七識」皆由「阿賴耶識」所變現出來，此在世親《唯識三十論頌》中即詳云：「是識名末那(第七識)，依彼(第八識)轉，緣彼(第八識)」[15]、「依止根本識(第八識)，五識隨緣現，或俱或不俱，如濤波依水」[16]、「由一切種識(第八識)，如是如是變，以展轉力故，彼彼分別生」[17]。隋‧真諦(Paramartha 499~569)《轉識論》亦云：「如是七識，於阿梨耶識中盡相應起，如眾像影俱現鏡中，亦如眾浪同集一水」[18]。「前七識」與「阿賴耶識」可謂處於「不離」的關係，沒有「阿賴耶識」就不會「前七識」的生起。「第八識」喻如大海，「前七識」喻如波浪，波浪「不離」大海，大海可隨「無明風」而起「前七識」波浪。在唐‧般若(prajñā，734～？)譯《大方廣佛華

---

[12] 詳《大正藏》第十六冊頁 767 下。

[13] 詳《大正藏》第十六冊頁 768 中。

[14] 以上說法可參閱 BBC 英國廣播公司 2009 年發行的「神秘的你」(BBC The Secret You)，影片內容 46 分 20 秒處。

[15] 詳《大正藏》第三十一冊頁 60 中。

[16] 詳《大正藏》第三十一冊頁 60 下。

[17] 詳《大正藏》第三十一冊頁 61 上。

[18] 詳《大正藏》第三十一冊頁 62 中。

嚴經・卷九・入不思議解脫境界普賢行願品》中也詳細說明了「第八識」與「前七識」不相捨離、不一不異的道理，如經云：

藏識(阿賴耶識)轉變，識波浪(前七識)生，譬如瀑流，相續不斷……(七轉識與藏識)因緣相作，不相捨離，不一不異，如水與波。[19]

仔細檢視《華嚴經》這段經文，其與較早譯出的《楞伽經》(Laṅkāvatāra-sūtra)也有同樣的經文片段內容，或許兩者是來自同一個譯本，茲將四個譯本經文比對如下圖解：

《楞伽阿跋多羅寶經》	《入楞伽經》	《大乘入楞伽經》	《大方廣佛華嚴經・卷九・入不思議解脫境界普賢行願品》
劉宋・求那跋陀羅譯 (Guṇabhadra) A.D. 394～468	元魏・菩提流支譯 (Bodhiruci) 公元 508 年至洛陽	唐・實叉難陀與復禮等譯 (Śikṣānanda) A.D. 652～710	唐・般若譯 (prajñā) A.D. 734～？
公元 443 年譯畢	公元 513 年譯畢	公元 700 年譯畢	公元 796 年譯畢
水流處「藏識」(阿賴耶識)，「轉識」(前七識)浪生……	於「阿黎耶識」海起大湧波，能生「轉識」（前七識）……	「阿賴耶識」如瀑流水，生「轉識」(前七識)浪……	「藏識(阿賴耶識)」轉變，識波浪(前七識)生，譬如瀑流，相續不斷……
因(七轉識與藏識)所作相(乃)異、不	因事相(指七轉識與藏識)故，迭共不	大慧！因(七轉識與藏識)所作相(乃)非一、非異……	(七轉識與藏識)因緣相作，不相捨離，不一不異，

---

[19] 詳《大正藏》第十冊頁 704 中。

異……20	相離故……21	22	如水與波……

　　除了《楞伽經》的三個譯本外，民國・談錫永也曾重譯這部經，如他的《入楞伽經梵本新譯・集三萬六千一切法品》云：「藏識」(阿賴耶識)喻如洪水，「轉識」(前七識)即生波浪。23

　　以現代的科學實驗來說明阿賴耶識能生「前七識」，或阿賴耶識能取代「前七識」的功能，是可以找到相關理論的。茲舉幾部科學影片來說明：

(1)《Discovery-DVD 醫學疾病系列》：意識昏迷(Coma:The Silent Epidemic)—2001 年出版

　　影片 11 分 52 秒開始探討昏迷病人究竟有沒有「意識」？美國 Mary Kay Blakely 女士(中譯名：瑪莉凱)曾經因糖尿病發作而昏迷達九天，但她卻可將昏迷九天內所發生的事情全部詳細完整的說出來。比如：

❶她說嘴裡有塞著呼吸器(表示她仍有舌識、鼻識、身識)。

❷手上有鐐銬，插滿管子(表示她仍有身識感覺)，她說她無法「驅動」力量去掙脫這些管子。

❸她看到有護士不斷進來打針折磨她(表示她仍有眼識與身識)。

❹大腦仍能清楚的「思考」(表示她仍有意識知覺)。

---

20 詳《大正藏》第十六冊頁 484 上。
21 詳《大正藏》第十六冊頁 523 上。
22 詳《大正藏》第十六冊頁 594 中。
23 談錫永譯。《入楞伽經梵本新譯》。台北市：全佛文化，2005，12。頁 50。

如下影片擷圖：

影片中的 Dr. Phillip Villanueva, MD 醫生表示：「昏迷病人真的會擁有部分或全部的記憶，他們可能無法改變來自周圍的刺激，但對周遭情形仍會有『情感知覺』的反應，尤其是『聽覺』是最不容易喪失的感覺」。

從這部「意識昏迷」的科學影片中可說明病人Mary Kay Blakely雖然昏迷九天，但她仍有一個未知的「深意識」去「感覺」她的身體，這個未知的「深意識」也許與佛典說的「第八識」或「第七識」是相類似的；而第八識能產生「前七識」的功能，或第八識亦能取代「前七識」的功能，在世親《唯識三十論頌》中即云：「阿賴耶識⋯⋯常與『觸、作意、受、想、思』相應」[24]，及護法(Dharmapāla 530~561)《成唯識論・卷三》亦云：「阿賴耶識無始時來，乃至未轉，於一切位恒與此『五心所』相應，以是『遍行心所』攝故。」[25]除了「阿賴耶識」能與「五遍行心所」相應，其餘七個識中任何一識生起，也都與「五遍行心所」相應而生起作用，故阿賴耶識亦能有「前七識」的功能，這在唐・般若譯《大乘理趣六波羅蜜多經・卷第

---

[24] 詳《大正藏》第三十一冊頁 60 中。❶觸(sparśa)：指心對「境」所產生的「接觸」了別作用，計有「根、境、識」三種。❷作意(manasikāra)：令心、心所「警覺」對象之作用，促發心的作用，使之對外境產生「警覺」性。❸受(vedanā)：對外境領納接受「苦、樂、非苦非樂」三受之作用。❹想(saṃjñā)：非指一般的「想像」，是一種較為確定的「取像認識」作用，如 dv 攝影機將外境拍攝起來，然後提出種種概念去表象那些「外境」。❺思(cetanā)：令心「造作」諸業之作用，役使心去生起「善、惡、無記」的行動。

[25] 詳《大正藏》第三十一冊頁 11 中。

十》中有清楚的說明，經云：

> 睡眠與昏醉，行住及坐臥，作業及「士用」(puruṣakāra-phala 謂人使用工具
> 所造作之各類事情，故稱為「士用果」)，皆依「藏識」(阿賴耶識)起。[26]

人在「熟睡」或「昏醉」時，第六識是暫時不起作用的，[27]然而日常生活的「行住坐臥」等所有機能，皆全部是依止「藏識」(阿賴耶識)而生起種種的「作業」及「士用」，故「第八識」能有主控「前七識」或取代「前七識」功能的一種力量。

(2)九死一生：奇蹟復活(2008.12.2 National.Geographic.Channel)

影片 29 分 42 秒開始芝加哥的潘雷諾斯(Pam Reynolds)女士曾於 1991 年 8 月因頭痛而需進行大腦開刀，為了順利大腦開刀，醫生必須讓她心跳完全停止，體溫降到 15 度，然後施打大量的「巴比妥酸鹽」，讓腦部處於深層的「昏迷」狀態，進而達到臨床的「死亡」階段。手術進行七小時後，隔天潘雷諾斯(Pam Reynolds)女士便順利清醒過來，但她卻把深層昏迷七小時所發生的事情完整講述出來，事後經醫生的確認，內容是完全正確的，比如：

> ❶她說看見自己的靈魂出竅，然後往下看著自己的身體(表示她仍有眼識)。

---

[26] 詳《大正藏》第八冊頁 911 下。

[27] 如世親《唯識三十論頌》云：「意識(第六意識)常現起，除生❶無想天、及❷❸無心二定、❹睡眠，與❺悶絕」。詳《大正藏》第三十一冊頁 60 下。真諦《轉識論》則云：「問：此意識(第六意識)於何處不起？答：離❶無想定，及❷無想天(按：此處缺「滅盡定」)，❸熟眠不夢、❹醉、❺悶絕、❻心暫死，離此六處，餘處恆有」。詳《大正藏》第三十一冊頁 62 中。

❷她說她聽到一個 D 調的噪音，這是高速「美敦力」的氣鑽聲(表示她仍有耳識)。

❸手術後的電擊讓她恢復生命(表示她仍有身識)。

❹記得護士之間的清楚對白，就算周遭有很多噪音，但仍能清楚的聽到對話內容(表示她仍有記憶，而且耳識異常靈敏)。

如下影片擷圖：

我看得一清二楚，視線非常的清楚

如果她被深度的「麻醉」，怎麼會得到這些「資訊」呢？

除此二部影片外，還有一部「陰謀搜索線・瀕死經驗」(2008.10.8 Discovery）也在探討同樣的問題。從科學或醫學實驗中均可得知就算腦部完全處於「昏迷狀態」，仍有一個「不可思議」的「深意識」力量去取代它的作用，在醫學、科學中只有「潛意識、深意識、下意識、直覺意識……」之類的名詞，並沒有佛典所謂的「第八阿賴耶識、第七末那識」的名相。如果要作比對，只能說佛典的「第七末那識」相似於「潛意識、下意識」名詞，「第八阿賴耶識」則相似於「靈魂」名詞。

在護法的《成唯識論・卷七》云：「*第七、八識行相微細，所籍眾緣一切時有，故無緣礙令總不行*」[28]，亦即「第七、第八識」的作用及行相非常「微細」，凡夫是無法得知的，如《大方廣佛華嚴經・卷九・入不思議

---

[28] 詳《大正藏》第三十一冊頁 37 上。

解脫境界普賢行願品》亦云：「如是甚深『阿賴耶識』，行相『微細』，究竟邊際，唯諸如來、(第七、第八)住地菩薩之所通達。愚法聲聞及辟支佛、凡夫、外道悉不能知」。[29]但有個確定的是：沒有任何因緣可以阻礙「第七、第八識」不生起作用。

在最近的醫學研究成果多少也說明了佛典「第七、八識行相微細」的一部分道理，如劍橋大學神經科學家阿德里安.歐文(Adrian Owen 1966-)於2006年9月與英國、比利時的同僚，利用「功能性核磁共振造影」(fMRI)技術，觀察一名23歲英國婦女的腦部活動，研究結果刊登在最新一期「科學期刊」上。這名婦女是在一年前的車禍中受傷，陷入昏迷狀態，符合「植物人」的臨床標準。研究發現，女植物人被告知「咖啡裡有牛奶與糖」時，fMRI腦部掃描就會「亮燈」，與正常人的反應一樣。研究人員要求她「想像」某種特定行為，包括想像自己在「打網球」以及「走路」參觀家中的所有房間，她腦部中「掌管語言」與「行動」的區域也會亮燈，與健康的正常人如出一轍。[30]

劍橋大學神經科學家阿德里安.歐文(Adrian Owen 1966-)於2010年又再度發表研究成果——植物人用腦電波與醫生「對話」——報導說一名車禍後陷入「永久性植物人」狀態長達5年的比利時男子，竟然可以通過腦電波與醫生進行簡單溝通，並且回答「是」和「不是」。這是世界首例「永久性植物人」用腦電波與醫生進行的「對話」。實驗中共有23名患者，他們全都能夠像正常人那樣交替進入睡眠和「清醒」狀態，甚至眼睛也可以睜開，但對於外界事物「毫無反應」，「言語、意識」和「思維」能力幾近

---

[29] 詳《大正藏》第十冊頁704中。

[30] 以上新聞報導詳見網址 http://www.epochtimes.com/b5/6/9/9/n1448605.htm 。 及 http://www.libertytimes.com.tw/2006/new/sep/9/today-int1.htm【大紀元9月9日訊】〔自由時報編譯羅彥傑／綜合華盛頓七日外電報導〕

於「零」。根據目前國際醫學界關於植物人的定義，他們皆已處於「永久
性植物人狀態」，竟然可以聽到「提問」，而且可以通過腦電波與醫生「對
話」。由於這是世界首例科學家與「永久性植物人」進行的成功「交談」，
這一研究成果一經公佈，震驚了國際醫學界！[31]附網路擷圖如下：

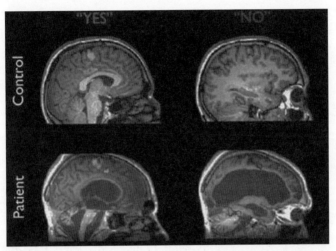

當思考不同問題時，腦部血流會在「功能性核磁共振造影」中呈現出不同
大腦區域的「亮點」。

(二)不即

「前七識」與「第八阿賴耶識」雖有「不離」的關係，但兩者時而又是「不
即」的關係，也就是八個識不知道自己彼此是「互相展轉為因」而生起，
在《大方廣佛華嚴經·卷九·入不思議解脫境界普賢行願品》中說：

> 彼「阿賴耶」終不自言：我生「七識」。「七識」不言：從「賴耶」生。

---

[31] 參見報導的網址 http://www.epochtimes.com/b5/10/2/6/n2811127.htm。或國際權威刊
物《新英格蘭醫學期刊》(http://www.dajiyuan.com)。2010 年 2 月 5 日。

_32_

這段經文也與《楞伽經》的說法相同，再將四個譯本經文比對如下圖解：

《楞伽阿跋多羅寶經》	《入楞伽經》	《大乘入楞伽經》	《大方廣佛華嚴經·卷九·入不思議解脫境界普賢行願品》
彼不作是念：「我(指八個識)展轉相因」。	大慧！「五識」及「心識」(指全部八個識)不作是念：「我迭共為因」。	然彼諸識(指八個識)不作是念：「我等同時展轉為因」。	彼「阿賴耶」終不自言：我生「七識」。「七識」不言：從「賴耶」生。
自心現妄想(喻六識)，計著(喻第七識)轉，而彼(諸識)各各壞相(皆有生住滅之壞相)，俱轉(生起)分別境界，分段差別，謂：彼轉(生起)。[33]	自心見虛妄分別(喻六識)，「取」諸境界(喻第七識)，而彼(諸識)各各不異相(無差異相)，「俱現(現起)」分別境界，如是彼識(諸識均有)「微細生滅」。	而於自心所現境界，「分別(喻六識)、執著(喻第七識)」俱時而起。(諸識)無差別相，各了自境。	但由自心執取境相，分別而生。

民國·談錫永重譯《入楞伽經梵本新譯·集三萬六千一切法品》則云：「然而意識與餘識不知彼此相互為緣，故於『分別(喻六識)』即起『執著

---

32 詳《大正藏》第十冊頁 704 中。
33 底下四部經的比對頁碼出處均同前，故不再加註。

(喻第七識)』，此分別實為自心之投影。如是，諸識於極密切聯繫上起功用，由分別而顯現為外境。[34]

談錫永《入楞伽經梵本新譯》中雖譯作：「『意識』與『餘識』不知彼此相互為緣」，這與《華嚴經》的道理一樣；也就是八個識的確是「互相為緣」的展轉生起，但彼此又是「互不相知」；各作各的任務。現代諸多「腦科學實驗」也證明大腦的「意識判斷」時而是不受「其餘諸識」影響的。底下舉幾部科學實驗影片來作說明：

(1)人腦漫遊 03 (思想之窗)--BBC 頻道 2004 年出品

影片 8 分 27 秒介紹完全「相同長度」的二根「方型物品」被置於經過特殊設計的方型格上，我們的「視覺」會被愚弄而造成「錯覺」；以為放在後面那根「長方型物品」比較長，如下影片擷圖：

接下來科學家在實驗者的手指裝上特殊攝影機來捕足拿取「長方型物品」的姿勢，如果「視覺」認為放在後面那根「長方型物品」比較長時，則手指應該會張得較開一點，放在前面那根「長方型物品」比較短，則手

---

[34] 參談錫永譯。《入楞伽經梵本新譯》。台北市：全佛文化，2005，12。頁 50。

指張開長度應該較少。在攝影機追蹤下，有了驚人的發現，無論手指拿取看似較短與較長的「長方型物品」時，手指的「張開度」是一模一樣的。也就是儘管我們的「眼識」會受到錯覺上的矇騙，但大腦的「意識」卻能獨立運作不受影響。

(2) 人體內旅行(national geographic inside the living body)--National Geographic 頻道 2007 年出品

影片 18 分 27 秒介紹我們的眼球中的「水晶體」所投射出來的圖像其實是「上下顛倒」的，但是我們的大腦會將自動轉「正」，讓我們「看見」這個世界是「正面」的，但是這個功能我們卻沒有「意識」到，而且我們長期以來也一直認為眼睛所看出去的世界本來就是「正面」的，如下影片擷圖：

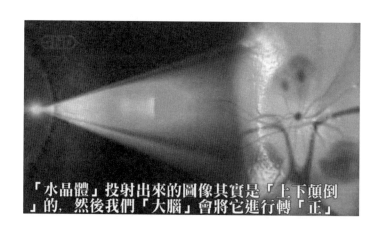

「水晶體」投射出來的圖像其實是「上下顛倒」的，然後我們「大腦」會將它進行轉「正」

雖然我們的「大腦」會將顛倒的「外相」轉成「正面」，但這些「外相」仍然還是虛妄的！《大智度論·卷六十一》就進一步說：「凡夫人以肉眼，六識顛倒觀故見異；若以慧眼，觀諸法皆虛妄，唯涅槃為實。」[35]凡夫以

---

[35] 詳《大正藏》第二十五冊頁 495 下。

「肉眼」觀世間，在根塵相對下產生的「六識」皆屬於「顛倒」的見聞覺知；如果能以「慧眼」觀諸法萬相皆是「虛妄」，唯有「涅槃」才是真實的。

據《成唯識論述記》中說人類產生「眼識」的因緣有九種，如唐・窺基(632～682)撰《成唯識論述記・卷七》云：「眼識依肉眼，具九緣生。謂『空、明、根、境、作意』五同小乘，若加『根本』第八，『染淨』第七，『分別』俱六，能生種子，九依而生」。[36]但在《大方廣佛華嚴經・卷九・入不思議解脫境界普賢行願品》卻提到「眼識」只需四種因緣即可生起作用，經云：

一、謂眼根攝受色境。
二、由無始取著習氣。
三、由彼識自性本性。
四、於色境作意。[37]

《華嚴經》的經文原義是說由這四種因緣而生起「內身煩惱」，不是指生起眼識的因緣，但經比對《楞伽經》文，這四種因緣應是指生起「眼識」的四種原因，與《楞伽經》經文比對後如下：

---

[36] 詳《大正藏》第四十三冊頁 476 上。或參閱唐・玄奘撰，明・普泰補註《八識規矩補註・卷上》云：「九緣七八好相隣：此即九緣生識之義。九緣者，謂：空、明、根、境、作意、分別依、染淨依、根本依、種子也」。詳《大正藏》第四十五冊頁 469 中。

[37] 詳《大正藏》第十冊頁 704 中。

《楞伽阿跋多羅寶經》	《入楞伽經》	《大乘入楞伽經》	《大方廣佛華嚴經·卷九·入不思議解脫境界普賢行願品》
爾時世尊告大慧菩薩言：四因緣故「眼識」轉(生起)。何等為四？謂：	爾時佛告聖者大慧菩薩摩訶薩言：大慧！有四因緣「眼識」生(生起)。何等為四？	爾時世尊告大慧菩薩摩訶薩言：有四種因緣「眼識」轉(生起)。何等為四？所謂：	自在主(根自在主童子 Indreśvara)言：善男子……何等名為「內身煩惱」？有四因緣：
①自心現攝受不覺。	一者不覺自內身取境界故。	①不覺自心現而執取故。	一、謂眼根攝受色境。
②無始虛偽過(過行)色習氣。	二者無始世來虛妄分別色境界薰習執著戲論故。	②無始時來取著於色虛妄習氣故。	二、由無始取著習氣。
③計著識性自性(識之自體性)。	三者識自性體(識之自體性)如是故。	③識本性(識之自體性)如是故。	三、由彼識自性本性。
④欲見種種色相。	四者樂見種種色相故。	④樂見種種諸色相故。	四、於色境作意。
大慧！是名四種因緣。	大慧！是名四種因緣。	大慧！以此「四緣」。	希望由此四種因緣力故。

民國・談錫永重譯《入楞伽經梵本新譯・集三萬六千一切法品》亦譯作這是生起「眼識」的四種緣，內容說：「時世尊即復告大慧菩薩摩訶薩言：由四種緣『眼識』生起。何者為四？一者、取著外境而不知由於自心。二者、由無始以來戲論與邪見所積集之習氣，令執持色。三者、識之本性。四者、渴望見種種色相。有此四種緣。」[38]

由經文可知「眼識」的生起除了第四個因緣「於色境作意」外，還需第三個最重要的「由彼識自性本性」才能生起「眼識」，亦即「眼識」需要靠「眼識」的「識自性」功能才能生起作用，這個「識自性」即同唯識的「自證分」或「證自證分」之理。[39]科學實驗上說「眼識」需要「大腦」來校正，且「眼睛在看東西時是跳動的……眼球跳動是由『大腦』的注意力系統所啟動，不是由我們的『意志』所探制的」，[40]故佛經上說「眼識」需要「識自性本性」的理論與科學家的說法是相似的。

(3)人體漫遊06・光陰似箭(As Time Goes By)--2002年BBC英國廣播公司/得利影視股份有限公司出版

影片10分27秒處說明：人類在孩童時期的眼球「晶狀體」是呈微藍色的，中年後會變成黃色，老年後變成棕色，但無論我們處在什麼年

---

[38] 參談錫永譯。《入楞伽經梵本新譯》。台北市：全佛文化，2005，12。頁50。

[39] 「自證分」及「證自證分」的說法可參考《成唯識論・卷二》云：「又心、心所，若細分別，應有四分，三分如前。復有第四『證自證分』，此若無者，誰證第三？心分既同，應皆證故。又『自證分』應無有果，諸能量者必有果故」。詳《大正藏》第三十一冊頁10中。或《大方廣佛華嚴經隨疏演義鈔・卷三十三》云：「疏：然此唯識略有二分者，以唯識第二，四師不同。謂安慧唯立一『自證分』。二難陀立二，謂『相、見』二分。三陳那立三，加『自證分』。四護法立四，於前三上加『證自證分』，依彼論宗，即以四分而為正義」。詳《大正藏》第三十六冊頁251中。

[40] 詳麗塔・卡特著(Rita Carter)，洪蘭譯《大腦的祕密檔案》(《Mapping the Mind》)，台北：遠流出版，2002年02月，頁181。

齡，大腦都會作出「修訂與更正」，儘量去消除這些顏色的變化，而且我們也不會知道自己的「晶狀體」已變得混濁，因此我們也永遠不知道「外境」的「色相」已經改變。由這個科學實驗可得知：

❶我們的「意識」並不知道自己的眼球「晶狀體」顏色及形狀已經在改變。

❷我們的「眼識」也沒發現周遭的外境色相已經改變。

❸我們也不知道是自己的「大腦」隨時在對「外境」作出修訂與更正。

　　唐·玄奘譯《瑜伽師地論·卷五十一》云：「賴耶識緣境『微細』，世聰慧者，亦難了故。」[41]及《大乘密嚴經·卷二·趣入阿賴耶品》云：「此識(阿賴耶識)之體相，『微細』甚難知。未見於真實(者)，心迷不能覺。(故凡愚)常於根、境、意，而生於愛著。」[42]以上經論皆說明吾人的「阿賴耶識」的確有「微細」不可知曉的神祕力量，這種力量雖然不能由科學實驗提出「完整」的證據報告，但也已可略窺其境，證明佛典之理乃不虛假。

---

[41] 詳《大正藏》第三十冊頁 580 上。

[42] 詳《大正藏》第十六冊頁 765 中。

第二節　萬法由「心識」緣現的科學觀

　　本節標題名為「萬法由『心識』緣現的科學觀」，筆者認為「緣現」二字的含義較「變現」二字較為圓滿，指的是諸法萬物皆由眾生的「心識」在「眾因緣」下而顯現的幻相。如唐・般若譯《大乘理趣六波羅蜜多經・卷十》就說諸法皆由「心識」所造，阿賴耶識乃隨著「眾因緣」而顯現諸法萬物，經云：「一切有為法，如乾闥婆城，眾生妄心取，雖現非實有。諸法非『因』生，亦非『無因』生，虛妄分別有，是故說『唯心』……『藏識』(阿賴耶識)為所依，『隨緣』現眾像。」[43]諸法萬物皆唯心造的「心」指的就是「阿賴耶識」。

　　「萬法唯心」的義理本為諸大小乘經論所共揚的重點，如護法《成唯識論・卷二》云：「阿賴耶識『因緣力』故，自體生時，內變為『種』(種子)及『有根身』，外變為『器』(器世界)。」[44]「空宗」的創始人龍樹亦有「唯心」思想，如龍樹之《大乘二十頌論》云：「此一切『唯心』，安立幻化相」[45]，及龍樹之《六十頌如理論》云：「若成立一性，所欲如水月，非實非無實，皆由『心』起見。」[46]

　　屬唯識思想「六經」之一的《華嚴經》亦提出大量「唯心」觀點，如：

　　四十《華嚴》之唐・般若(prajñā 734～ ？)譯《大方廣佛華嚴經・卷六・入不思議解脫境界普賢行願品》云：「見一切佛從『自心』起，又知『自心』如器中水，悟解諸法如水中影……所見諸佛，皆由『自心』……如是一切

---

[43] 詳《大正藏》第八冊頁 911 中。
[44] 詳《大正藏》第三十一冊頁 10 上。
[45] 詳《大正藏》第三十冊頁 256 下。
[46] 詳《大正藏》第三十冊頁 255 中。

佛菩薩法,皆由『自心』」。[47]

　　六十《華嚴》之東晉·佛馱跋陀羅(Buddhabhadra 359～429)譯《大方廣佛華嚴經·卷二十五·十地品》云:「三界虛妄,但是心作」。[48]

　　八十《華嚴》之唐·實叉難陀(Śikṣānanda 652～710)譯《大方廣佛華嚴經·卷七十四·入法界品》云:「知諸世間,悉假施設,一切皆是『識心』所起」。[49]及「夜摩宮中偈讚品」云:「心如工畫師,能畫諸世間……若人欲了知,三世一切佛,應觀法界性,一切唯『心』造」。[50]

　　諸法萬物皆由「阿賴耶識」在「眾緣」下而「顯現」的道理,看似非常簡單,然而現代的科學實驗如何能解釋此事呢?目前這個世界由什麼組成的「主流理論」皆以「弦理論(string theory)」或「超弦理論(super string theory)」為主[51],也就是宇宙及所有物質都是由不同狀態的「弦」或「超弦」所構成[52],在任何一種基本「粒子」內部,都有一根「細細的線」在振動,就像小提琴的「琴弦」振動一樣,因此這根「細細的線」就被科學家稱為「弦」,諸法萬物只是一種弦的「頻率振動」狀態而已,故這個宇宙有「宇宙的琴弦」稱呼[53]。既然宇宙萬物只是一種「弦振動模式」下的幻化粒子,這與

[47] 詳《大正藏》第十冊頁 687 下。

[48] 詳《大正藏》第九冊頁 558 下。

[49] 詳《大正藏》第十冊頁 402 下。

[50] 詳《大正藏》第十冊頁 102 上。

[51] 「弦理論」乃用一段段「能量弦線」作為宇宙世界最基本的結構單位,大至星際銀河,小至原子、電子、質子及夸克一類的基本粒子都由這一維的「能量線」所組成。中文文獻上,一般寫作「弦」或「絃」。請參閱姜放著《構造宇宙的空間基本單元》(統一的物質統一的力),中國大陸知識產權出版社,2009 年 8 月,頁 2。

[52] 詳姜放著《構造宇宙的空間基本單元》(統一的物質統一的力),中國大陸知識產權出版社,2009 年 8 月,頁 3。

[53] 詳見格林(BrianGreene)著,李泳譯:《宇宙的琴弦》一書,湖南科學技術出版社。2007 年 06 月。

佛典「萬法由賴耶識所造」有何會通之處？很意外的，在《大乘密嚴經・卷二・妙身生品》中的「普賢眾色大光」菩薩與在座多位菩薩共同請問「金剛藏菩薩」這個世間是由誰所造的？「普賢眾色大光」菩薩就曾提出世間是不是如同「伶人」去擊動「絲竹匏木」所發出的音樂一般？經文如下：

爾時「普賢眾色大光」菩薩摩訶薩，與諸同類持世菩薩、持進菩薩……普欲為其而作利益遂共同心，白金剛藏菩薩摩訶薩言：
尊者(金剛藏菩薩)願為我說：一切世間若干「色像」誰之所作？如陶工埏埴(和泥而作之陶器)而造瓶等世間眾像，為如是作？為不然耶？又如伶人，擊動「絲竹、匏木」之類，繁會成「音」，一切世間豈亦如是？……
爾時金剛藏菩薩摩訶薩，以偈答曰：
世間眾色像，不從「能作」生……亦復非「無有」，能持「世間」因。所謂「阿賴耶」，第八「丈夫識」(丈夫喻「心」)。運動於一切，如輪轉眾瓶……亦如「無常」性，普遍於諸色……「藏識」(阿賴耶識)持於世(世間諸法)，猶如「線」貫珠。[54]

「金剛藏」菩薩回答世間萬物並沒有一個「能創造」的主宰者，但也不是完全沒有「生起世間萬物的因緣」，接下來就指出諸法萬物皆由眾人的「阿賴耶識」所「緣現」生起，眾人的「阿賴耶識」能執持世間萬物諸法，就像「線貫珠」的道理一樣，所謂的「線」就是「阿賴耶識」的比喻，「珠」即指這個世間萬物。「線貫珠」三個字竟與現代科學所討論的──各種粒子彼此之間的差異只是這「弦線」抖動的方式和形狀的不同而已[55]──極其相似！

---

[54] 詳《大正藏》第十六冊頁 730 下。
[55] 參見網路「維基百科，自由的百科全書：弦理論」http://zh.wikipedia.org/zh-tw/%E5%BC%A6%E7%90%86%E8%AB%96。

眾生的「阿賴耶識」是「極微細」的行相，前文已舉經典說明「第八識」非凡夫肉眼能得知，如《大智度論・卷十二》曾云：「『神』(指阿賴耶識)在心中，微細如芥子，清淨名為淨色身……身有二種：『麁身』及『細身』。麁身無常，『細身』是『神』(指阿賴耶識)，世世常去入五道中。」[56]及《大寶積經・卷一○九》亦云：「如是此『識』(指阿賴耶識)微細，無定色形，生諸身已，更復捨，更成就前別體」。[57]故我們的「阿賴耶識」也非以科學的「弦理論」所能證明，但眾生的「大腦波動」卻能被我們先進的科技儀器掃描出來，關於這類機器有「腦磁波掃描儀(Magnetoencephalography，MEG)、三維核磁共振(GY-3DNMR-10)、核磁共振成像技術(MRI)、功能性核磁共振影像(functional Magnetic Resonance Imaging，fMRI)……」等。[58]透過這些機器皆可觀察到我們「腦波」的詳細運作情形，「腦波」雖非等同於「阿賴耶識」，但至少可以說明「腦波」的振動與「弦理論」的振動觀念是可互相參考的，如《念力的祕密》一書云：「『意念』看來是一種類似於『音叉』的東西，可以引起宇宙其他物體的『音叉』以相同的『頻率』共鳴」[59]。底下舉幾部科學影片來說明：

(1)人體漫遊 07・生命的盡頭(The End Of Life)--2002 年 BBC 英國廣播公司/得利影視股份有限公司出版

影片 25 分 31 秒處指出用 128 個感應器去偵測大腦的波動及電流反應，在人完全放鬆不思惟且閉眼的狀態下，竟然呈現出「非常忙碌」的

---

[56] 詳《大正藏》第二十五冊頁 149 中。
[57] 詳《大正藏》第十一冊頁 612 上。
[58] 以上大腦掃描技術機器請參閱麗塔・卡特著(Rita Carter)，洪蘭譯《大腦的祕密檔案》（《Mapping the Mind》），台北：遠流出版，2002 年 02 月，頁 42-43。
[59] Lynne McTaggart(琳恩・麥塔格特)著，梁永安譯《念力的祕密：叫喚自己的內在力量》（《The Intention Experiment: Using Your Thoughts to Change Your Life and the World》）。臺北：橡實文化出版，2008 年 09 月 02 日，頁 22。

畫面，只要眼睛一打開時，腦波便馬上呈現大幅度的變動，就算只是看電視的簡單動作，大腦也必須從事「數百萬個神經元」的動作。科學家說如果想要數清楚大腦表面「神經元」的連接數，可能需要花 3 千 2 百萬年才能做得到。如下影片擷圖：

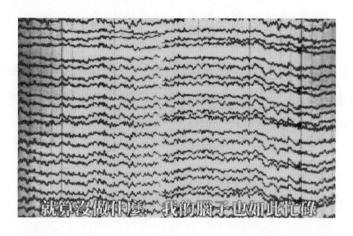

佛經中曾就眾生在「一念」中會生起多少念頭而做出說明，如唐・不空(Amoghavajra 705～774)譯本之《仁王護國般若波羅蜜多經》云：「一念中有『九十剎那』，一剎那經『九百生滅』，諸有為法悉皆空故。」[60]姚秦・鳩摩羅什(Kumārajīva 344～413）譯本之《佛說仁王般若波羅蜜經》則云：「『九十剎那』為一念，一念中一剎那經『九百生滅』，乃至色一切法亦如是。」[61]眾生無論日夜醒著睡著，其「妄念」永遠都在不停的生起運轉著，甚至《出曜經》中說眾生一日一夜至少會生起 999 億個不同的「妄念」，如姚秦・竺佛念(於 399～416 譯出該經)譯《出曜經・卷二十八》云：「我今說心之本輕躁速疾，一日一夜，有『九百九十九億念』，念念異想，造行不同。」[62]以現代科技的「腦磁波掃描儀」所偵測的腦波變化足以印證佛典的說法，眾生的妄念就如「弦」一樣不停的在振動中。但有了腦電波

---

[60] 詳《大正藏》第八冊頁 835 下。

[61] 詳《大正藏》第八冊頁 826 上。

[62] 詳《大正藏》第四冊頁 759 中。

的意識圖後，我們又如何利用「心識」的力量去創作生起這個世間？

　　據《念力的祕密：叫喚自己的內在力量》一書中說：「所有研究念力的科學家證據皆顯示，人的意念與意圖就像實際的『物體』一樣，具有改變世界的驚人能力。每個意念都是擁有轉化力量的『有形能量』，並不只是單純的事物，還是能影響其它事物的事物。」[63]又說：「世界各地頂尖的科學家皆證明了人的『意念』足以影響『物理世界』，『以心控物』的實驗並非虛假」[64]作者並公布一個「念力實驗網站」（www.theintentionexperiment.com）可以讓世界各地的讀者參與實驗交流心得。

(2)BBC 人類心智(廣結善緣)03--2003 年 BBC 英國廣播公司

　　影片 33 分 18 秒處探討人腦有「自動模仿」的能力，這個細胞又叫「鏡像神經元」(mirror neurons)[65]，內容描述二組人馬在比賽划船，而裁判是第三者的旁觀者，然後掃描正在划船者與旁觀者的大腦，結果二人的大腦波動模式竟是相同的。大腦中的「划船細胞」正活躍的進行，然而這種「划船細胞」在「旁觀者」的大腦中也同步在進行。這也說明了我們雖然沒有參加划船，但大腦的「鏡像神經元」會自動模仿並參加划船比賽，

---

[63] Lynne McTaggart(琳恩・麥塔格特)著，梁永安譯《念力的祕密：叫喚自己的內在力量》（《The Intention Experiment: Using Your Thoughts to Change Your Life and the World》）。臺北：橡實文化出版，2008 年 09 月 02 日，頁 13。

[64] 詳《念力的祕密：叫喚自己的內在力量》。臺北：橡實文化出版，2008 年 09 月 02 日，頁 261。

[65] 「鏡像神經元」可以幫助我們的大腦知曉別人的意圖，讓我們瞭解別人的心智狀態；透過這種鏡像式的模仿，我們可以跟別人分享情緒、經驗、需求和目標──模仿和鏡像神經元加速了自己和他人的親密關係。以上請參閱馬可・亞科波尼(Marco Iacoboni)著，洪蘭譯《天生愛學樣：發現鏡像神經元》(Mirroring people)。臺北：遠流出版，2009 年 7 月。

這些都不是屬於我們「有意識」行為下所發生的情形，此與「阿賴耶識」
會在我們「沒有意識」下去「緣現」萬物的道理是相同的。影片擷圖如下：

經論上說「阿賴耶識」能緣現出世界，其中有「共相種子、不共相種
子」二種力量，如親光(六世紀中人)造，唐・玄奘譯《佛地經論・卷六》云：
「如器世間，隨有情業增上力故，阿賴耶識『共相種子』，變生種種『共相
資具』，為令有情廣大受用……世界中隨有情業增上力故，阿賴耶識『共、
不共相種子』，變生三界因果，差別可得，此中世界通『情、非情』」。[66]護
法《成唯識論・卷二》云：「處處說唯『一心』……所言處者，謂『異熟識』
(第八識)由『共相種』(共相種子)成熟力故，變似色等『器世間』相」。[67]唐・法藏
撰《華嚴經探玄記・卷三》則云：「問：凡一世界，有幾有情『異熟識』
(第八識)變？答：……由彼彼『識』(第八識)中『共相種子』共所現故」。[68]

「共相種子」比如「山河大地、田宅衣服」等均為「共相種子」所變現，
「山河大地」也為多人、禽獸等所共同受用，此屬「共中之共」；至於「田
宅衣服」則為個人所有，一人受用，故又稱為「共中之不共」。如果「阿賴
耶識」變現為一人專門受用的種子即稱為「不共相種子」，如自己的身體

---

[66] 詳《大正藏》第二十六冊頁 317 上。
[67] 詳《大正藏》第三十一冊頁 10 下。
[68] 詳《大正藏》第三十五冊頁 159 上。

六根與他人身體六根構造類似，此稱「不共中共」，每人身體的六識知覺
是不同的，此稱「不共中不共」。[69]佛典上的「**共相、不共相**」理論或許能
解釋腦科學所謂的「鏡像神經元」(mirror neurons)道理。

(3)人類本能 04(BBC Human Instinct)天生英雄--2002 年 BBC 英國廣播公司發行。

影片第 33 分 28 秒處也指出當我們眼睛看見任何畫面時，大腦的
「鏡像神經元」(mirror neurons)就會不受我們控制的去「自動模仿」它，這
個實驗是讓受試者看螢幕上一隻手(非自己的手)去抓取物品的剎那感受，
結果受試者的手及「腦波」也同時稍為「動」了一下。影片擷圖如下：

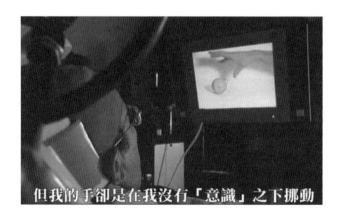

這種實驗也可說明當我們每天在看「山河大地、宇宙星球」時，自己
的「腦波」也在你「不知覺」下不斷的去模仿、想像，甚至創造它，所以

---

[69] 上述說法請參閱唐・窺基撰《成唯識論述記・卷三》云：「諸種子總有二種，一是
『共相』，二『不共相』。何者為『共相』？多人所感故。雖知人人所變各別，名為
『唯識』，然有『相似共受用』義，說名『共相』，實非自變；他能用之。若能用者，
此即名緣『心外法』故。然我此物為增上緣，令多人可共受用名『共相』，如山、河
等。『不共相者』，若唯識理，唯自心變，名『不共物』，一切皆是。他變是他物，
自不能用，亦名『不共相』」。詳《大正藏》第四十三冊頁 321 中。

「山河大地、宇宙星球」等皆為眾生的「共業意識」下所緣現，只是你我無法得知「心識細微」變化的情形。故《大方廣佛華嚴經・卷第十三》云：「世間所見法，但以『心』為主，隨解取眾相，顛倒不如實」。[70]《大方廣佛華嚴經不思議佛境界分》亦云：「如是三界，一切諸法，皆不離『心』。若能了知一切諸佛，及一切法性唯『心量』，得隨順忍」。[71]及《大方廣佛華嚴經不思議佛境界分》云：「此諸佛刹，皆唯『心量』之所變現」。[72]《華嚴經》「萬法唯心」的道理應可從科學實驗影片中獲得更深入的理解。

---

[70] 詳《大正藏》第十冊頁 66 下。
[71] 詳《大正藏》第十冊頁 908 中。
[72] 詳《大正藏》第十冊頁 906 中。

第三節　心意識終究為「妄」的科學觀

　　上個標題才探討《華嚴經》的「萬法唯心」道理，這個標題卻又說「心識為妄」，是否有衝突？請看八十《華嚴》之《大方廣佛華嚴經·卷五十九·離世間品》云：

　　「心識」猶如「幻」，示現種種事。[73]

　　四十《華嚴》之《大方廣佛華嚴經·卷六·入不思議解脫境界普賢行願品》亦云：

　　知「自心」猶如「幻術」，知一切法「如幻」所作。[74]

　　「萬法唯心造」的確是佛典不斷述敘的道理，但經典也常出現「心意識」皆為虛妄的道理，因為萬法萬事皆是眾生虛妄顛倒的「心識」下所變現的，故《金剛經》云：「一切有為法，如夢幻泡影」，[75]及《大方廣佛華嚴經·卷第十七》云：「了知境界如幻如夢，如影如響，亦如變化」。[76]「有為法」與「無為法」皆是眾生「妄識」的因緣下所產生，[77]但若能轉「妄識」為正、為淨，即可達「轉識成智」[78]的最高境界，隋·真諦的《轉識論》

---

[73] 詳《大正藏》第十冊頁 316 下。
[74] 詳《大正藏》第十冊頁 687 下。
[75] 詳《大正藏》第八冊頁 752 中。
[76] 詳《大正藏》第十冊頁 88 下。
[77] 關於「有為法」及「無為法」皆是虛幻的道理，請參閱《月燈三昧經·卷七》云：「一切『有為法』，及以『無為法』，是法悉了達……因緣故法生，因緣故法滅，因緣之體性，如實悉了達」。詳《大正藏》第十五冊頁 596 中。《佛說華手經·卷九》云：「阿難！如來雖說是『有為法』，而無有法是『有為』也，亦無所屬，亦無所用是『有為法』。阿難！如來雖說是『無為法』，而於其中無『無為法』，亦無所屬，亦無所用是『無為法』」。詳《大正藏》第十六冊頁 200 下。
[78] 華嚴二祖唐·智儼(602～668)集《華嚴五十要問答》云：「由轉『阿賴耶識』等八事

也說：

> 問：遣「境」存「識」，乃可稱「唯識義」，既「境、識」俱遣，何「識」
> 可成？
> 答：立「唯識」乃一往遣「境」，留「心」卒終為論。遣「境」為欲空「心」，
> 是其正意，是故「境、識」俱泯，是其義成。此「境、識」俱泯，
> 即是「實性」，實性即是「阿摩羅識」，亦可卒終為論，是「阿摩
> 羅識」也。[79]

六十《華嚴》之《大方廣佛華嚴經・卷二十六・十地品》亦說修學
菩薩道，若能達至第八「不動地」，則所有虛妄的「心意識」皆不起現行，
如經云：

> 菩薩亦如是，住不動地，一切「心、意、識」，不現在前，乃至佛心、
> 菩提心、涅槃心尚不現前，何況當生諸世間心？[80]

從第八地菩薩以後直至「佛地」如來果位，皆無「心意識」，亦無「心
想」，如六十《華嚴》之《大方廣佛華嚴經・卷十四・兜率天宮菩薩雲集
讚佛品》云：

> 佛身難思議，如空無分際。彼無「心意識」，亦無起「心想」。諸佛之

識蘊，得『大圓鏡智』等四種妙智，如數次第，或隨所應當知。此中轉『阿賴耶識』
(第八識)，故得『大圓鏡智』……轉『染污末那』(第七識)，故得『平等性智』……轉『五
觀識』(前五識)，故得『妙觀察智』……轉『意識』(第六識)，故得『成所作智』，普於
十方一切世界能現變化」。詳《大正藏》第四十五冊頁 521 下。
[79] 詳《大正藏》第三十一冊頁 62 下。
[80] 詳《大正藏》第九冊頁 564 中。

境界，究竟無生滅。[81]

六十《華嚴》之《大方廣佛華嚴經・卷三十四・寶王如來性起品》云：

佛子！菩薩摩訶薩又復應知：如來……充滿十方，無來去故；離生住滅，無有行故；離「心、意、識」，無有身故；性如虛空，悉平等故。[82]

八十《華嚴》之《大方廣佛華嚴經・卷五十一・如來出現品》云：

佛子！如來「心、意、識」俱不可得，但應以智無量故，知如來心。[83]

同屬於唯識重要的典籍《解深密經》、《楞伽經》、《密嚴經》也有同樣的思想，如下舉證：

《解深密經・卷五・如來成所作事品》云：

佛告曼殊室利菩薩曰：善男子！夫如來者，非(為)「心、意、識」生起所顯。[84]

《楞伽阿跋多羅寶經・卷三・一切佛語心品》云：

離「心、意、意識」，說名涅槃。[85]

《楞伽阿跋多羅寶經・卷四・一切佛語心品》云：

---

[81] 詳《大正藏》第九冊頁487上。
[82] 詳《大正藏》第九冊頁614中。
[83] 詳《大正藏》第十冊頁271上。
[84] 詳《大正藏》第十六冊頁710下。
[85] 詳《大正藏》第十六冊頁505上。

真實如來(超)過「心、意、意識」所見之相，不可為譬。[86]

《入楞伽經・卷三・集一切佛法品》云：
大慧！(若能)離「心、意、意識」，「轉身」(轉依)便得聖種類身。[87]

《入楞伽經・卷六・法身品》云：
諸佛如來隨眾生信(信念)而說諸法，為令遠離「心、意、意識」故。[88]

《大乘密嚴經・卷一・密嚴會品》云：
一時佛住出過(超越)「欲、色、無色、無想」……皆超三界「心、意、識」境。[89]

　　上述經典皆說明欲修學菩薩道或如來果位者，最終必須轉捨「心、意、識」的虛妄作用，因為眾生的「心意識」沒有真實心可得，如六十《華嚴》之《大方廣佛華嚴經・卷十・夜摩天宮菩薩說偈品》云：「五陰從業起，諸業因『心』起。『心法』猶如『幻』，眾生亦如是。世間非自作，亦復非他作。不知『真實性』，生死輪常轉」。[90]若以現在的科學實驗亦可證明此事，如《大腦的祕密檔案》一書云：「認知上的『錯覺』會發生，主要是因為我們的大腦充滿了『偏見』，包括習慣性的思考、直覺的情緒反應，及自動化的知覺處理。我們通常不會感覺到這些的存在，一旦真的感覺到時，我們又以為它是普通常識的假設或直覺。這些『偏見』，在某個層次上，是事先設定在我們大腦中的」。[91]底下舉幾部科學影片來作說明：

---

[86] 詳《大正藏》第十六冊頁 511 下。
[87] 詳《大正藏》第十六冊頁 532 上。
[88] 詳《大正藏》第十六冊頁 551 中。
[89] 詳《大正藏》第十六冊頁 726 中。
[90] 詳《大正藏》第九冊頁 465 中。
[91] 詳麗塔・卡特著(Rita Carter)，洪蘭譯《大腦的祕密檔案》(《Mapping the Mind》)，台

　　影片 6 分 2 秒處有個魔術表演，觀看魔術的人要戴上「眼球追蹤器」，當魔術師將手中的球往上丟了二次後，第三次魔術師並沒有往上丟球，只是做了一個丟球的「假動作」，但是對所有觀眾的眼睛來看，球在第三次仍然有往上丟，只是竟然消失不見了。後來取下「眼球追蹤器」，結果發現我們的眼睛在觀賞魔術時，眼球只是「平視前方」，並沒有去看「想像中第三球」發生變化。會造成「錯覺」的竟然是出在「大腦」，也就是大腦會去「想像」魔術師所發出的第三球往上丟而消失，並非是我們的眼睛看見第三球消失。從這個魔術實驗可證明大腦心識是會發生「錯亂顛倒」，也會去「虛構」根本不存在的事實。影片擷圖如下：

　　影片 36 分 04 秒處「橡膠手幻覺」的科學實驗，受試者的左手被木板隔開，以避免混淆，另一邊則用假的「橡膠手」去代替他的左手，然後主持者用小刷子在假的「橡膠手」及真正的左手上同時的刷動，如此練習

北：遠流出版，2002 年 02 月，頁 214。

一會兒，讓受試者「感覺」橡膠手如同自己的手般，也就是我們的「視覺」知道「橡膠手」是假的，但是經過一陣磨合後，我們的「大腦」開始被欺騙，最後主持者用榔頭敲打假的「橡膠手」時，所有受試者都會「感覺」到是自己的「真手」被敲打。醫學上稱這種改變為「神經可塑性」(neuroplasticity)[92]，這也證明了我們的「大腦」心識作用仍然是會「欺騙」及轉移的。影片擷圖如下：

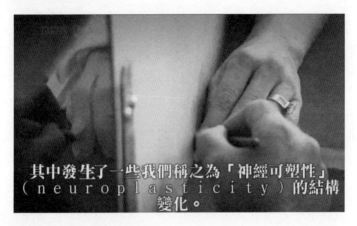

(3)身體互換科技，靈魂出竅成真

--影片詳見網址 http://www.youtube.com/watch?v=n_c9lUJkhe4

主持者先讓受試者戴上「虛擬眼鏡」，讓前面的假人身體逐漸「轉移」到自己的身上，方法如同上部影片一樣，先用麥克筆在真人與假人間同時摩擦，等到練一陣子後，假人的身體會「錯置」移到真人的身上，最後在假人身上劃上一刀，這種「感知錯覺」馬上出現在真人身上，所有受試者都會被這種「神經可塑性」(neuroplasticity)所混淆。可見我們的「感覺器官」是會被戲弄的，大腦的「判斷」也會被混淆的。這種實驗方式是用來治療特殊的心理病患，把病人的身心痛苦感覺移到「假人」身上。影片擷

---

[92] 「神經可塑性」也叫做「大腦可塑性」或「大腦適應性」，大腦會根據新的經驗再組織神經的路徑，大腦也會因「學習」而改變它的能力。

圖如下：

(4)《Discovery-DVD 醫學疾病系列》：大腦迷思—2001 年出版

　　影片 30 分 12 秒討論「大腦迷思」問題，十年前造成左手癱瘓的<u>得代瑞</u>(Derek)切除了左手，可是他仍然一直感覺「左手是存在的」，而且是強烈的感覺它存在，「幻肢」所造成的疼痛仍然揮之不去。印度的神經學家<u>拉馬錢德朗</u>（Vilayanur S. Ramachandran 1951～）醫生發現他的疼痛是來自於「腦部」，而非被切除掉的手，當醫生摸他的左臉時，他竟然是感覺在「不存在的左手手指」被摸。醫生最後用鏡子的反射技術去「欺騙大腦」，讓「大腦」及「視覺」上完全相信「左手仍然存在」，這個<u>得代瑞</u>(Derek)的幻肢疼痛感便從此消失了。影片擷圖如下：

如果能夠騙得了「代瑞」的腦
讓它相信他的手還在

以至於「視覺」也能去改變「幻肢」上
的痛感（「視覺」影響「身覺」）

　　大腦心識會產生「錯覺」的情形很多，有些人說他因視覺受損而常看到「幻像」，但經過詳細追蹤，這些人的「視覺系統」其實是完全無缺的，問題是出在大腦的「心識」在搞怪。《大腦的祕密檔案》一書中說：

> 有的時候，大腦會誤讀送進來的訊息(產生錯覺)，或自己製造刺激再解釋為「來自外界」力量⋯⋯「幻肢」的感覺大約影響到百分之六十的截肢病人，有時幾個月就消失了，有時則一輩子追隨病人，他們依舊感受到肢體是存在的⋯⋯大腦一直不斷在製造身體各個部分「正常運作狀況」的虛假感覺⋯⋯這種虛假的「感覺影像」是神經自然活動的產物。[93]

　　佛經上說凡夫眾生的心識會與「顛倒」相應，故不斷的產生「欲流、有流、見流、無明流」，如六十《華嚴》之《大方廣佛華嚴經・卷二十三・十地品》上所云：「凡夫心墮邪見，無明癡冥⋯⋯有所施作，皆與顛倒相應；欲流、有流、見流、無明流，相續起『心、意、識』種子於三界地，生苦惱芽」。[94]若要除掉這些「顛倒」就必須好好修行如「六波蜜」等法門，如此方能從「心識」的「顛倒流」中覺悟出來，學習與佛陀的智慧一樣，

---

[93] 詳麗塔・卡特著(Rita Carter)，洪蘭譯《大腦的祕密檔案》(《Mapping the Mind》)，台北：遠流出版，2002 年 02 月，頁 202～204。

[94] 詳《大正藏》第九冊頁 546 中。

能於一念間覺悟所有眾生的「心、意、識」行，如六十《華嚴》之《大方廣佛華嚴經‧卷三十一‧佛不思議法品》云：「一切諸佛……於一念中，覺悟三世眾生『心、意、識』行」。[95]

---

[95] 詳《大正藏》第九冊頁599下。

結論

本章從唐・般若譯四十《華嚴》卷九云：「彼阿賴耶終不自言：我生七識。七識不言：從賴耶生，但由自心執取境相，分別而生」研究起，結果發現此段經文與《楞伽經》似乎是出自同一個譯本，而實叉難陀新譯的八十《華嚴》經文中並沒有這段經文，但實叉難陀也曾譯過《大乘入楞伽經》。故「第八阿賴耶識」與前七識的「不即不離」理念從《唯識三十頌》、《成唯識論》、《楞伽經》、《華嚴經》來看；皆有共同的觀點。在《大腦的祕密檔案》一書中也說：

雖然「意識」主要是來自大腦的「皮質」，但卻還需要「整個大腦」來支持，如「腦幹、中腦」和「視丘」，都很重要，因為這些地方是探制「意識」關於注意力系統的一部份。[96]

腦科學的研究與佛典的理念某些確是相通的，但當人死亡，大腦銷毀後，「心、意、識」又將何去何從？這個問題是目前科學家所不能詳細解釋的[97]，唐・地婆訶羅(Divākara 613～687)所譯的《大乘顯識經》有詳云：

---

[96] 詳洪蘭譯《大腦的祕密檔案》(《Mapping the Mind》)，台北：遠流出版，2002 年 02 月，頁 298。

[97] 曾在 1963 年榮獲「諾貝爾」醫學獎的澳大利亞神經生理學家埃克爾斯爵士（Sir John Carew Eccles 1903~1997 年），他曾於 1978 年總結他多年的研究經驗，並提出了一個驚人的新觀點說：大腦的「興奮」並不等於「精神」和「意識」。他認為：人有一個獨立於大腦的「自覺精神」，大腦只是它的物質工具而已……每個人在胚胎發育或幼小的某個時期，就具有「非物質」的思維和自我領悟能力，這種人的「靈魂」使我們具備了人類的特徵：意識、思考、愛、恨、怕等……人的肉眼看不見的「自我」在物質大腦死亡後依然活著。以上詳見【新紀元】報導：被誤解的大腦 http://home.gamer.com.tw/creationDetail.php?sn=1210585 。大紀元 2011 年 01 月 15 日訊。

眾生死時，「識」(第八識)棄此身，「識」與「念力」為來生種(來生種子之因)。
即(念力)離於「識」(第八識)，不得「法界」；(念力)離於「法界」，亦不得「識」
(第八識)。[98]

眾生這期的生命結後，「第八識」即帶著善惡業種子的「念力」去輪迴
投胎，尋找下一個落角的法界處。「心識」並非永恒的存在，也並非是斷
滅虛無，「心識」是「非常非斷、不生不滅」的一種不可思議狀態，如《成
唯識論・卷三》云：

阿賴耶識為「斷」為「常」？「非斷非常」，以恆轉故……「轉」謂此識
無始時來念念生滅，前後變異，因滅果生，非「常、一」故……「非
斷非常」是「緣起」理，故說此識「恆轉如流」。[99]

本章於第二節討論「萬法唯心」，第三節又說「心識皆妄」，並舉了多
部經典與科學影片作補充說明，諸法萬物是吾人眾生的「心識」所「緣現」
生起，所以是「唯心」也；但我們的心識又常因「無明業力」而處在「虛假」
的幻象中，故又是「心識皆妄」也。誠如《雜阿含經・卷十二》所云：「彼
心(第八識)、意(第七識)、識(前六識)日夜時剋，須臾不停，種種識變，異生異滅。
譬如獼猴遊林樹間，須臾處處，攀捉枝條，放一取一。彼「心、意、識」
亦復如是，種種變易，異生異滅」。[100]如果我們能同時以「萬法唯心」及
「心識皆妄」兩種觀點來觀察「心意識」之理，就不會落入絕對的「唯心論」
或「斷滅論」偏執了。唐・菩提流志譯《文殊師利所說不思議佛境界經・
卷二》說得極好：

---

[98] 詳《大正藏》第十二冊頁181上。

[99] 詳《大正藏》第三十一冊頁12下。

[100] 詳《大正藏》第二冊頁82上。

雖了知「心識如幻」如化，而恒不捨「具諸佛法」，成正覺心。

雖知諸法「無依無作」，不可取著；而恒隨所聞，如理思惟。[101]

　　雖然我們能了解「萬法唯心」，但不執取「心識為實」；雖然知道「心識皆妄」，但也不棄捨諸法萬物，此為本章「《華嚴經》心識的科學探討」最後心得。

---

[101] 詳《大正藏》第十二冊頁113中。

第二章　《華嚴經》「心、佛及眾生，是三無差別」之研究

本章發表於 2013 年 4 月 27 日(星期六)華嚴專宗學院主辦之「第二屆華嚴專宗國際學術研討會」。當天與會學者為本文提供諸多寶貴意見，經筆者多次修潤後已完成定稿。

東晉‧佛馱跋陀羅（Buddhabhadra 359～429）譯《大方廣佛華嚴經‧卷十》云：「心、佛及眾生，是三無差別」（內文將以「心佛眾生」偈作簡稱），意指「自己心、諸佛心、眾生心」這三者皆無差別，也可作「吾人、諸佛、眾生」三者無差別之解。這句話在經論著解及諸多禪師語錄中被廣泛的運用，它是代表佛法的最高哲學「意境」？還是一種可以「實現」的真理？本章將討論這三者為何是無差別的問題？三者為何有「不離」的邏輯哲理，以及如何在人世間實現這番道理？並從現代科學、物理學、量子力學來說明「心佛眾生」偈的問題。

底下先就《華嚴經》「心、佛及眾生，是三無差別」偈頌內容來源作比對研究。茲以東晉‧佛馱跋陀羅（Buddhabhadra 359～429）譯的《六十華嚴》與唐‧實叉難陀（Śikṣānanda 652～710）譯的《八十華嚴》比對如下表所示：

東晉‧佛馱跋陀羅譯《六十華嚴》卷 10〈16 夜摩天宮菩薩說偈品〉[1]	唐‧實叉難陀譯《八十華嚴》卷 19〈20 夜摩宮中偈讚品〉[2]
猶如工畫師，不能知畫心，當知一切法，其性亦如是。	譬如工畫師，不能知自心，而由心故畫，諸法性如是。
心如工畫師，畫種種五陰，一切世界中，無法而不造。	心如工畫師，能畫諸世間，五蘊悉從生，無法而不造。
如心、佛亦爾，如佛眾生然，心、佛及眾生，是三無差別。	如心、佛亦爾，如佛眾生然，應知佛與心，體性皆無盡。

---

[1] 參東晉‧佛馱跋陀羅譯《大方廣佛華嚴經》卷 10〈16 夜摩天宮菩薩說偈品〉。詳 CBETA, T09, no. 278, p. 465, c~466, a。

[2] 參唐‧實叉難陀《大方廣佛華嚴經》卷 19〈20 夜摩宮中偈讚品〉。詳 CBETA, T10, no. 279, p. 102, a。

　　關於這兩種譯本，唐‧澄觀（738～839）撰《大方廣佛華嚴經疏》中認為佛馱跋陀羅《六十華嚴》譯文「是三無差別」就是實叉難陀《八十華嚴》譯文的「體性皆無盡」的意思，如云：

　　若依舊譯，云「心、佛與眾生，是三無差別」，則三皆「無盡」。「無盡」即是「無別」之相。應云「心、佛與眾生，體性皆無盡」，以「妄體本真」，故亦「無盡」。是以如來不斷「性惡」，亦猶闡提不斷「性善」。[3]

　　因為「吾心、諸佛心、眾生心」[4]三種心皆「不可得」，[5]三心的「體性皆無盡」，凡夫眾生心雖為「妄」，但「妄體本真」[6]，所以亦與諸佛心同為「無盡」。在《華嚴經》的「如來出現品」亦有說如來成正覺時，能普見一切眾生入涅槃，皆同一性，所謂「同一性」就是指「無相性、無盡性」等。如經所云：

　　佛子！如來成正覺時，於其身中普見一切眾生成正覺，乃至普見一切眾生入涅槃，皆同一性，所謂……無相性、「無盡性」、無生性、無滅性、無我性……[7]

---

[3] 參《大方廣佛華嚴經疏》卷21〈20 夜摩宮中偈讚品〉。詳 CBETA, T35, no. 1735, p. 658, c。

[4] 此話請參考《新華嚴經論‧卷十四》〈7 如來名號品〉云：「佛心、眾生心、自心，總為一心、一性、一法界、一智慧，始成信故」。詳 CBETA, T36, no. 1739, p. 814, c。或參考《略釋新華嚴經修行次第決疑論（又名《華嚴經決疑論》）》云：「經言：佛心、眾生心，乃至於自心，三心無差別」。詳 CBETA, T36, no. 1741, p. 1014, c。

[5] 關於「心不可得」之句請參考《大方廣佛華嚴經》卷39〈33 離世間品〉云：「一切法不可得，眾生不可得，心不可得」。詳 CBETA, T09, no. 278, p. 645, c。

[6] 語出南宋‧宗曉（1151～1214）編《四明尊者教行錄》卷4云：「雖曰斷妄，妄體本真，妄何所斷」？詳 CBETA, T46, no. 1937, p. 891, c。

[7] 參《大方廣佛華嚴經》卷52〈37 如來出現品〉。詳 CBETA, T10, no. 279, p. 275, a。

第一節　三心皆非「內外中間」

　　佛典中常說「三心了不可得」，但此「三心」多指向「過去心、現在心、未來心」的「了不可得」，如《佛說未曾有正法經》云：「大王當知，過去心不可得，未來心不可得，現在心不可得，乃至一切法亦復如是」、[8]《大般若波羅蜜多經》云：「過去心不可得，未來心不可得，現在心不可得」，[9]及《合部金光明經》云：「世尊！於菩提者，現在心不可得，未來心不可得，過去心不可得」[10]。《華嚴經》中的「心佛眾生」偈，此「三心」則是指「自心、佛心、眾生心」，如唐・李通玄（635～730）撰《新華嚴經論》云：「佛心、眾生心、自心。總為一心、一性、一法界、一智慧，始成信故」。[11]意指「眾生心、自心」皆同「諸佛心」，本體無差別，如《梵網經直解》云：「所謂諸佛心內眾生，時時成道。眾生心內諸佛，念念證真」。[12]但心迷作眾生，心悟則作佛，迷與悟為成眾生與成佛的關鍵，如《銷釋金剛經科儀會要註解》所云：「諸佛心內所含以眾生所具之心，與諸佛所證菩提，本來無別。諸佛成道，即眾生成道。以眾生不曾在諸佛心外，故時時成道，此乃心、佛、眾生，同一體也」。[13]

　　佛常於經典中宣講吾人之心性「不在內、不在外、不在中間」，如《守護國界主陀羅尼經》中云：「佛告一切法自在王菩薩言……此心之性，不

---

[8] 參《佛說未曾有正法經》卷 5。詳 CBETA, T15, no. 628, p. 443, a。

[9] 參《大般若波羅蜜多經（第 401 卷～第 600 卷）》卷 577。詳 CBETA, T07, no. 220, p. 984, b。

[10] 參《合部金光明經》卷 3〈6 陀羅尼最淨地品〉。詳 CBETA, T16, no. 664, p. 372, c。

[11] 參《新華嚴經論》卷 14〈7 如來名號品〉。詳 CBETA, T36, no. 1739, p. 814, c。

[12] 參明・寂光直解《梵網經直解》卷 2。詳 CBETA, X38, no. 697, p. 831, b。

[13] 參姚秦・鳩摩羅什譯，宋・宗鏡述，明・覺連集《銷釋金剛經科儀會要註解》卷 7。詳 CBETA, X24, no. 467, p. 724, b。

在內，不在外，不在中間」。[14]據《楞嚴經》的「七番破妄」之說，[15]有❶心非在身內。❷心非在身外。❸心非潛伏在眼根裡。❹心非在內外明暗之間。❺心非隨合隨有的一種存在。❻心非在根與塵的中間。❼心非俱無所在，亦非一切都不著。雖說有七種，簡單說就是「內、外、中間」的延伸說法。如：❸心非潛伏在眼根裡➔仍屬心在內處的論。❺心非隨合隨有的一種存在➔仍屬心在內處或心在外處的理論。❻心非在根與塵的中間➔仍屬心在內處或心在外處的理論。心若一定在「身內」的話，則應該可以看見自己的五臟六腑及心肝脾胃。[16]若心在「身外」，則又如何了知自己身中事？[17]若心在「中間」，則究竟是在外塵的中間？亦是內身的中間？或是外塵與內身的某一個中間？而且所謂的「中間」一定要有確定的位置點。如果不符合這樣的定義，那所謂心在「中間」就是錯誤的道理。[18]

這種不在「內外中間」之理不僅只是比喻「心法」而已，所有一切的

---

[14] 參《守護國界主陀羅尼經》卷1〈2 陀羅尼品〉。詳 CBETA, T19, no. 997, p. 527, c。或參考《佛說大迦葉問大寶積正法經・卷第三》所言：「迦葉！又此心法非在內、非在外，亦非中間」。詳 CBETA, T12, no. 352, p. 211, b。

[15] 「七番破妄」名詞引自明・柴紫山釋 乘旹述《楞嚴經講錄・卷一》云：「以至『七番破妄』，令契真常」。詳 CBETA, X15, no. 299, p. 15, b。及清・溥畹述《楞嚴經寶鏡疏・卷一》云：「此上『七番破妄』無處竟。然上所破，唯明妄心無處耳」。詳 CBETA, X16, no. 316, p. 451, a。

[16] 原經文詳《大佛頂如來密因修證了義諸菩薩萬行首楞嚴經》卷1云：「若汝現前所明了心實在身內，爾時先合了知內身……見心、肝、脾、胃，爪生、髮長、筋轉、脈搖，誠合明了，如何不知？必不內知，云何知外？是故應知汝言：『覺了能知之心住在身內。』無有是處」。詳 CBETA, T19, no. 945, p. 107, a。

[17] 原經文詳《大佛頂如來密因修證了義諸菩薩萬行首楞嚴經》卷1云：「若汝覺了知見之心，實在身外，身心相外，自不相干，則心所知，身不能覺……是故應知汝言：『覺了能知之心住在身外。』無有是處」。詳 CBETA, T19, no. 945, p. 107, b。

[18] 原經文詳《大佛頂如來密因修證了義諸菩薩萬行首楞嚴經》卷1云：「中何為在？為復在處？為當在身？……若在處者，為有所表？為無所表？無表同無，表則無定……中何為相？是故應知，當在中間，無有是處」。詳 CBETA, T19, no. 945, p. 108, a。

諸法都同此理,如《大寶積經》云:「諸法無知故,無了別故……非內、非外,亦非中間」。[19]而「如來」自己亦是非「內外中間」,如《度一切諸佛境界智嚴經》云:「文殊師利!如來亦爾,非內、非外,亦非中間」。[20]這三心雖然皆非在內外中間,但亦可隨各自的業緣而「周遍法界」的「在內、在外、在中間」,[21]何故?諸多經典皆云:「如來觀察一切眾生……其『身』皆有如來寶藏……汝等『自身』皆有佛性」[22]、「佛告迦葉……曉了『己身』有佛性故」[23]、「眾生各各『自身』有如來性,微密難見」[24]、「如來祕藏有佛性故,其有宣說是經典者,皆言『身中』盡有佛性」[25]、「此識於『身』攝受、藏隱……亦名為心」[26]、「藏識亦如是,不離『自、他』身」。[27]

　　上來所引的經典說明心並非真實在心內的「某個點」,也不會跑到「身外」去,也不是在「中間」,人的心如《楞嚴經》所云是「本來周遍、心遍十方、心精遍圓,含裹十方」的[28],亦如《華嚴經》所說的「菩提心遍十

---

[19] 參《大寶積經》卷73〈25 界差別品〉。詳 CBETA, T11, no. 310, p. 417, a。
[20] 參《度一切諸佛境界智嚴經》。詳 CBETA, T12, no. 358, p. 251, c。
[21] 如《大佛頂如來密因修證了義諸菩薩萬行首楞嚴經》卷3云:「汝元不知如來藏中,性色真空,性空真色。清淨本然,周遍法界。隨眾生心,應所知量,循業發現」。詳 CBETA, T19, no. 945, p. 117, c。
[22] 出自《大方等如來藏經》。詳 CBETA, T16, no. 666, p. 459, a。
[23] 出自《大般涅槃經》卷8〈4 如來性品〉。詳 CBETA, T12, no. 374, p. 414, c。
[24] 出自《佛說大般泥洹經》卷3〈8 四法品〉。詳 CBETA, T12, no. 376, p. 874, a。
[25] 出自《大般涅槃經》卷8〈4 如來性品〉。詳 CBETA, T12, no. 374, p. 410, b。
[26] 出自《解深密經》卷1〈3 心意識相品〉。詳 CBETA, T16, no. 676, p. 692, b。
[27] 出自《大乘密嚴經》卷2〈2 妙身生品〉。詳 CBETA, T16, no. 681, p. 731, b。
[28] 《楞嚴經》的「心遍十方」思想很多,如《楞嚴經》卷2云:「此見如是,其體本來周遍一界」。詳 CBETA, T19, no. 945, p. 111, c。《楞嚴經》卷3云:「是諸大眾,各各自知心遍十方」。詳 CBETA, T19, no. 945, p. 119, b。《楞嚴經》卷3云:「心精遍圓,含裹十方」。詳 CBETA, T19, no. 945, p. 119, b。《楞嚴經》卷4云:「如來藏妙覺明心,遍十方界」。詳 CBETA, T19, no. 945, p. 122, a。《楞嚴經》卷10云:「觀妙明心,遍十方界」。詳 CBETA, T19, no. 945, p. 152, a。

方」、[29]「菩薩初發心，及以心周遍」。[30]「心」既是「遍十方」界的，就不是真實且一定的在「內外中間」。以當今「量子力學」（Quantum mechanics）的理論認為當我們刻意去「觀察測量」一個粒子時，它只會出現在一個特定的地方，當我們不去觀察它時，它卻可以出現在任何地方，直到有一個具有「意識」（consciousness）的「觀察者」（Observer）去觀察粒子（Particle）時，它才會出現在「固定」的地方。如美國物理學家聖提諾瓦（Jeffrey Satinover,M.D.）在「我們到底知道多少續集：掉進兔子洞（What the BLEEP – Down the Rabbit Hole）影片中提到：

在正常情況下，假如有一個單獨的物體，一旦被「檢測」時（指被「觀察」時）就只有「一個位置」。但是，我們現在已經發現物體可以同時在「多個位置」上，不僅僅是兩個位置而已。實際上，會有三千個位置……但它仍只是「一個粒子」而已……我不保證人們會對這個信息的驚訝程度……人們可能會說：哦！你在撒謊…哦！你們科學家們都被整糊塗了……我認為這是太神秘了！你甚至無法理解它有多麼神秘！一個粒子竟會同時存在於三千個地方？[31]

科學家說粒子可以同時遍布在三千多個地方，在《華嚴經》中也提到過諸佛皆能「分形」於十方法界，如經云：「菩薩摩訶薩成就一切殊勝三昧……一念普入三世境界，分形遍往十方國土」[32]、「一切諸佛同一法

---

[29] 參《大方廣佛華嚴經》卷 17〈17 初發心功德品〉云：「發心功德不可知……發心功德無能測。以菩提心遍十方，所有分別靡不知」。詳 CBETA, T10, no. 279, p. 94, b。

[30] 參《大方廣佛華嚴經》卷 59〈38 離世間品〉。詳 CBETA, T10, no. 279, p. 317, b。

[31] 詳見影片「我們到底知道多少續集：掉進兔子洞（What the BLEEP – Down the Rabbit Hole）」。2006 年美國發行。影片 45 分:58 秒～47 分:29 秒。

[32] 參《大方廣佛華嚴經》卷 64〈39 入法界品〉。詳 CBETA, T10, no. 279, p. 346, a。與此段文經相似的還有《大方廣佛華嚴經》卷 8〈入不思議解脫境界普賢行願品〉云：「諸菩薩摩訶薩成就一切殊勝三昧，於一切時而得自在……一念普入三世境界，

身……分形普遍一切世間身」。[33]當代美國著名的理論物理學家與超弦理論（Superstring theory）家布萊恩·葛林（Brian Greene 1964～）在 PBS NOVA宇宙的結構之量子躍遷（PBS NOVA S39E07：The Fabric of the Cosmos Quantum Leap）中曾就「粒子」會出現於「任何地方」而說：

> 粒子就好像能在「同一時刻」出現在「不同地方」……如果人如果能像「粒子」一樣的運動的話，那麼多數情況下你將無法分辨出他們究竟在哪？實際上！「粒子」他們可能在「任何的地方」，直到你去找到它們之前……「粒子」的量子世界中有不可思議的事，這些不可思議之事將如何發展？為什麼量子世界中的事物，一直處於「不確定」的狀態？一會在這？一會在那？充滿著種種的可能性，然而你和我，或者說任何人，都是由「原子」和「粒子」構成的，卻只能一直處於一個「確定的狀態」！我們總是會在這！或會在那！[34]

布萊恩·葛林（Brian Greene）說，目前「量子力量」無法解釋為何你與我都只能在「一個確定的點」出現？筆者認為諸佛菩薩已達「無我相、我執、人相、人執」[35]的境界，如《華嚴經》所云：「凡夫妄觀察，取相不如理，佛離一切相，非彼所能見」。[36]佛已沒有一個「真實的我為觀察者」，

分形遍往十方剎海，智身普入一切法界，隨眾生心普現其前，放淨光明令其愛樂，觀其根行而為利益」。詳 CBETA, T10, no. 293, p. 698, b。

[33] 參《大方廣佛華嚴經》卷 47〈33 佛不思議法品〉。詳 CBETA, T10, no. 279, p. 250, a。

[34] 詳 PBS NOVA 影片。片名：宇宙的結構之量子躍遷（PBS NOVA S39E07：The Fabric of the Cosmos Quantum Leap）。《PBS：新星第 38-39 季》2010 年 11 月發行。6 分 04 秒～6 分 44 秒，及 49 分 2 秒～49 分 38 秒的內容。

[35] 請參考《金剛般若波羅蜜經》所云：「是諸菩薩無復我想、眾生想、壽者想、受者想……是諸菩薩若有法想，即是我執」。詳 CBETA, T08, no. 236b, p. 757, c～p. 758, a。

[36] 參《大方廣佛華嚴經》卷 16〈14 須彌頂上偈讚品〉。詳 CBETA, T10, no. 279, p. 82, a。另《金剛般若波羅蜜經》卷 1 亦云：「離一切諸相，則名諸佛」。詳 CBETA, T08,

[37]當然也證悟「粒子遍三千界」的道理，如《華嚴經》云「如來神變，能以一身普遍一切諸佛世界不思議故」。[38]可自由分身無數於十方法界中。而凡夫的眾生仍有「我執、我相」，有一個「真實的觀察者的」在運作，故只能停滯在我們所見的「三維」地球空間，也只能擁有一個「點」或「位置」而已。

---

no. 235, p. 750, b。

[37] 此說可參閱唐・李通玄撰《華嚴經合論》卷 2 云：「如來涅槃，無有能所」。詳 CBETA, X04, no. 223, p. 20, b。明・李贄《華嚴經合論簡要》卷 2 云：「一念之間，無有能所。能所盡處，名為正覺」。詳 CBETA, X04, no. 225, p. 848, c。

[38] 參《大方廣佛華嚴經》卷 1〈入不思議解脫境界普賢行願品〉。詳 CBETA, T10, no. 293, p. 662, c。

第二節　三者的「一相觀」

「心佛眾生」偈原指「吾心、佛心、眾生心」三心，也可作「吾人、諸佛、眾生」這三者之解，如《修行道地經》云：「心不離身，身不離心」[39]、《大智度論》云：「身與心俱，常不分散」[40]及《楞嚴經》云：「身心相知不相離」。[41]身不離心，身心是不離的，故「心佛眾生」偈亦可作「三種身」或「三者、三類」亦無差別解。「一相觀」是《華嚴經》的重要哲學觀點，如云：「一切諸相即『一相』」[42]、「一切諸相悉入『一相』，『一相』入於一切諸相」。[43]這種「一相觀」的道理是昔所未見、昔所未聞的深奧大法，也是《華嚴經》「心佛眾生」偈的另一種解釋，在《華嚴經》「入法界品」中云：

> 昔所未見而今始見，昔所未聞而今始聞。何以故？以能了知法界相故，知「一切法」唯「一相」故。[44]

「心佛眾生」這三者如何能達到「一相觀」呢？我們可以試著從人腦的「鏡像神經元」（Mirror Neuron）來解釋這個邏輯問題。一般成人的大腦組織裏約有 1 千 500 億個「神經元」，[45]裏面有非常多的「鏡像神經元」

---

[39] 參《修行道地經》卷 5〈22 神足品〉。詳 CBETA, T15, no. 606, p. 212, c。

[40] 參《大智度論》卷 34〈1 序品〉。詳 CBETA, T25, no. 1509, p. 310, a。

[41] 參《大佛頂如來密因修證了義諸菩薩萬行首楞嚴經》卷 1。詳 CBETA, T19, no. 945, p. 107, b。

[42] 參《大方廣佛華嚴經》卷 57〈34 入法界品〉。詳 CBETA, T09, no. 278, p. 761, c。

[43] 參《大方廣佛華嚴經》卷 33〈31 普賢菩薩行品〉。詳 CBETA, T09, no. 278, p. 607, c。

[44] 參《大方廣佛華嚴經》卷 71〈39 入法界品〉。詳 CBETA, T10, no. 279, p. 385, b。

[45] 根據維也納大學康士坦丁 梵 艾克諾摩博士估算，人類的「腦神經」（神經元）細胞數量約有 1 千 500 億個，這些細長樹枝狀的腦細胞彼此之間又會形成上兆個稱為「突觸」（synapse）的連結。請參考齊默（Carl Zimmer）撰，涂可欣翻譯「100 兆個連結」。科學人雜誌・神經科學。2011 年 2 月出版。P81。

（Mirror Neuron）與「運動神經元」（Motor neuron）。當我們要做某種運動時，這組「運動神經元」就會發射資訊至相關的器官。「鏡像神經元」中大約 20%左右會對他人的「行為」自動進行「模仿」，比如當我們在「觀看」他人被觸碰的同時，我們的「鏡像神經元」也會發出「被觸碰」的信號，可是我們通常是感觸不到的，那是因為我們手部的「痛感神經」（Pain nerve）會再做發出另一種「神經回饋」（neurofeedback）的信號，發出命令說：「你並沒有被真實觸碰」！但如果我們使用麻醉劑去麻醉手臂上的「痛感細胞」，那麼當我們再次觀看他人「被觸碰」的同時，我們大腦的「鏡像神經元」也會馬上發出這種「被觸碰」的信號。印度的神經科學家拉馬錢德朗（Vilayanur S. Ramachandran 1951～）在 TED 演講中的主題「一探神經元何以築文明」說：

> 當你或者移除掉你的手臂時，或者向你的手臂注射麻醉劑，從而去麻醉手臂叢的神經，使你完全無法感覺到你的手臂的時候，假如你現在再觀看他人手掌被觸碰，你的手掌就也會有被觸碰的感覺。換句話說，這將你與他人之間的隔膜完全溶解了！因此，我稱他們為「甘地神經元」，或者是「共鳴神經元」……你將「你與他人」之間的隔膜完全溶解了！這些也就是大部分東方哲學的基礎，那就是「沒有真實獨立的自我」……事實上，我們與他人交結並不只是只通過「Facebook」或是網路，而是以各式各樣的「神經元」與他人連繫！在這間大廳裏，有一群的「神經元」可能正互相交談著呢！你的意識與他人的意識並沒有任何真正的差異性！這並不是晦澀難懂的哲學。這是由基礎神經學所引申出來的道理……我認為「鏡像神經元」系統將再次引起一場思潮，將使你重新思考什麼是意識？什麼才是代表「自我」？什麼將你與他人「區分開」？什麼使你與他人產生「共

鳴」？什麼才是人類所「獨有」的事物？[46]

　　神經科學家拉馬錢德朗說「鏡像神經元」（Mirror Neuron）將帶給我們一場全新的「思潮」，那就是沒有獨立的「我一個人」，也沒有獨立的「眾生」，更沒有獨的「佛」。「我、眾生、佛」將是無法區分，無法割離的「一整體」。這種思想在《華嚴經》中到處可見，如：「菩薩深解『眾生界』如『法界』，『眾生界、法界』無有二」[47]、「菩薩深入『眾生界』如『法界』，『眾生界、法界』無有二」[48]、「法界眾生界，究竟無差別，一切悉了知，此是如來境」。[49]除了《華嚴經》外，其餘佛典亦有同樣的說明，茲舉如下：

　　《大方等大集經》云：

　　不離「眾生」有法，不離「法」有眾生。

　　如「眾生體性」即是我體性。如「我體性」即是一切法體性。

　　如「一切法體性」即是「佛法體性」。[50]

　　《佛說不增不減經》云：

　　不離「眾生界」有法身，不離「法身」有眾生界。

　　「眾生界」即法身，法身即「眾生界」。[51]

---

[46] 原影片請上「Video on TED.com」網站參閱，影片來源網址為 http://www.ted.com/talks/lang/zh-tw/vs_ramachandran_the_neurons_that_shaped_civilization.html。

[47] 參《大方廣佛華嚴經》卷 11〈17 功德華聚菩薩十行品〉。詳 CBETA, T09, no. 278, p. 470, b。

[48] 參《大方廣佛華嚴經》卷 20〈21 十行品〉。詳 CBETA, T10, no. 279, p. 106, c。

[49] 參《大方廣佛華嚴經》卷 13〈10 菩薩問明品〉。詳 CBETA, T10, no. 279, p. 69, a。

[50] 參《大方等大集經》卷 50〈8 諸惡鬼神得敬信品〉。詳 CBETA, T13, no. 397, p. 325, b。

[51] 參《佛說不增不減經》卷 1。詳 CBETA, T16, no. 668, p. 467, b。

《大方等如來藏經》云：

我見眾生種種煩惱，長夜流轉，生死無量，「如來妙藏」在其身內，儼然清淨，如「我」無異。[52]

《佛說不增不減經》云：

「眾生界」者即是「如來藏」。如來藏者即是「法身」。[53]

《佛說廣博嚴淨不退轉輪經》云：

觀察「法界、眾生界」時，不見是差別相，見「眾生界」盡入「法界」，見「法界」是平等道、佛法道」。[54]

「心佛眾生」偈若從「量子力學」的科學角度來說，亦可提供更多的註解，如美國專研麻醉和意識的醫師司徒華·漢莫洛夫（Stuart Hameroff 1947～）提出人類的「意識」是「微管」（microtubule）中「量子」重力效應的結果；且與整個宇宙是互相連結的密不可分，他說：[55]

「大腦」裡的這個「微觀組織」提供了「意識」來源。在細胞內部，包括「神經細胞」內部，是由「樑柱式」的「網狀」結構組成的，這些結構叫做「微管」（microtubules）⋯⋯「微管」是「量子計算器」⋯⋯所有的「粒子」狀物都可以「互相聯繫」及「互相糾纏」在一起，「粒子」也可以「同時存在」於不同的地方，這個叫量子的「疊加」（Superposition）過程。因此對於「量子計算器」，一個粒子的「信息」可以同時存在於「兩個」及以上的地方，這種「粒子」可以同時存在於兩個地方的能

---

[52] 參《大方等如來藏經》卷1。詳 CBETA, T16, no. 666, p. 458, c。

[53] 參《佛說不增不減經》卷1。詳 CBETA, T16, no. 668, p. 467, a。

[54] 參《佛說廣博嚴淨不退轉輪經》卷3。詳 CBETA, T09, no. 268, p. 264, b。

[55] 詳見影片《BBC：我的瀕死體驗》(The Day I Died The Mind，The Brain，And Near-Death Experiences)。39 分:47 秒～43 分:50 秒。

力，指的就是「時空幾何學」裡的「疊加」(Superposition)……在「大腦」內部深處的，這個形成宇宙的「最基礎」的組織體裡，就形成了「意識」……「意識」可能就存在於這個層面，它通過神經細胞內的「量子」程序，和「微管」連接到「大腦」。

這就可以用來解釋「瀕死」體驗是如何發生的，當「大腦」功能停止後，在「微管」活動及，「電擊」和「藥物注射」停止後，這些能感知的大腦「信息」就離開了，但它們並未消失，只是在「宇宙」基礎層次內，帶有「信息」的粒子會大量的「擴散至宇宙」去……這種奇怪的現象，我們稱之為「量子糾纏」(entanglement)。在這種情況下，我認為「意識」是可以「獨立」在「身體外面」而存在的！

司徒華·漢莫洛夫（Stuart Hameroff）認為一個人大腦中的「微管」（microtubules）會與整個宇宙「糾纏」(entanglement)在一起，此與《華嚴經》的「心佛眾生」偈理非常接近。這意謂著「吾人的大腦、眾生的大腦、諸佛的大腦」中的「微管」，都是互相「串連」在一起，都是密不可分的一種「糾纏」。近代俄羅斯量子物理學家弗拉迪米爾·琶普寧（Dr. Vladimir Poponin）及彼得·伽利耶夫（Dr. Peter Gariaev）[56]在美國完成一系列的實驗，證明了人體的 DNA 對組成世界的「量子物質」會產生直接的效應，此稱作「DNA 幻影效應試驗」（DNA Phantom effect）。[57]

---

[56] 俄遺傳學專家彼得 伽利耶夫（Peter Gariaev），全名是 Гаряев Петр Петрович（伽利耶夫 彼得 彼得羅維奇），英文名是 Peter Gariaev，也有拼作 Garjajev。他的「遺傳學」專著有三本，分別是：《波基因組》（1994 年出版）。《波遺傳密碼》（1997年出版）和《語言學波基因組-理論與實踐》（2009 年出版）。

[57] 關於「DNA 幻影效應試驗」請參閱 Gariaev, P.P., K.V. Grigor'ev, A.A. Vasil'ev, V.P. Poponin & V.A. Shcheglov. 1999. *"Investigation of the fluctuation dynamics of DNA solutions by laser correlation spectroscopy"*. Bull. Lebedev Phys. Inst. No.11～12: 23～30。或參考 Gregg Braden 原作，達娃譯《無量之網：一個讓你看見奇蹟，超越極限，心想事成的神祕境地》（The Divine Matrix: Bridging Time, Space, Miracles, and Belief）。台北：橡實文化出版。2010 年 02 月。頁 68～70。

　　「量子力學」的說法完全符合《華嚴經》的「心佛眾生」偈思想，整個宇宙內所有的萬法萬事，包括「我、眾生、諸佛」都是「一體的」的「宇宙蛋」（Cosmic Egg）[58]而不可分割，誠如《大乘密嚴經》中所云：

　　如來「清淨藏」，世間「阿賴耶」，如金（喻如來藏）與指環（喻世間阿賴耶識），展轉無差別。[59]

---

[58] 關於「宇宙蛋」的觀點請參閱 Joseph Chilton Pearce, *"The Crack in the Cosmic Egg"*（New York: Pocket Books，1974），p. 6。

[59] 參《大乘密嚴經》卷3〈8 阿賴耶微密品〉。詳 CBETA, T16, no. 681, p. 747, a。

第三節　三者的「不離」關係

「心佛眾生」偈看似獨立分開的三種類型，其實這三者有著「不離」的關係，即「我」不離「佛」，也不離「眾生」，佛陀自己也說他是「由人而佛」,[60]再「由佛而人」[61]的渡化眾生。在《華嚴經》有說如果沒有了「眾生」，那一切的菩薩終不能成佛，所以要成佛是不能離開眾生的，經云：

> 若諸菩薩，以大悲水饒益眾生，則能成就阿耨多羅三藐三菩提故，是故菩提屬於「眾生」，若無「眾生」，一切菩薩終不能成無上正覺。[62]

所以在《維摩詰所說經》裡佛說「眾生」就是菩薩的「佛土」，因為菩薩是隨著所化導、所調伏的眾生而攝取佛土的。譬如有人如果在「空地」造立房屋，則隨意皆可成。若在「虛空」造房屋，終不能有成成。所以菩薩若發願要取「佛國」，則必須於「眾生」中取，並非從「虛無」中而求取。如《維摩詰所說經》云：

> 「眾生」之類是菩薩佛土。所以者何？菩薩隨所化眾生而取佛土，隨所調伏眾生而取佛土，隨諸眾生應以何國入佛智慧而取佛土……譬

---

60 此句乃消化《增壹阿含經》卷 18〈26 四意斷品〉之語，原經典云：「我今亦是人數，父名真淨，母名摩耶」。詳 CBETA, T02, no. 125, p. 637, b。

61 此句乃消化《佛說內藏百寶經》之語，原經典云：「佛足譬如蓮花，不受塵垢，佛洗足，隨世間習俗而入，示現如是。佛身如金，不受塵垢，佛現入浴，隨世間習俗而入，示現如是。佛口中本淨潔，譬如欝金之香，佛反以楊枝漱口，隨世間習俗而入，示現如是。佛未嘗有飢時，用哀十方人，故為現飢，隨世間習俗而入，示現如是。佛身如金剛，淨潔無瑕穢，無圍便，現人大小圍便，隨世間習俗而入，示現如是」。詳 CBETA, T17, no. 807, p. 751, c28～p. 752, a。

62 參《大方廣佛華嚴經》卷 40〈入不思議解脫境界普賢行願品〉。詳 CBETA, T10, no. 293, p. 846, a。

如有人，欲於空地，造立宮室，隨意無礙；若於虛空，終不能成！
菩薩如是，為成就眾生故，願取佛國，願取佛國者，非於「空」也。
[63]

　　在《淨度三昧》經中甚至直接說「眾生亦度佛」[64]的觀點，為何？因
為若無「眾生」的機緣感召，則佛亦無出世之必要性，亦不能成正覺菩提。
唐末五代・永明 延壽（904～975）也曾就「眾生亦度佛」的問題回答說：
「若約內觀，因了妄念雜識，眾生無體，發其覺慧，成自心之佛，此豈
不是因『眾生得度』？若論外化，皆因『眾生』感出，若無機緣，既無所
化，亦不成佛」。[65]若以蓮花當比喻，則「高原、陸地」是不生蓮花的，蓮
花必須在「卑濕淤泥」中才能生長，蓮花是出自「淤泥」的。所以我們世
俗人所認為的「生死、淤泥、邪定、眾生」這四類卑賤的東西，卻反而能
生出真正的「佛法」。如《大寶積經》云：「譬如高原、陸地，不生蓮花……
譬如卑濕、淤泥中，乃生蓮花。菩薩亦爾，生死、淤泥、邪定、眾生，
能生佛法」。[66]《維摩詰所說經》也有同樣的道理，經云：「譬如高原、陸
地，不生蓮華，卑濕、淤泥乃生此華……煩惱泥中，乃有『眾生』起佛法
耳」！[67]所以「夫善者，是諸惡之師；惡者，是萬善之資」。[68]

　　有淤泥才能有蓮花，有眾生、有生死，方能有佛道，故佛典常教我

---

[63] 參《維摩詰所說經》卷1〈1 佛國品〉。詳 CBETA, T14, no. 475, p. 538, a。
[64] 詳隋・智者大師說，灌頂錄《金光明經文句》卷5〈釋四天王品〉云：「又《淨度三昧》云：眾生亦度佛。若無機感，佛不出世，亦不能得成三菩提。出世菩提皆由眾生」。詳 CBETA, T39, no. 1785, p. 76, a。或參閱唐末五代・永明 延壽撰《宗鏡錄》卷18。詳 CBETA, T48, no. 2016, p. 517, b。
[65] 詳唐末五代・永明 延壽撰《宗鏡錄》卷18。詳 CBETA, T48, no. 2016, p. 517, b。
[66] 參《大寶積經》卷112。詳 CBETA, T11, no. 310, p. 634, b。
[67] 參《維摩詰所說經》卷2〈8 佛道品〉。詳 CBETA, T14, no. 475, p. 549, b。
[68] 此句引自唐・道宣撰《淨心戒觀法》卷2。詳 CBETA, T45, no. 1893, p. 828, a。

們「觀照」一切法皆是佛法，[69]如果菩薩能見一切法皆是佛法的話，才能名為「菩薩」。[70]《華嚴經》上也說「我當知一切法皆是佛法，隨眾生心，為其演說，悉令開悟」，[71]不過這樣的說法曾遭懷疑說：「既然一切法都是佛法，那一切眾生本應都成佛」？不過佛直接以「眾生不住顛倒見者，即是佛也」回答了這樣的問題；[72]意即無論任何的法只要不住於「顛倒見」中，就是佛法。從上述所舉的經典來看，「吾人、眾生」與「成佛」確實有著「不離」的微妙關係。

在現代的「量子力學」（Quantum mechanics）中，有一種「鬼魅似的遠距作用」（spooky action at a distance）[73]的理論，這種理論指出任何兩個「微觀粒子」都有某種「糾纏」（entanglement）關係，不管它們兩者被分開多遠，都一直保持著「糾纏」牽繫，如果對其中一個粒子進行擾動，則另一個粒子不管它相距多遠也會有干擾糾纏的反應。這種「鬼魅似的遠距作用」也可用來解釋「心佛眾生」偈，如布萊恩‧葛林（Brian Greene）在 PBS NOVA 宇宙的結構之量子躍遷（PBS NOVA S39E07：The Fabric of the Cosmos Quantum Leap）中說：

---

[69] 如《大般若波羅蜜多經（第401卷～第600卷）》卷574云：「若諸有情，能修如是甚深般若波羅蜜多，觀一切法皆是佛法」。詳 CBETA, T07, no. 220, p. 966, a。

[70] 此說參見《勝思惟梵天所問經》卷4所云：「若菩薩見一切法皆是佛法，故名菩薩」。詳 CBETA, T15, no. 587, p. 81, b。

[71] 參《大方廣佛華嚴經》卷54〈38 離世間品〉。詳 CBETA, T10, no. 279, p. 285, a。

[72] 上述說法引自《父子合集經》卷20〈27 淨飯王信解品〉云：「何謂佛法？一切諸法皆是佛法。時淨飯王聞是說已，白言：世尊！若一切法皆佛法者，一切眾生皆應是佛。佛言：大王！眾生不住顛倒見者，即是佛也」！詳 CBETA, T11, no. 320, p. 976, a。

[73] 「鬼魅」（spooky）一詞出自愛因斯坦（Albert Einstein 1879～1955）之口，他曾經發現這種「鬼魅般的超距作用」（spooky action at a distance）在眾多實驗中一再地出現，彷彿兩顆電子擁有超光速的秘密通信，就像是念動咒語一般。但愛因斯坦直到過世前都沒有完全接受「量子力學」的全部理論。詳 A.Einstein, in M.Born （ed.）, *The Born～Einstein Letters*, （Macmillan, London, 1971）, p. 15。

如果兩個性質類似的「粒子」且距離夠近，它們就會發生「糾纏」（entanglement）效應。同時量子力學表示，就算你將兩個粒子分開，將他們送往相反的方向，它們仍然保持著「糾纏」的緊密相連……如果這兩個輪子像兩個「糾纏」的電子。任何時候，其中一個停在紅色區域，另一個就會停在藍色區域……如果其中一個遠在天邊，甚至是在月球上，沒有電線和信號器連接彼此，如果你發現其中一個是紅色的，那麼另外一個必然是藍色的。換句話說：如果你在這兒去測量一個粒子，你的測量行為不僅僅會影響了它。同樣會影響到它所「糾纏」的另一個粒子，無論兩者之間有多遠……愛因斯坦將之稱為幽靈：「幽靈般的超遠距離作用」（spooky action at a distance），儘管兩者之間沒有任何的力量、皮帶輪，當然也沒有電話線。[74]

布萊恩·葛林（Brian Greene）說只要是性質類似的「粒子」且距離夠近，它們就會發生「糾纏」（entanglement），那這麼說「佛」是由「人」、由「眾生」而成，如果凡夫眾生能念佛、憶念，將來必定也能見佛、成佛，如《楞嚴經》所云：「若眾生心，憶佛念佛，現前、當來，必定見佛」。[75]「吾人」與「眾生」與「佛」都是性質相似的粒子，所謂的「鬼魅似的遠距作用」不就在解說「心佛眾生」是互相「糾纏」的「不離」嗎？

另一種熱門的「多重宇宙」（multiverse）、「平行宇宙」（parallel universes）[76]，或名「平行世界」（parallel world）也可用來解釋「心佛眾生」偈的邏輯。

---

[74] 詳 PBS NOVA 影片。片名：宇宙的結構之量子躍遷（PBS NOVA S39E07：The Fabric of the Cosmos Quantum Leap）。《PBS：新星第 38-39 季》2010 年 11 月發行。27 分 55 秒～30 分 22 秒的內容。

[75] 參《大佛頂如來密因修證了義諸菩薩萬行首楞嚴經》卷 5。詳 CBETA, T19, no. 945, p. 128, a-b。

[76] 人類早於 1954 年，一名年輕的美國普林斯頓大學博士研究生休　埃維雷特三世（Hugh Everett III）就提出了這個大膽的理論：人類世界存在著「平行宇宙」。結果經過半個世紀的研究和探索，美國科學家已逐步證明「平行宇宙」的存在。

一般公認的宇宙起源論都以「大爆炸」（Big Bang）理論為中心，現在另一組科學家提出新的宇宙起源學說叫做「永恆暴漲」（eternal inflation），如現任斯坦福大學教授的美籍俄裔宇宙物理學家安德烈·林德（Andrei Linde 1948～），他是最早提出「暴脹宇宙學」的學者之一。另一位是 *Many Worlds in One, The Search for Other Universes*" 的作者亞歷克斯·維蘭金（Alex Vilenkin）曾就「永恆暴漲」理論說：

> 宇宙的「大爆炸」並非是唯一的一次，在我們的宇宙之前有過很多次「大爆炸」發生，之後也將有無數次的「大爆炸」發生，只要新的大爆炸不斷的發生，新的宇宙就會不斷的誕生，就像是一塊瑞士乳酪一樣，他會不斷形成的新的宇宙，並組成了「多重宇宙」。[77]

這種「多重宇宙」論也深受英國物理學家史蒂芬·霍金（Stephen William Hawking 1942～）所重視，史蒂芬·霍金在他的著作《新宇宙論》中說：大霹靂（大爆炸）的瞬間有無數「宇宙重疊」產生，如云：

> 「超弦理論」中有無數不同的宇宙世界其實應該是已經存在過的宇宙，所以宇宙在「大霹靂誕生」的最初瞬間，所有可能的宇宙是「重疊」在一起的。[78]

這種「重疊」或「平行宇宙」究竟有多少？美國費城 賓夕法尼亞大學 (University of Pennsylvania)理論物理學家兼宇宙學教授麥克斯·泰格馬克（Max Tegmark 鐵馬克）在 2004 年出版的著作《科學與終極實在》（Science

---

[77] 詳 PBS NOVA 影片。片名：宇宙的結構之多重宇宙（PBS NOVA S39E08：The Fabric of the Cosmos Universe or Multiverse）。《PBS：新星第 38-39 季》2010 年 11 月發行。19 分 21 秒～22 分 23 秒的內容。

[78] 資料來源：http://www.nature.com/news/2006/060619/full/060619-6.html 2006.06.21, KLC。

and Ultimate Reality）的「平行宇宙」這一章中說道：「事情變得越發明朗，建立在現代物理學基礎上的『多元宇宙模型』能夠經受住檢驗」，[79]他曾精確的計算說：宇宙中可能有「1×10^{500}」個「平行宇宙」。[80]

這種「多重宇宙」（multiverse）論觀點會引出「不可思議」的結論，如布萊恩・葛林（Brian Greene）在 PBS NOVA 宇宙的結構之多重宇宙（The Fabric of the Cosmos Universe or Multiverse）中說：

還有更奇怪的事，在那個地方以外的某個地方，我們應該會發現一個我們宇宙的複製體，擁有所有事物和所有人的複製。這將會是怎樣的……如果我們用 52 張牌子，你無限次地分發那副牌，那麼重複就是不可避免的，在「多重宇宙」中也會有同樣的原則。像一副撲克牌在空間的任何區域，他們只能以有限種類的方式排列，所以如果空間是「無限」的，且有無數的宇宙，那麼這些排列一定會「重複」。由於我們每一個人，只是「微小粒子」的一種特殊排列，在某處一定有一個你和我的「複製品」，而且每個人都有一個「副本」。這肯定會讓人非常的震驚！[81]

按照布萊恩・葛林（Brian Greene）的說法，在宇宙的深處一定會有與「我」幾乎一樣的「副本」存在？那這個「副本」在那裡？那個才是「正本」呢？筆者推測，或許我們的「正本」是在「佛國」或「極樂世界」吧？如《華

---

[79] 詳 John D. Barrow, Science and Ultimate Reality: Quantum Theory, Cosmology, and Complexity, （Cambridge University Press, 2004）, p.459。

[80] 資料來源詳於 Max Tegmark （鐵馬克）專屬網站 http://space.mit.edu/home/tegmark/crazy.html。

[81] 詳 PBS NOVA 影片。片名：宇宙的結構之多重宇宙（PBS NOVA S39E08：The Fabric of the Cosmos Universe or Multiverse）。《PBS：新星第 38-39 季》2010 年 11 月發行。45 分 15 秒～47 分的內容。

嚴經》云：「菩薩摩訶薩了達自身，及以眾生，本來『寂滅』」。[82]《大寶積經》說：「文殊師利言：天子！若聞一切眾生本來『寂滅』，不生驚怖，是名菩薩具足莊嚴」。[83]《大乘理趣六波羅蜜多經》亦直接說：「一切眾生本清淨，三世如來同演說。其性垢淨本無二，眾生與佛無差別，空遍十方無分別，心性平等亦復然」。[84]

那麼現在住在「地球」的我只是「全息」[85]幻影投射下的「副本」嗎？史蒂芬・霍金在《胡桃裡的宇宙》[86]（The Universe in a Nutshell）第七章「膜的新世界」中就這麼說：「Do we live on a brane or are we just holograms？我們是生活在一張膜上？或者我們只是一張全息的投影圖」？[87]《華嚴經》也清楚的說：眾生本來就活在「一切諸法如電、夢幻」[88]之中。

「多重宇宙」（multiverse）論對《華嚴經》的「心佛眾生」偈有著非常令人震驚的啟示，「心佛眾生」三者都有「周遍法界」的意涵，甚至不能分辨何者才是「正本」的我？何者才是副本的「佛」？又何者才是真實的「眾生」呢？《大方廣圓覺修多羅了義經》上說的極好「生死與涅槃，猶如昨日夢」，那麼「心佛眾生」這三者亦可說如「昨日夢」是也。如經云：

---

[82] 參《大方廣佛華嚴經》卷 58〈38 離世間品〉。詳 CBETA, T10, no. 279, p. 308, b。

[83] 參《大寶積經》卷 87。詳 CBETA, T11, no. 310, p. 498, a。

[84] 參《大乘理趣六波羅蜜多經》卷 1〈1 歸依三寶品〉。詳 CBETA, T08, no. 261, p. 868, a。

[85] 「全息」又名「全像」，英文名稱為「holography」。「全」是由於希臘字首 holo- 代表「完全」或「完整」；而「息」則是「信息」的簡稱。台灣的翻譯有兩種，即狹義的「全像」與廣義的「全息、全訊」，例如 holography 表示「全像術」，hologram 表示「全像圖、全像照片」。可參閱筆者另一篇論文：《華嚴經》的「分形」與「全息」理論哲學觀。

[86] 該書或譯作「果殼中的宇宙」一名。

[87] 詳 Stephen Hawking，"The Universe in a Nutshell"，（Bantam Press 2001～11），p.173。「膜宇宙學」是一個物理學上「超弦理論」和「M 理論」的分支，他們認為宇宙其實是鑲在一些更高維度的膜，而那些更高維度的膜一直影響著我們的宇宙。

[88] 語出《大方廣佛華嚴經》卷 55〈34 入法界品〉。詳 CBETA, T09, no. 278, p. 753, b。

善男子！此菩薩及末世眾生，修習此心得成就者，於此「無修」亦「無成就」。圓覺普照，寂滅無二，於中百千萬億不可說阿僧祇恒河沙「諸佛世界」，猶如「空花」亂起、亂滅，不即、不離，無縛、無脫；始知「眾生本來成佛」，生死、涅槃猶如昨夢。善男子！如昨夢故，當知「生死」及與「涅槃」無起、無滅、無來、無去。[89]

第四節　禪宗公案的解析

「心佛眾生」偈的議題也廣受禪師們的引用與發揮，如唐・慧海（生卒年不詳）撰《諸方門人參問語錄》[90]記載法淵法師問如何是佛法僧？如何是一體三寶？馬祖禪師則以「心即是佛法僧，佛法無二，和合為僧，即是一體三寶」答彼，最後亦舉《華嚴經》的「心佛眾生」偈作結，如下所舉：

> 時有僧法淵問曰：云何是佛？云何是法？云何是僧？云何是一體三寶？願師垂示。師曰：心是佛，不用將佛求佛。心是法，不用將法求法。佛法無二，和合為僧，即是一體三寶。經云：心、佛與眾生，是三無差別。[91]

這段對話的公案也被北宋・道原（生卒年不詳）撰的《景德傳燈錄》所引用，[92]而北宋・義青（生卒年不詳）頌古的《林泉老人評唱投子青和尚頌古空谷集》亦引用善慧大士的「心王銘」[93]來解釋「心佛眾生」偈。如云：

> 師云：心、佛與眾生，是三無差別。未委乎阿誰，一一能見徹？……善慧大士心王銘云：了本識心，識心是佛，是心是佛，是佛是心。念念佛心，佛心念佛。欲得早成，戒心自律，淨律淨心，心即是佛。

---

[90] 《諸方門人參問語錄》二卷，原為唐・大珠 慧海所撰，原名稱為《頓悟入道要門論》，收於卍續藏第一一〇冊。現存本則有上、下二卷，下卷又稱《諸方門人參問語錄》，或稱《諸宗所問語錄》。

[91] 參《諸方門人參問語錄》。詳 CBETA, X63, no. 1224, p. 26, a。

[92] 參《景德傳燈錄》卷 28。詳 CBETA, T51, no. 2076, p. 441, a。

[93] 「心王銘」為南朝梁代・傅翕大士撰，又作「傅大士心王銘、心王論」，係詠「心性根本」。全篇為四言八十六句三百四十四字之韻文體，闡說「即心即佛」之玄理，以明「心外無佛」可求；為禪宗韻文之嚆矢。

除此心王，更無別佛。林泉道：有心用處還應錯，無意看時却宛然。[94]

　　梁・善慧（497～569）大士「心王銘」末後尚云：「知佛在內，不向外尋。即心即佛，即佛即心。心明識佛，曉了識心。離心非佛，離佛非心」。[95]可謂已將《華嚴經》的「心佛眾生」偈發揮的淋漓透澈。

　　明・吹萬　廣真（1582～1639）的《吹萬禪師語錄》[96]中曾以「門前幾竿竹」回答「心」的問題，意指「心」如門前之「竿竹」般的清楚在前，而不待言說。「佛」也如嶺上的「株松」般的歷歷在前，不需詳說。而諸佛是眾生心內的諸佛，眾生也是諸佛心內的眾生，故可了悟「心佛眾生無差別」之理。如彼云：

　　問：心、佛與眾生是三無差別。如何是心？
　　師云：門前幾竿竹。
　　進云：如何是佛？
　　師云：嶺上數株松。
　　進云：還有眾生也無？
　　師云：心、佛與眾生是三無差別。
　　僧禮拜。師下座。[97]

---

[94] 參宋・義青頌古，元・從倫評唱《林泉老人評唱投子青和尚頌古空谷集》卷 5。詳 CBETA, X67, no. 1303, p. 306, a。

[95] 參《景德傳燈錄》卷 30。詳 CBETA, T51, no. 2076, p. 456, c～457, a。

[96] 《吹萬禪師語錄》二十卷，於明・崇禎十六年（1643）刊行，係吹萬禪師說法之廣錄，吹萬一生致力於弘揚佛法，令當時衰弊之禪風為之一振。

[97] 詳明・吹萬　廣真（1582～1639）撰，三山　燈來編《吹萬禪師語錄》卷 2。詳 CBETA, J29, no. B239, p. 478, a。或見明・廣真說，燈來編《聚雲吹萬真禪師語錄》。詳 CBETA, J29, no. B238, p. 461, c。

　　吹萬禪師以「竽竹」解「心」義與宋・大慧 宗杲（1089～1163）撰的《正法眼藏》，及宋・賾藏主集的《古尊宿語錄》皆有「同工異曲」之妙。如《正法眼藏》載：「問：如何是祖師西來意？曰：『竹竿』頭上耀紅旗」。[98]《古尊宿語錄》載：「問：如何是真道人？師曰：『竹竿』頭上禮西方」。[99]這種「佛、心」之理與《光讚經》云：「心者本淨；本淨心者，自然而樂、清明而淨」[100]；都將心導向「清淨本然」[101]的義理。

　　明代的《密雲怡禪師語錄》中則將「心佛眾生」作「一即三，三即一」的解釋，如云：「心、佛眾生三無差別，既無差別，即說箇心、佛與眾生都在其間，即說箇佛心與眾生都在其間，即說箇眾生心與佛亦在其間。如是則說一即三，言三即一，既其一矣。即說箇心、佛眾生亦是對待而言，強生分別，若不分別，山僧到此，有口如啞，有耳如聾。言語道斷，心行處滅」。[102]

　　禪師認為「心佛眾生」這三者亦是從「對待」而生分別，此三者既無別，則亦不需「言語」解釋，故彼云「有口如啞，有耳如聾。言語道斷，心行處滅」。

　　清・燈來說，普定編《三山來禪師語錄》中載一則更有趣的「公案」，內容是：「僧問：心、佛與眾生，是三無差別，因甚有凡有聖？師云：喫桃喫李」。[103]既然「心、佛眾生」無差別，為何會有凡有聖的差別呢？禪師

---

[98] 參《正法眼藏》卷 3。詳 CBETA, X67, no. 1309, p. 609, c。

[99] 參《古尊宿語錄》卷 7。詳 CBETA, X68, no. 1315, p. 44, b。

[100] 參《光讚經》卷 3〈7 了空品〉。詳 CBETA, T08, no. 222, p. 166, b。

[101] 「清淨本然」義引自《大佛頂如來密因修證了義諸菩薩萬行首楞嚴經》卷 3 云：「清淨本然，周遍法界」。詳 CBETA, T19, no. 945, p. 117, c。

[102] 參明・圓悟說，如瑩等編《密雲怡禪師語錄》卷 2。詳 CBETA, L154, no. 1640, p. 443, b

[103] 參清・燈來說，普定編《三山來禪師語錄》卷 5。詳 CBETA, J29, no. B244, p. 710,

答云「喫桃喫李」，這個「喫桃喫李」真耐人尋味，其實它的原頭可能來自宋・蘊聞錄《大慧普覺禪師普說》中的「公案」，如云：「正當恁麼時，畢竟誰人為你證明。若證明不得，一大藏教只成脫空去，且道畢竟如何？如人喫李子，定向赤邊咬」。[104]宋・宗永集《宗門統要正續集》也有類似的內容，如云：「天童華云：南泉法眼大似喫李子，只向赤邊咬」。[105]意思是說凡夫如同小兒喫李，只會忙著向「成熟的紅邊」咬去，結果可能連自己的手指頭都會咬破。[106]而聖人是如同喫桃子，沒有偏向任何一邊，故能證得「周遍圓滿」的境界。

　　清・本諡[107]（1606～1665）撰，超巨、超秀等編《隱諡禪師語錄》中舉「諸佛心光顯露」時就是現前眾生的「赤體相」；眾生現前的「赤體顯露相」，就是諸佛的「心光透明相」；這就是「心佛眾生」偈無差別的道理，如下云：

　　秋清月朗，透明諸佛之心光；雲淨天空，突露眾生之赤體。眾生赤
　　體既露，諸佛心光透明，要知透明處便是突露處，突露處便是透明
　　處，何故？不見道，心、佛與眾生是三無差別？……復以拂子打圓
　　相云：諸佛心光顯露了也！現前一眾，豈非眾生現在耶？且道那裏
　　是他無差別處？靚體同觀無二相，當空皎潔一輪圓。[108]

---

　　b。

[104] 參宋・蘊聞錄《大慧普覺禪師普說》。詳 CBETA, M059, no. 1540, p. 816, b。

[105] 參宋・宗永集，元清茂續集《宗門統要正續集（第 1 卷～第 12 卷）》卷 3。詳 CBETA, P154, no. 1519, p. 585, a。所謂「只向赤邊咬」句意謂「南泉法眼」只知瞻前去吃成熟的紅邊，而不能瞻後。這個說法可參考《宗門統要正續集（第 1 卷～第 12 卷）》卷 3 所云：「續黃龍心云：南泉法眼只知瞻前，不能顧後」。詳 CBETA, P154, no. 1519, p. 585, a。

[106] 這個說法可參考清・集雲堂編《宗鑑法林》卷 2 云：「世尊一似小兒喫李，忙向赤邊齦，忽然齦破指頭，直得血濺梵天」。詳 CBETA, X66, no. 1297, p. 285, c。

[107] 師或稱行諡，為明末清初臨濟宗僧，著有《二隱諡禪師語錄》十卷。

[108] 參清・本諡撰，超巨、超秀等編《隱諡禪師語錄・卷第三》。詳 CBETA, J28, no.

「心佛眾生」偈從梁朝善慧大士的「心王銘」開始即被禪師廣泛的運用著，畢竟禪宗的修法就是「心法」，如明‧憨山（1546～1623）大師在他的《夢遊集》中所云：

> 繇是觀之，眾生與佛本來無二。所謂心、佛與眾生，是三無差別。但心淨即佛，心垢即眾生……故有「參禪、念佛、看話頭」種種方便，皆治「心」之藥耳……參禪看話頭一路，最為明「心」切要。[109]

禪宗以「明心見性」為目標，而「心佛眾生」偈就成成為最佳的「公案」觀究，這偈頌可用「三心」解，也可以「三者、三類」作解，隨著眾生的根機悟性不同，遂衍生出千變萬化的智慧火花。

B212, p. 484, b。
[109] 參《憨山老人夢遊集》卷 5。詳 CBETA, X73, no. 1456, p. 490, c。

第五節　三者實現的修持學

眾生與佛本來無二無別，但以心淨即佛，心垢即眾生，眾生與佛只在心「淨垢」與否。要實現「心佛眾生」的道理，就要從「心淨」下手，如《華嚴經》云：「阿耨多羅三藐三菩提，以心為本。心若『清淨』，則能圓滿一切善根，於『佛菩提』必得自在」。[110]其餘佛典多有相同的說明，如《大方等大集經》云：「此心自性『清淨』相，觀是了知『菩提道』」。[111]及《大乘瑜伽金剛性海曼殊室利千臂千鉢大教王經》云：「當證清淨，『心性淨』者，則是如來菩提性也」。[112]吾人若能從心上轉垢，當下即是清淨、即是佛。若為垢塵所障蔽，即名為眾生，如《菩薩從兜術天降神母胎說廣普經》云：「凡夫賢聖人，平等無高下。唯在心垢滅，取證如反掌」。[113]只要我們的「心垢」滅除，要取證如來果位是易如反掌的。要維持「心清淨」的方法也很簡單，就如《增壹阿含經》上說的：「諸惡莫作，諸善奉行[114]，自『淨其意』，是諸佛教」。[115]這種方法簡單到連三歲小孩都聽得懂，但直到八十歲的老翁可能仍然做不到，這個典故來自白居易（772～846）向鳥窠 道林（741～824）禪師請法的內容，據《大慧普覺禪師語錄》載：

---

[110] 參《大方廣佛華嚴經》卷55〈38 離世間品〉。詳 CBETA, T10, no. 279, p. 291, c。

[111] 參《大方等大集經》卷47〈2 四魔王波旬詣佛所品〉。詳 CBETA, T13, no. 397, p. 304, a。

[112] 參《大乘瑜伽金剛性海曼殊室利千臂千鉢大教王經》卷4。詳 CBETA, T20, no. 1177A, p. 743, b。

[113] 參《菩薩從兜術天降神母胎說廣普經・卷四》〈13 諸佛行齊無差別品〉。詳 CBETA, T12, no. 384, p. 1035, c。

[114] 「諸善奉行」句，後人亦常作「眾善奉行」句。如梁・法雲（467～529）撰《法華經義記》卷4〈3 譬喻品〉云：「出世之始，仍言『諸惡莫作，眾善奉行』，『眾善奉行』即是大慈勸善，『諸惡莫作』即是大悲誡惡，是故慈欲與樂，勸令行善，悲能拔苦，誡令斷惡」。詳 CBETA, T33, no. 1715, p. 616, b。

[115] 參《增壹阿含經》卷1〈1 序品〉。詳 CBETA, T02, no. 125, p. 551, a。

> 白居易侍郎鎮錢塘，特入山謁之……
>
> 問：如何是佛法大意？
>
> 師曰：諸惡莫作，眾善奉行。
>
> 曰：三歲孩兒也解恁麼道。
>
> 師曰：三歲孩兒雖道得，八十老人行不得。
>
> 白遂作禮而去……
>
> 但諸惡莫作，便了此語。信也著，不信也著。請思之。[116]

「諸惡莫作，眾善奉行」就是讓「心清淨」的修行方法，「惡小」不能犯，「善小」不能輕，這種方法將導致「聚沙成塔」[117]的成佛與否效應，誠如佛典《法集要頌經》所云：

> 莫輕小惡罪，以為無殃報，水滴雖極微，漸盈於大器，惡業漸漸增，
> 纖毫成廣大。莫輕小善業，以為無福報，水滴雖極微，漸盈於大器。
> [118]

當年的劉備臨終時也曾以「惡小、善小」之理來付囑劉禪作為治國之用，[119]足見「道從心起，『心正』者可得道」[120]、「道從心生，『心淨』者乃

---

[116] 參南宋·蘊聞編《大慧普覺禪師語錄》卷 19。詳 CBETA, T47, no. 1998A, p. 890, b。

[117] 如唐末五代·永明 延壽（904～975）大師所撰《萬善同歸集》卷 2 云：「聚沙成塔，漸積功德，皆成佛道」。詳 CBETA, T48, no. 2017, p. 976, a。

[118] 參《法集要頌經》卷 2〈17 水喻品〉。詳 CBETA, T04, no. 213, p. 785, c。

[119] 引自宋·法雲編《翻譯名義集》卷 2 云：「蜀先主臨終謂太子曰：勿以惡小而為之，勿以善小而不為」。詳 CBETA, T54, no. 2131, p. 1082, c。或參原文云：「人五十不稱夭，吾年已六十有餘，何所復恨，但以卿兄弟為念耳。勉之，勉之！勿以惡小而為之，勿以善小而不為！惟賢惟德，可以服人，汝父德薄，不足效也」。詳《三國誌·蜀書·先主傳》。裴松之注。《諸葛亮集》第九篇。中華書局。1960 年出版。頁 63。

[120] 語出《佛般泥洹經》卷 1。詳 CBETA, T01, no. 5, p. 162, b。

得道」[121]是世出世法共同的修行準則。

　　除了心「淨垢」與「小惡小善」為成佛與否的理論外，《金剛三昧經》中有云：「若人離欲，心常『清淨』，實語方便，本利利人，是『檀』（布施）波羅蜜」。[122]意即心常「清淨」者，便能利益眾生，就是一種「布施」波羅蜜，故明・憨山大師曾提出若能一念「布施」便是成佛之體；若能令受者獲得「歡喜心」，即是入法界之理。「布施」看似小事，卻是成佛之大事，菩薩的六度萬行總以「布施」為首，如他說：

　　然心、佛與眾生，是三無差別。故一念「捨」心，則盡法界之量，而
　　為成佛之體。能令受者，一念歡喜之心，亦入法界。是則此心與佛，
　　及眾生界，皆平等矣。所以「施」為成佛之本也。[123]

　　據六祖慧能（638～713）說五祖弘忍（602～675）大師最常勸僧俗持誦的就是《金剛經》，而且只要持誦《金剛經》，照經典所說的方法修行，就能成佛，如慧能云：「大師常勸僧俗，但持《金剛經》，即自見性，直了成佛」。[124]而《金剛經》中探討的「六度」修行，出現最多的就是「布施」字詞，整部《金剛經》出現「布施」字詞約有 15 次之多。[125]「布施」包括

---

[121] 語出《般泥洹經》卷 1。詳 CBETA, T01, no. 6, p. 177, b。

[122] 參《金剛三昧經》卷 1〈2 無相法品〉。詳 CBETA, T09, no. 273, p. 367, a。

[123] 參《憨山老人夢遊集・卷二十六》，詳 CBETA, X73, no. 1456, p. 652, a。

[124] 參《六祖大師法寶壇經》卷 1。詳 CBETA, T48, no. 2008, p. 348, a。

[125] 如《金剛經》第四分➡「須菩提！菩薩於法，應無所住，行於布施」、「若菩薩不住相布施，其福德不可思量」、「菩薩無住相布施，福德亦復如是，不可思量」。第八分➡「若人滿三千大千世界七寶，以用布施」、「善現！若善男子、或善女人，以此三千大千世界盛滿七寶，持用布施（玄奘譯本）」。第十一分➡「若有善男子、善女人，以七寶滿爾所恆河沙數三千大千世界，以用布施」。第十三分➡「若有善男子、善女人，以恆河沙等身命布施」。第十四分➡「是故佛說：菩薩心，不應住色布施」、「菩薩為利益一切眾生，應如是布施」、「若菩薩心不住法，而行布施，如人有目，日光明照，見種種色」。第十五分➡「若有善男子、善女人，初日分以恆

了「財施、法施、無畏施」三種[126]，如以「飲食、衣服、醫藥、臥具」等日用物施人者，必須用於金錢都叫「財施」。為人講經說法，或印贈經書，乃至世間典籍，只要有益於人，用於布施者，都叫「法施」。「無畏施」指救苦救難，如眾生在災難中必有驚恐，發心去救他，使他能「無畏」，只要能救渡對方，就算捨身命亦不顧，此名「無畏施」。此外尚有「內施、外施」，乃至「究竟施」，[127]名目繁多，茲不贅述。

　　佛經雖提倡「六度」法門，但《金剛經》卻一再重視「布施」之法，為何？因為一個「布施」法就可統攝其餘五度，乃至攝萬行。如「法施」可使眾人知「持戒，忍辱、精進、禪定、般若」。「無畏施」則可使人了生死而「無所畏」。其實在「六度」行門中，任舉一度，亦可遍攝各度，故只行「布施」一法即可遍攝「一切法」。如下圖所示：

河沙等身**布施**；中日分復以恆河沙等身**布施**」。第十九分➜「若有人滿三千大千世界七寶，以用**布施**，是人以是因緣，得福多不」？第二十四分➜「若三千大千世界中，所有諸須彌山王，如是等七寶聚，有人持用**布施**」。第二十八分➜「若菩薩以滿恆河沙等世界，七寶**布施**」。第三十二分➜「若有人，以滿無量阿僧祇世界七寶，持用**布施**」。

[126] 如《大智度論》卷 81〈68 六度相攝品〉云：「菩薩常行三種施，未曾捨離，『財施、法施、無畏施』，是名『檀』波羅蜜」。詳 CBETA, T25, no. 1509, p. 632, a。

[127] 如《大方廣佛華嚴經》卷 21〈22 十無盡藏品〉云：「佛子！何等為菩薩摩訶薩『施藏』？此菩薩行十種施，所謂：分減施、竭盡施、內施、外施、內外施、一切施、過去施、未來施、現在施、究竟施」。詳 CBETA, T10, no. 279, p. 112, c。

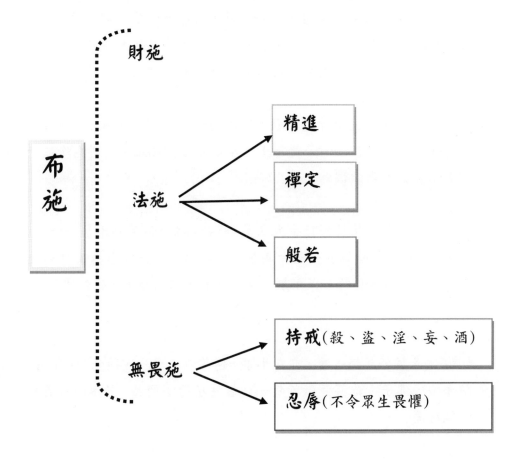

　　在《華嚴經》中有諸多的經文都將「布施」當作修行的「第一關鍵」，也是修行「成佛」的大法，列舉如下：

　　如說：「菩薩摩訶薩有十種勤修。何等為十？所謂：『布施』勤修，悉捨一切，不求報故……是為十。若諸菩薩安住此法，則得如來無上大智慧勤修」。[128]

---

[128]　參《大方廣佛華嚴經》卷56〈38 離世間品〉。詳 CBETA, T10, no. 279, p. 298, c～p. 299, a。

如說：「佛子！菩薩摩訶薩有十種方便。何等為十？所謂：『布施』方便，悉捨一切不求報故……佛子！是為菩薩摩訶薩十種方便；若菩薩摩訶薩安住此法，則得一切諸佛無上大智方便」。[129]

如說：「菩薩摩訶薩有十種器仗。何等為十？所謂；『布施』是菩薩器仗，摧破一切慳吝故……是為十。若諸菩薩安住此法，則能除滅一切眾生長夜所集煩惱結使」。[130]

如說：「善男子！菩薩修行十大法藏，得此解脫。何等為十？一修『布施』廣大法藏，隨眾生心悉令滿足……善男子！若諸菩薩安住如是十大法藏，則能獲得如是解脫，清淨增長，積集堅固，安住圓滿」。[131]

如說：「菩薩發菩提心寶，亦有十事，何等為十？一、初發心『布施』離慳……佛子！是菩薩所行集一切智慧功德法門品，若不深種善根，不能得聞」。[132]

如說：「佛子！菩薩摩訶薩有十種法，成就眾生。何等為十？所謂：『布施』成就眾生……佛子！是為菩薩摩訶薩十種成就眾生，若菩薩摩訶薩安住此法，則能成就一切眾生」。[133]

---

[129] 參《大方廣佛華嚴經》卷 40〈33 離世間品〉。詳 CBETA, T09, no. 278, p. 653, a～b。

[130] 參《大方廣佛華嚴經》卷 57〈38 離世間品〉。詳 CBETA, T10, no. 279, p. 302, b～c。

[131] 參《大方廣佛華嚴經》卷 71〈39 入法界品〉。詳 CBETA, T10, no. 279, p. 386, a。

[132] 參《大方廣佛華嚴經》卷 27〈22 十地品〉。詳 CBETA, T09, no. 278, p. 575, b。

[133] 參《大方廣佛華嚴經》卷 36〈33 離世間品〉。詳 CBETA, T09, no. 278, p. 633, b。

如說：「佛子！菩薩摩訶薩有十種除滅一切疑惑，發無疑心。何等為十？所謂：菩薩摩訶薩發如是心：『布施』攝取一切眾生」。[134]

如說：「佛子！菩薩修行十妙法故，得此法門。何等為十？所謂：菩薩修行『布施』，令一切眾生海，皆悉歡喜……是為第一除滅一切疑惑，發無疑心」。[135]

如說：「菩薩修行十大法藏，積集圓滿，光明遍照，愛樂出生，威力自在，則能成就此解脫門。何等為十？一、修『布施』廣大法藏，隨眾生心，悉令滿足……若諸菩薩安住如是十大法藏，則能獲得如是解脫、清淨、增長、積集、具足、出生、堅固、廣大、成就、安住、圓滿」。[136]

　　從上述《華嚴經》中可看見菩薩成佛修行的「十種法門」都將「布施」置於第一個最主要的行門，但要達到「真正的布施」境界則需「三輪體空」，即不去執著我是一位「布施的人」。不去執著對方是一位「被我布施的人」。不去執著「布施的東西」及「布施會得到的功德果報」，唯有達到「三輪體空」才能成就「佛道」，這點在《大般若波羅蜜多經》中有詳細的說明，經云：

若菩薩摩訶薩，行布施時「三輪」清淨。
一者：不執我為「施者」。

---

[134] 參《大方廣佛華嚴經》卷 37〈33 離世間品〉。詳 CBETA, T09, no. 278, p. 637, c～p. 638, a。

[135] 參《大方廣佛華嚴經》卷 53〈34 入法界品〉。詳 CBETA, T09, no. 278, p. 736, a。

[136] 參《大方廣佛華嚴經》卷 21〈入不思議解脫境界普賢行願品〉。詳 CBETA, T10, no. 293, p. 758, a～b。

二者：不執彼為「受者」。

三者：不執「施」及「施果」。

是菩薩摩訶薩行布施時「三輪清淨」……所修「施」福，普施有情。
於諸有情，都無所得。雖與有情，平等共有，迴向無上正等菩提。
[137]

很多人以為佛典教我們的「布施」只有與「錢」有關，其實佛在《雜
寶藏經》中詳細的介紹有七種「布施」是不需要金錢的，內容有「眼施、
顏施、言施、身施、心施、座施、房施」七種。經云：

一名眼施：常以好眼，視父母師長沙門婆羅門，不以惡眼，名為眼
　　　　　施……是名第一果報。

二名和顏悅色施：於父母師長沙門婆羅門，不顰蹙惡色……是名第
　　　　　二果報。

三名言辭施：於父母師長沙門婆羅門，出柔軟語，非麤惡言……是
　　　　　名第三果報。

四名身施：於父母師長沙門婆羅門，起迎禮拜，是名身施……是名
　　　　　第四果報。

五名心施：雖以上事供養，心不和善，不名為施；善心和善，深生
　　　　　供養，是名心施……是名心施第五果報。

六名床座施：若見父母師長沙門婆羅門，為敷床座令坐，乃至自以
　　　　　已所自坐，請使令坐……是名第六果報。

七名房舍施：前父母師長沙門婆羅門，使屋舍之中得行來坐臥，即
　　　　　名房舍施……是名第七果報，是名七施。雖不損財物，

---

[137] 參《大般若波羅蜜多經（第 1 卷～第 200 卷）》卷 75〈21 淨道品〉。詳 CBETA,
T05, no. 220, p. 424, c。

獲大果報。[138]

若用白話詮釋，內容如下：

一、眼施：常以善意的眼光去看待別人，不要用惡眼或白目去看別
　　人。

二、顏施：常以微笑與別人相處，不要老是面帶憂愁或故意擺臭臉。

三、言施：對別人多說鼓勵、安慰、稱讚、謙讓、溫柔的話語。

四、身施：以身體用實際行動去幫助別人，如看到長輩時皆能站起
　　來以示恭敬，或幫忙拎東西等等。

五、心施：以上四件事情，如果內心不和善、不甘心的做，那就不
　　是真正的布施。必須要用歡喜心去做，而非不甘心、不
　　情願的做。

六、座施：乘船坐車時，能將自己的座位讓給老弱婦孺。

七、房施：將自己空下來、沒使用的房子提供給別人休息或借宿。

　　所以即使一個人即使沒有錢，只要掌握這七點，也可以做出與布施
「金錢」一樣的功德，如前所言「不輕小善」[139]，任何「小小的善根」[140]都
應該勤勞積集，方能成就最終的佛道。

---

[138] 參《雜寶藏經》卷 6：。詳 CBETA, T04, no. 203, p. 479, a～b。

[139] 此語出自唐・法藏述《華嚴經探玄記》卷 17〈33 離世間品〉。詳 CBETA, T35, no.
1733, p. 436, a。

[140] 此語引自《大方廣佛華嚴經》卷 29〈25 十迴向品〉云：「佛子！此菩薩摩訶薩隨
所積集一切善根，所謂：**小善根**、大善根、廣善根……集無邊功德善根、勤修習菩
薩業行善根、普覆育一切世間善根」。詳 CBETA, T10, no. 279, p. 156, c～a。

結論

《華嚴經》的「心佛眾生」偈看似簡單，實際上有高深的哲理，本章以五小節研究的結果如下說明。

（一）「三心皆非內外中間」：「三心」皆「了不可得」，非在「內外中間」，至亦能「周遍法界」的隨緣在「內外中間」，進而推論出凡夫眾生仍有「我執、我相」，有一個「真實的觀察者的」在運作，故只能停滯在我們所見的「三維」地球空間，也只能擁有一個「點」或「位置」而已。

（二）「三者的一相觀」：主要以《華嚴經》之「知一切法相唯是一相」句[141]為探討起點，並從「量子力學」角度說明人類的「意識」及「吾人的大腦、眾生的大腦、諸佛的大腦」中的「微管」都是密不可分的一種「糾纏」態。

（三）「三者的不離關係」：以「眾生亦度佛」的理念出發，說明若無「眾生」則亦無有「佛」的觀點，並從量子力學的「鬼魅似的遠距作用」來說明「心佛眾生」都是互相「糾纏」的「不離」狀態。並以「多重宇宙」論談到周遍法界中都有「心佛眾生」，而不知何者才是正本？副本的問題。

（四）「禪宗公案的解析」：歷代禪師如何用高深的般若智慧來解釋「心佛眾生」偈的「公案」問題。

（五）「三者實現的修持學」：從唐·宗密（780～841）大師云：「若頓悟自心『本來清淨』，元無煩惱，無漏智性，本自具足。此心即『佛』，畢竟無異」[142]點出「心淨」為成佛的根本，並進一步探討「布施」與「成佛」有一定的關係。

---

[141] 參《大方廣佛華嚴經》卷44。詳 CBETA, T10, no. 279, p. 234, c。

[142] 參唐·宗密述《禪源諸詮集都序》（亦名《禪那理行諸詮集》）卷1。詳 CBETA, T48, no. 2015, p. 399, b。

　　筆者在寫完這章後，對《華嚴經》上說「心佛及眾生，是三無差別」這首偈頌深感非常「不可思議」，故覺得應該再加上「皆不可思義」五個字以成就法義上的圓滿。為何？佛曾在《增壹阿含經》中說有四種「不可思議」的事：一「眾生」不可思議、二「世界」不可思議、三「龍國」不可思議、四「佛國」境界不可思議。[143]在四種「不可思議」中，「眾生、佛國」就佔了二個，為何「眾生」也是屬於「不可思議」呢？《華嚴經》上曾說菩薩應學十法，而這十種法都在理解「眾生」為何是「不可思議」的經文，如經云：

> 何等為十？所謂：
> 學知眾生無有邊。
> 知眾生不可數。
> 知眾生「不思議」。
> 知眾生種種色。
> 知眾生不可量。
> 知眾生空。
> 知眾生不自在。
> 知眾生非真實。
> 知眾生無所有。
> 知眾生無自性。[144]

　　從上面十條經文可知「眾生」的確是如此的「不可思議」，若再加上《華嚴經》云：「諸佛不思議，誰能思議佛」？[145]及《大哀經》云：「如來知其

---

[143] 參《增壹阿含經》卷 21〈29 苦樂品〉。詳 CBETA, T02, no. 125, p. 657, a。

[144] 參《大方廣佛華嚴經》卷 8〈11 菩薩十住品〉。詳 CBETA, T09, no. 278, p. 445, b。

[145] 參《大方廣佛華嚴經》卷 23〈24 兜率宮中偈讚品〉。詳 CBETA, T10, no. 279, p. 123, c。

往古過去，眾生之心，不可思議，不可稱量」。[146]那麼就可成為法義圓滿的──「心、佛及眾生，是三無差別，皆不可思議」──句也。

---

[146] 參《大哀經》卷 5〈17 知眾生本行品〉。詳 CBETA, T13, no. 398, p. 431, b。

第三章 《華嚴經》的「分形」與「全息」理論哲學觀

本章發表於 2012 年 4 月 14 日(星期六)華嚴專宗學院主辦之「第一屆華嚴專宗國際學術研討會」。當天與會學者為本文提供諸多寶貴意見,經筆者多次修潤後已完成定稿。

　　《華嚴經‧卷二十六》中曾說「八地菩薩」修學佛道的過程，必須要能觀照十方世界的「成住壞空」，知道四大假合的「一與異」相、了悟「小、中、無量」種種的差別相，也要通達三千大千世界種種「微塵」之理，若能如此的話，其餘的真理皆可觸類旁通，舉一而反三。如《華嚴經》云：

> 觀十方世界，成壞及與住。
> 能知四大一，亦知諸別異，小中及無量，種種差別相。
> 能數知三千，大千世界塵，亦知眾生身，四大微塵數。
> 諸天身眾寶，微塵數差別，皆悉遍明了，餘亦如是知。[1]

　　既如此，吾人應該深入研究「四大緣合」的「小、中、無量」差別相及三千世界「微塵」理，而近代物理學、數學、量子學……等日新月異的豐富學說，正可以作為理解《華嚴經》哲學的重要輔助教材。中國近代諾貝爾得獎楊振寧（1922～）於 2001 年 4 月香港「世紀論壇」上作了一次「美與物理學」的學術演講，他最後的結語說：「科學的極限是數學，數學的極限是哲學，哲學的極限是宗教」，又說「科學的盡頭是哲學，哲學的盡頭是佛學」，又說「物理研究到盡頭是哲學，哲學研究到盡頭是宗教」、「佛教是世界上偉大的宗教之一，兩千年傳入中國後，對中國文化產生了深遠的影響」。[2]若套用楊振寧的名言，那麼研究近代科學數學物

---

[1] 參《大方廣佛華嚴經》卷 26〈22 十地品〉。詳 CBETA, T09, no. 278, p. 567, a。另外在《佛說十地經》卷 6〈8 菩薩不動地〉也有同樣的經文，原文如下：「唯諸佛子！菩薩已至於第八地……觀世界成觀世界壞，如世間成皆能了知……又知地界小大無量及差別相；了知水界小大無量及差別相……又知微塵細相、麁相、無量相及差別相；於何世界所有若干微塵積聚，微塵差別皆能了知；於何世界所有若干地界微塵皆能了知……又此菩薩，知有情身麁相、細相、身差別相；知依那洛迦身有若干微塵」。詳 CBETA, T10, no。287，p.560，a。

[2] 詳馬毅「哲學與人」。大連大學學報第一期第 26 卷。2005 年 2 月，p.57。或觀線上影片 2001 年 4 月香港「世紀論壇」之楊振寧演講：「美與物理學」。
http://www.56.com/u47/v_NjI1NzMxNDA.html 。
或 http://www.youtube.com/watch?v=2TiqCr9jo7o 。

理學上的「分形」與「全息」理論；其盡頭就是《華嚴經》「一即一切」[3]的最高哲學。美國物理學家約翰・阿奇博爾德・惠勒（John Archibald Wheeler 1911～2008）曾就「分形」理論說：

> 一個人如果不懂得「熵」（Entropy）是怎麼回事，就不能說是科學上「有教養的人」；在將來，一個人如果不能同樣熟悉「分形」，他就不能被認為是「科學上的文化人」。[4]

> 誰不熟悉「分形」，誰就不算是科學家。[5]

從 Wheeler 的言論中可見「分形」理論已成為是不是「科學上的文化人」及「有知識」的判定標準，既然吾人生活在科學、數學、物理學、量子力學已有輝煌大躍進的二十一世紀；若不認識「分形」與「全息」兩套學說，則缺乏追求知識的精神，亦少了利益眾生的「方便法門」，[6]如《華嚴經》云：

> 佛子！此菩薩摩訶薩為利益眾生故，世間技藝靡不該習。所謂：文字、算數……地、水、火、風，種種諸論，咸所通達……日月星宿、鳥鳴地震……咸善觀察，一無錯謬……但於眾生不為損惱，為利益

---

[3] 參唐・法藏述《華嚴經探玄記》卷 1 云：「謂法界自在具足圓滿，『一即一切、一切即一』無礙法門，亦《華嚴》等是也」。詳 CBETA, T35, no. 1733, p. 111, a。

[4] 詳潘金貴《分形藝術程序設計》，南京大學出版社，1998 年 3 月，頁 2。此句或譯作：誰不知道「熵」概念就不能被認為是科學上的文化人，將來誰不知道「分形」概念，也不能稱為有知識。

[5] 詳潘金貴《分形藝術程序設計》，南京大學出版社，1998 年 3 月，頁 5。此句或譯作：明天誰不熟悉「分形」，誰就不能被認為是科學上的文化人。

[6] 在《華嚴經》中常提出菩薩應修學種種利益眾生的「方便法」，如《大方廣佛華嚴經》卷 36〈33 離世間品〉云：「一切菩薩無量智慧……具足成就一切菩薩『方便』智慧，善巧方便，調伏眾生……善攝眾生，深入無量『巧方便法』」。詳 CBETA, T09, no. 278, p. 631, b。

故咸悉開示，漸令安住無上佛法。[7]

故本章將以「分形」與「全息」學說作為理解《華嚴經》哲學的研究工具。

---

[7] 參《大方廣佛華嚴經》卷 36〈26 十地品〉。詳 CBETA, T10, no. 279, p. 192, b。

第一節 「分形」理論的哲學觀

（一）「分形」理論介紹

「分形」（fractal）或譯為「碎形」，原譯是指「不規則的、支離破碎的」，從看似不規則的事物中找出整體及局部所遵守的「共同規則」。這種「分形」的概念是由美籍數學家伯奴瓦‧曼德布羅特（Benoit Mandelbrot 1924～2010）於 1967 年首先提出，並於 1975 年創立了「分形幾何學」（fractal geometry），形成了研究「分形」性質及科學領域的應用，也稱之為「分形理論」（fractal theory）。Mandelbrot 在他的《大自然的分形幾何學》中說：

> 拉丁語形容詞 fractus 創造了詞「分形」（fractal）。相應的拉丁語動詞 frangere 意味著「打破」和產生「不規則的碎塊」。從而可見（對我們的需要是何等地適合！）除了「破碎的」（如像碎片或屈折），fractus 也應當具有「不規則」的含義，這兩個含義都被保存在碎片（fragment）中。[8]

他的理論是：一切事物的「局部」與「整體」形態總是「相似」的，名為「自我相似性」（self-similarity）。Mandelbrot 的「分形」靈感來自於一篇著名的論文「英國的海岸線有多長？」（*How Long Is the Coast of Britain? Statistical Self-Similarity and Fractional Dimension*），[9]論文以海岸線作為曲線，如何才能精準的測量出海岸線的長度呢？他發現測量的工具愈精細，海岸線就會愈長。而且在空中拍攝的一百公里長的海岸線與局部放大十公

---

[8] 詳 Mandelbrot 撰《大自然的分形幾何學》（最新修訂本）。上海遠東出版，1998 年，頁 6。

[9] 曼德布羅特的《英國的海岸線有多長？》論文曾刊載於 1967 年美國權威的《科學》雜誌 156 期 pp.636-638。或參閱 Mandelbrot 撰《大自然的分形幾何學》（最新修訂本）之「第二篇 三種已馴服的經典分形 第五章 英國的海岸線有多長」？上海遠東出版，1998 年，頁 32-43。

里長的海岸線，兩組照片中看上去竟然十分相似，也就是「局部」與「整體」形態竟是相似的。Mandelbrot 最有名的圖片僅舉如下四張代表作：[10]

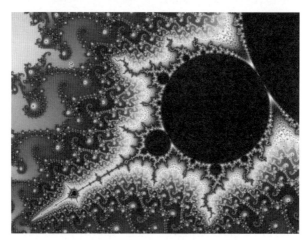

---

[10] 底下圖片取自「維基百科，自由的百科全書」，詳網址
http://en.wikipedia.org/wiki/Mandelbrot_set 。或請參閱潘金貴《分形藝術程序設計》
一書內有大量彩色圖片解說。南京大學出版社，1998 年 3 月。

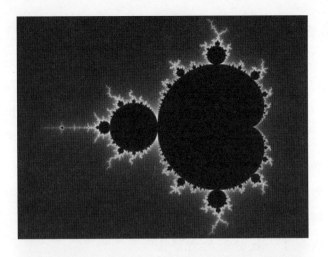

　　這種藝術般的「分形」美麗圖案，非常精緻壯觀，如近代中國語言學專家周海中（1955～）所說：「『分形幾何』不僅展示了數學之美，也揭示了世界的本質，從而改變了人們理解自然奧秘的方式；可以說『分形幾何』是真正描述大自然的幾何學，對它的研究也極大地拓展了人類的認知疆域」。[11]

　　茲再以飄浮的「雪花」為例，在顯微鏡下，無論是 1 毫米、1/10 毫米，還是 1/1000 毫米的尺度，「雪花」邊緣上的圖案和形狀幾乎都是相似

[11] 引自網路「百度百科」資料，詳 http://baike.baidu.com/view/83243.htm 。

的。這種「自我相似性」特徵廣泛存在於自然界中，如：樹上一片葉子、岩石的斷裂口、綿延的山川、大腦神經構造、花耶菜形、銀河星系分布、呼吸和心跳的節奏……等都有這種「分形」的特徵，我們從英國兒歌改編的一首小詩中就可發現「分形」理論普遍於世界一切萬物的情形，如詩云：

> 一個分形的人，
>
> 穿過分形的森林，
>
> 走過分形的一英里，
>
> 分形地撿到了一枚分形的六便士。
>
> 買了一隻分形的貓，
>
> 抓了一隻分形的老鼠。
>
> 分形的人，
>
> 分形的貓，
>
> 分形的老鼠，
>
> 都擠在分形的小屋裡。
>
> 分形人分形的大腦皮層裡，
>
> 構思著分形貓分形地吞下分形老鼠，
>
> 分形老鼠被分形貓分形的小腸壁分形地吸收著……。[12]

近來將「分形幾何」運用到疾病上已有相當成就，如 2011 年有一篇「分形幾何學精確識別癌細胞」的研究報導，就是利用「癌細胞」在外觀上具有更顯著的「分形」特徵，因此可以提早發現「癌細胞」而予以治療。[13]Benoit Mandelbrot 的「分形」理論也成為《華嚴經》哲學的最佳註解，

---

[12] 詳潘金貴《分形藝術程序設計》，南京大學出版社，1998 年 3 月，頁 1-2。

[13] 該篇相關論文發表在《物理評論快報》上。內容是說：美國克拉克森大學（Clarkson University）的伊戈爾.索科洛夫（Igor Sokolov 1958-）和同事利用「原子力顯微鏡」，在一奈米的精度上；對取自人類子宮頸的「健康細胞」和「癌細胞」的外形進行了對比。測量結果顯示，「癌細胞」在外形上具有顯著的「分形」特徵；而健康的細胞卻

如「部份與整體的哲學」，及「自相似性」與「非自生、非他生」的哲學。以下分述之。

（二）部份與整體的哲學

「分形」理論指出吾人可以透過事物的「部份」而認識「整體」，再從「整體」還原為「部分」。可以從「有限」中體會「無限」；再從「無限」中還原為「有限」。其餘「單一」與「整體」、「小」與「大」……兩者之間皆可互轉、互換，打破了部份與整體的界限。試舉網路上一個相當有名的例子，如在 10^{-11}meters 下觀察 DNA 分子中的「原子核」（上圖），與從 100 光年 10^{18}meters 外觀察我們的宇宙（下圖）。[14]

並不明顯。詳【科技網】科技日報，2011 年 07 月 08 日。
http://www.stdaily.com/big5/kjrb/content/2011-07/08/content_323332.htm 。
[14] 引用網頁 http://www.wensh.net/archive.php/topic/780.html 的資料圖文。

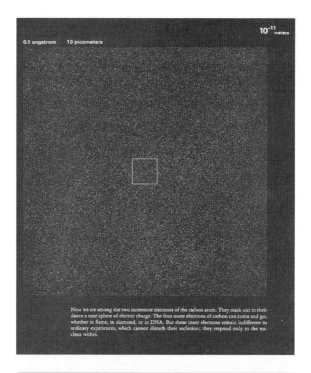

Now we are among the two innermost electrons of the carbon atom. They mark out in their dance a neat sphere of electric charge. The four outer electrons of carbon can come and go, whether in flame, in diamond, or in DNA. But these inner electrons remain indifferent to ordinary experiences, which cannot disturb their seclusion; they respond only to the nucleus within.

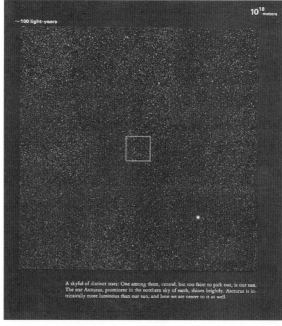

A skyful of distinct stars: One among them, central, but too faint to pick out, is our sun. The star Arcturus, prominent in the northern sky of earth, shines brightly. Arcturus is intrinsically more luminous than our sun, and here we are nearer to it as well.

上面這兩張圖的構造竟然是驚人的「相似」，完全符合「分形」理論，就如同《華嚴經》所云：「能現一世界，而作無量剎。示現無量剎，而為一世界」[15]及「於『一法』中，解『眾多法』。『眾多法』中，解了『一法』」。[16]除了微小的「一法」與「眾多法」有「分形」特徵外，《華嚴經》在「入法界品」中提到善財童子觀察慈行童女的「宮殿莊嚴」情形，竟可從任何微小的「壁、柱、鏡、鈴……」等；皆可見到「整體」的「法界一切如來」景象，如經云：

時，慈行童女告善財言：善男子！汝應觀我宮殿莊嚴。
善財頂禮，周遍觀察，見一一壁中、一一柱中、一一鏡中、一一相中、一一形中、一一摩尼寶中、一一莊嚴具中、一一金鈴中、一一寶樹中、一一寶形像中、一一寶瓔珞中，悉見「法界一切如來」，從初發心，修菩薩行，成滿大願，具足功德，成等正覺，轉妙法輪。[17]

英國一位浪漫主義詩人兼藝術家威廉・布萊克（William Blake 1757～1827），他的一首美麗詩歌這樣寫著：

To see a world in a grain of sand.[從一粒沙看見世界（一沙一世界）]
And a heaven in a wildflower.[從一朵花知道天堂（一花一天堂）]
Hold infinity in the palm of your hand.[用一隻手把握無限（手心掌握無限）]

---

[15] 參《大方廣佛華嚴經》卷60〈34 入法界品〉。詳 CBETA, T09, no. 278, p. 787, a。
[16] 參《大方廣佛華嚴經》卷28〈24 十忍品〉。詳 CBETA, T09, no. 278, p. 580, c。
[17] 參《大方廣佛華嚴經》卷65〈39 入法界品〉。詳 CBETA, T10, no. 279, p. 348, b。

And eternity in an hour.[用一剎那留住永恆（剎那即是永恆）][18]

這首詩歌與《華嚴經》哲學的確有異曲同工之妙，《華嚴經》有大量的經文都說明從微小的「一塵」中可現「無量剎」的道理，如「一塵中現無量剎，而彼微塵亦不增」。[19]「一一塵中見三世一切剎，亦見彼諸佛，此是普門力」。[20]「無量諸佛剎，悉末為微塵，一塵置一剎，悉能分別知」。[21]「於一塵中有不可說不可說世界塵數大會」[22]……等。

雖然《華嚴經》中也曾出現「分形」這個字詞名相，但它指的是佛的「法身」可以呈現各種「形態、形象」而周遍法界的度化眾生，如《華嚴經・卷二》云：「如來法身不思議，如影『分形』等法界。」[23]此與「分形」理論是類似的；不同之處在於──佛的「法身」可以隨眾生根器而變化各種「形態」，甚至與佛的「原貌」可以完全不同，如《華嚴經・卷六十四》云：「菩薩摩訶薩成就一切殊勝三昧……一念普入三世境界，『分形』遍往十方國土，智身普入一切法界，『隨眾生心』普現其前觀其根行而為利益」，[24]及「菩薩能知一切身，為化眾生同彼形，國土無量種種別，悉為現形無不遍」。[25]也就是《華嚴經》的「分形」可以與原貌相似，或相同平等，或

---

[18] 詳 "Classic Poetry Series : William Blake - poems", （PoemHunter.Com - The World's Poetry Archive 2004-09） p.18。

[19] 出自《大方廣佛華嚴經》卷 6〈8 賢首菩薩品〉。詳 CBETA, T09, no. 278, p. 434, c。

[20] 出自《大方廣佛華嚴經》卷 68〈39 入法界品〉。詳 CBETA, T10, no. 279, p. 370, c。

[21] 出自《大方廣佛華嚴經》卷 9〈13 初發心菩薩功德品〉。詳 CBETA, T09, no. 278, p. 455, b。

[22] 出自《大方廣佛華嚴經》卷 26〈22 十地品〉。詳 CBETA, T09, no. 278, p. 569, b。

[23] 參《大方廣佛華嚴經》卷 2〈1 世主妙嚴品〉。詳 CBETA, T10, no. 279, p. 8, c。

[24] 參《大方廣佛華嚴經》卷 64〈39 入法界品〉。詳 CBETA, T10, no. 279, p. 346, a。
與此段文經相似的還有《大方廣佛華嚴經》卷 8〈入不思議解脫境界普賢行願品〉云：「諸菩薩摩訶薩成就一切殊勝三昧，於一切時而得自在……一念普入三世境界，分形遍往十方剎海，智身普入一切法界，隨眾生心普現其前，放淨光明令其愛樂，觀其根行而為利益」。詳 CBETA, T10, no. 293, p. 698, b。

[25] 參《大方廣佛華嚴經》卷 38〈26 十地品〉：詳 CBETA, T10，no。279，p.201，b。

完全不同。又如《華嚴經·卷四十七》云：「一切諸佛同一法身、境界無量身、功德無邊身、世間無盡身、三界不染身、隨念示現身……遍住一切清淨法界身、『分形』普遍一切世間身」。[26]但 Benoit Mandelbrot 的「分形」理論只限於局部與整體是相似的「自我相似性」，並不包括「完全不同」的形態。

　　《華嚴經》的「分形」哲學可以是一身變多身，也可以是多身合為一身，如經云：「或以一身分為多身，或以多身合為一身」，[27]「一身」與「多身」兩者可以是「相似」，也可以是「完全不同」。可以「相容相即」[28]而達到「一多、大小無礙。一多即入」[29]的境界，如經云：

> 一切諸佛皆悉能於一毛孔中出現諸佛，與一切世界微塵數等，無有斷絕。
> 一切諸佛皆悉能於一微塵中示現眾剎，與一切世界微塵數等，具足種種上妙莊嚴，恒於其中轉妙法輪教化眾生，而微塵不大、世界不小。[30]

　　經文中說「微塵不大」是指十方一切佛剎、眾生剎皆能入一微塵；而微塵不會因此變大。「世界不小」是指一沙、一微塵皆能含容十方一切世

---

[26] 參《大方廣佛華嚴經》卷 47〈33 佛不思議法品〉。詳 CBETA, T10, no. 279, p. 250, a。

[27] 參《大方廣佛華嚴經》卷 5〈入不思議解脫境界普賢行願品〉。詳 CBETA, T10, no. 293, p. 683, b。

[28] 此語引用《華嚴一乘教義分齊章》卷 4 云：「因果俱時，相容相即」。詳 CBETA, T45, no. 1866, p. 505。

[29] 語出唐·澄觀撰《大方廣佛華嚴經疏》卷 4〈1 世主妙嚴品〉。詳 CBETA, T35, no. 1735, p. 533, b。及同卷 27〈25 十迴向品〉。詳 CBETA, T35, no. 1735, p. 709, a。

[30] 參《大方廣佛華嚴經》卷 46〈33 佛不思議法品〉。詳 CBETA, T10, no. 279, p. 243, a。

界；而世界不會因此變小，此與《楞嚴經》「一為無量、無量為一，小中現大、大中現小」[31]有相同的哲學，而近代英國研究佛教權威學者查爾斯·埃利奧特爵士（Sir Charles Eliot 1864~1931）也說：

In the Heaven of Indra, there is said to be a network of pearls, so arranged that if you look at one you see all the others reflected in it. In the same way each object in the world is not merely itself but involves every other object and in fact IS everything else. "In every particle of dust, there are present Buddhas without number."[在「因陀羅」的天堂裡，據說有一張寶石的網，在這樣安排下，你可以從其中的一個看到反映出來的其他所有寶石。世界上任何一個物體也是一樣的，它不僅是「自身」，而且包含著其他所有的物體對象，實際也就是「等同於」其他物體。在每一粒微塵中都有無數的佛存在著（在每一粒灰塵中都顯現出無數的佛）]。[32]

「在每一粒微塵中都有無數的佛存在著」本來就是《華嚴經》的哲學思想，所以「一」與「無量」之間的確有著微妙的「分形」關係。

---

[31] 參《大佛頂如來密因修證了義諸菩薩萬行首楞嚴經》卷4。詳 CBETA，T19，no. 945，p. 121，a。

[32] 詳 Sir Charles Eliot, "Japanese Buddhism"，（London: Routledge & Kegan Paul ,1959）. pp 109-110。

第二節　「自相似性」與「非自生、非他生」哲學

　　根據分形的「自相似性」（self-similarity）程度，又分為「有規分形」和「無規分形」兩種。整體而言，屬於「有規分形」只是少數，絕大部分都是屬於統計意義上的「無規分形」。「有規分形」是指具體有嚴格的「自相似性」，即可以通過簡單的「數學模型」來描述其「自相似性」的一種分形，比如德國數學家喬治·康托（Georg Cantor 1845～1918）的「康托三分集」[33]、瑞典數學家海里格·馮·科赫（Niels Fabian Helge von Koch 1870～1924）的「科赫雪花曲線」[34]、波蘭數學家瓦西羅·謝爾賓斯基（Waclaw Sierpinski 1882～1969）的「地毯曲線」[35]……等。

---

[33] 1883 年，德國數學家 Georg Cantor 提出了「三分康托集」，顯示出許多最典型的分形特徵。它是從單位區間出發，再由這個區間不斷地去掉部分子區間的過程。如此不斷的分割下去，最後剩下的各個小區間段就構成了「三分康托集」。「三分康托集」的 Hausdorff 維數是 0.6309。以上可參閱 Mandelbrot 撰《大自然的分形幾何學》（最新修訂本）之「第四篇 標度分形 第十四章 樹枝狀和分形點陣」。上海遠東出

版，1998 年，頁 180。如右圖所示：

[34] 1904 年，瑞典數學家 Niels Fabian Helge von Koch 創造了「Koch 曲線」幾何圖形。Koch 曲線是大於一維，它具有無限的長度，但是又小於二維，並且生成圖形的面積為零。它和「三分康托集」一樣，屬於一個典型的分形。根據「分形」的次數不同，所生成的 Koch 曲線也有很多種。比如三次 Koch 曲線、四次 Koch 曲線等，這樣無限的進行下去，最終即可構造出完整的 Koch 曲線。以上可參閱 Mandelbrot 撰《大自然的分形幾何學》（最新修訂本）之「第二篇 三種已馴服的經典分形 第六章 雪花片和其它科赫曲線」？上海遠東出版，1998 年，頁 54。

如右圖所示：

[35] 波蘭著名的數學家 Waclaw Sierpinski 於 1916 年提出了「Sierpinski Gasket 圖形」。首先畫出實心的「正三角形」，然後將三角形每一邊的中點連線，會分割成四個小

　　「無規分形」是指具有「統計學」意義上的「自相似性」分形，比如屬於地學上的山谷、河流、海岸線、島嶼、國界……等；屬於生物學上的人肺、神經、血管、人腦、脈搏跳動……等；屬於植物學上的樹木花草種種結構；屬於天文宇宙學上宇宙星系位置、月球坑洞直徑、隕石、行星大小、雲塊、雲層……等。天文學近來的研究也指出宇宙在不同的尺度上的確有著驚人的「重複性結構」，[36]如「原子」和「銀河系」的比對，「原子」和「中子星」的比對，它們在「半徑、週期、振動」……等皆一一展現出十分「相似」的地方。如果我們把一個「原子」放大 1×10^{17} 倍，它所表現出來的性質就和一個「白矮星」[37]（white dwarf）差不多。如果再把「原子」放大 1×10^{30} 倍，那就與一個「銀河系」的狀態差不多，如此宇宙在各個層次上展現出「相似」的結構，就被稱為「分形宇宙」（Fractal Universe）模型，所以僅僅是一個「原子」，也包含了「整個宇宙」的某些資訊，「原子」就是一個宇宙的「全息胚」。[38]

正三角形，再把中央的正三角形拿掉，會剩下其餘的三個正三角形，再將每一個實心的小角形都重複……重複地疊代下去。以上可參閱 Mandelbrot 撰《大自然的分形幾何學》（最新修訂本）之「第四篇 標度分形 第十四章 樹枝狀和分形點陣」。

　　上海遠東出版，1998 年，頁 178。如右圖所示：

[36] 參考曹天元 Capo 撰《上帝擲骰子嗎：量子物理史話》，台北：八方出版社，2007 年 07 月。頁 53。

[37] 「白矮星」被認為是低「質量」的恆星演化階段最終的產物，在我們所屬的星系內 97% 的恆星都屬於這一類。

[38] 山東大學張穎清教授經過長期的觀察和深入的研究，提出了「全息胚」學說，創立了「全息生物學」。「全息胚」學說是指生物體的各個部分都是由「體細胞」發育和特化而來的。它們雖然形態不同，功能各異，但它們都含有「生物整體」的全部資訊，都是一種特化的胚胎。無論是植物的枝條還是葉片，動物的節肢或是器官都是「全息胚」。一切生物體都是由「全息胚」組成的。參考百度百科 http://baike.baidu.com/view/138579.htm 。

　　但這種「相似性」並不是說「完全等於」的意思，萬物並非是「自己生出自己的完全一致」或「由別人生出自己的完全不一致」，此觀點其實是接近《華嚴經》「世間非自作，亦復非他作」[39]、「一切諸法不自作、不他作」[40]的哲學理論，亦同於中觀「不自生、不他生」理論。[41]佛典上說宇宙萬物是「眾因緣」生起，並非是「單一事件」而生，如《華嚴經》云：「譬如世界初安立，非一因緣而可成，無量方便諸因緣，成此三千大千界」[42]、「如是等無量因緣，乃成三千大千世界」。[43]所以從大如「三千大千世界」及小如「微塵世界」都具有「眾緣和合」的不可思議境，舉《華嚴經》云：

　　無量諸佛剎，悉末（或作「抹」）為微塵，「一塵」置「一剎」，悉能分別知。[44]

　　於一「微塵」中，普見一切佛……菩薩知眾生，廣大無有邊；彼一眾生身，「無量因緣」起。如知「一、無量」，一切悉亦然……「一根、一切根」，展轉「因緣」力，微細各差別，次第無錯亂。[45]

---

[39] 參《大方廣佛華嚴經》卷 19〈20 夜摩宮中偈讚品〉云：「世間非自作，亦復非他作，而其得有成，亦復得有壞」。詳 CBETA, T10, no. 279, p. 101, b。

[40] 參《大方廣佛華嚴經》卷 12〈18 菩薩十無盡藏品〉。詳 CBETA, T09, no. 278, p. 477, c。

[41] 參《中論》卷 1〈1 觀因緣品〉云：「諸法不自生，亦不從他生，不共不無因，是故知無生」。詳 CBETA, T30, no. 1564, p. 2, b。

[42] 參《大方廣佛華嚴經》卷 50〈37 如來出現品〉。詳 CBETA, T10, no. 279, p. 265, b。

[43] 參《大方廣佛華嚴經》卷 33〈32 寶王如來性起品〉。詳 CBETA, T09, no. 278, p. 612, c。

[44] 參《大方廣佛華嚴經》卷 9〈13 初發心菩薩功德品〉。詳 CBETA, T09, no. 278, p. 455, b。

[45] 參《大方廣佛華嚴經》卷 59〈38 離世間品〉。詳 CBETA, T10, no. 279, p. 316, a。

這種「眾緣和合」就是「不自生、不他生」及「不共生、不無因生」[46]的哲學，但絕非是自己生成自己的「完全相同」；也不是由其它別物來生成自己的「完全不同」。顯然的，「無規分形」理論的確為《華嚴經》「非自作、非他作」哲學下了一個很好的註腳。

---

[46] 參唐·法藏撰《華嚴經探玄記》卷 13〈22 十地品〉：「一不自生。二不他生。三不共生。四不無因生」。詳 CBETA, T35, no. 1733, p. 351, a。

第三節 「全息」理論的哲學觀

（一）「全息」理論介紹

「全息」又名「全像」，英文名稱為「holography」，關於 holograph-這個字根，大陸學者一律採取上述的廣義解釋，將它翻譯成「全息」。其中「全」是由於希臘字首 holo-代表「完全」或「完整」；而「息」則是「信息」的簡稱。台灣的翻譯有兩種，即狹義的「全像」與廣義的「全息、全訊」，例如 holography 表示「全像術」，hologram 表示「全像圖、全像照片」，本文則以「全息」名詞為主。

早在 1948 年，一位英國物理學家鄧尼斯・伽柏（Dennis Gabor 1900～1979）為了提高電子顯微鏡的分辨率而提出了一個全新的拍照技術，他構想出利用「光學底片」記錄照射物體不同部位所反射出波的表面（Wavefronts）[47]，包括了光波中的「振幅、位元相」等全部資訊，如果能用特殊的鐳射光照射這一張「全像片」時，就可以看到一幅立體圖像，這是 Dennis Gabor 最早的「全像片」創作。後來在 1962 年時經美國科學家利思（E.N.Leith）和蘇俄科學家烏派特尼克斯（J. Upatnieks）改良攝製技術後才製作出可靠度更高的「全像片」。[48]Dennis Gabor 於 1971 年亦因發明用兩組雷射光拍照的「全像片（holography）」技術，而獨自榮獲諾貝爾物理獎。「全像片」的照片相當奇特，即使被撕成幾片，每片仍會保有完

---

[47] Wavefronts 指波的表面，其上各點的相位在同一時間的值均是相同的。詳 AEEA 天文教育資訊網。http://aeea.nmns.edu.tw/2002/0210/ap021015.html 。

[48] 可參考 E.N. Leith, and J.Upatnieks, "Reconstructed Wavefronts and Communication Theory", Journal of the Optical Society of America, Vol.52, No.10, pp.1123-1130,（1962）.及 E.N. Leith, and J.Upatnieks, "Reconstructed Wavefronts with Diffused Illumination and Three-Dimensional Objects", journal of the Optical Society of America, Vol.54, No.11, pp.1295-1301,（1964）。

整的圖樣，只是「立體感」減低而已。

　　「全像」攝影有很多原理，最基本的就是利用雷射光的「干涉」與「繞射」現象，首先將雷射光源以「分光鏡」同時產生「物體光」與「參考光」，並設計不同的「光路徑」，使得「物體光」與「參考光」交會而產生「干涉」。若於兩光的「交會處」擺放「待攝影物體」及「底片」，當光線打到「待攝影物體」後再打到「底片」上，經過「顯影、定影」等暗房技巧處理後便可得到「全像片」，當「底片」洗出後，看起來像是無意義的「光圈」與「條紋」式的組合，如：

　　但如果用另一道「雷射光束」去照射這張底片時，則一個三度空間的立體影像就會出現在「底片」中，原理如下列二張圖片所示，[49]及 YouTube 影片實際操作說明：

---

[49] 此圖參考 AEEA 天文教育資訊網，並重新繪製。詳 http://aeea.nmns.edu.tw/2002/0210/ap021015.html 。

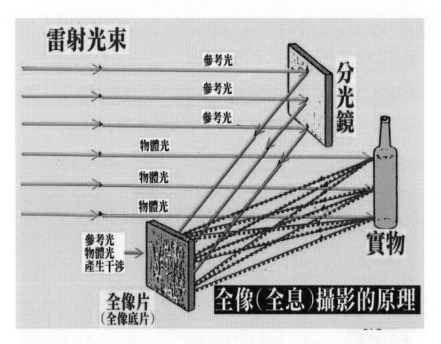

雷射光束

參考光
參考光
參考光
物體光
物體光
物體光

參考光
物體光
產生干涉

全像片
（全像底片）

分光鏡

實物

全像（全息）攝影的原理

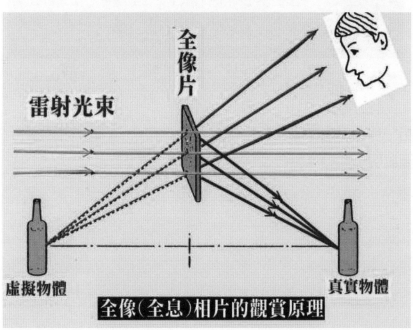

全像片

雷射光束

虛擬物體

真實物體

全像（全息）相片的觀賞原理

　　另一種由彰化縣凌雲科技股份有限公司所介紹的「全像」攝影技術，如下圖說明：[50]

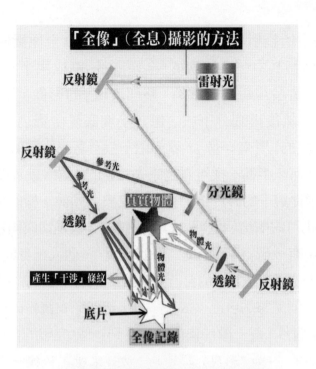

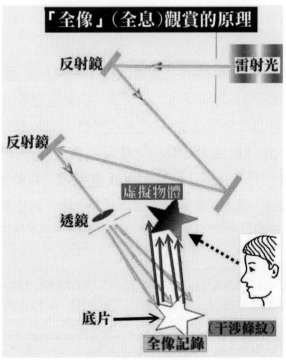

　　其實圖中所投射出的「立體影像」並不是「全像攝影」最特殊之處。如果我們將其中一朵玫瑰的「全像底片」割成兩半，然後再用「雷射」光照射，會發現每一半都有「整個玫瑰」的影像，即使把這一半再分為兩半，然後再細分下去，每一小塊底片中都仍會包含著一個較小且是完整的「原來影像」。就像把一張有著三維雷射人頭的照片撕成兩半，則任何一半都一樣可看出原先完整的人像，就算撕成碎片也是一樣；就如同從鏡子的碎片中仍可照出完整人頭像一樣的道理。還有一種「穿衣鏡」也可說明這個道理，如果我們把穿衣鏡切成兩片，仍可看見每片穿衣鏡中有一個完整的自己；也就是說，一個人化身成了三個人（一個真實的自己，二個穿衣鏡中的自己），假如再將穿衣鏡分裂為三片，每片依然可看到一個完整的自己；依次類推，若把穿衣鏡粉碎成十萬片、十萬億片、千萬億片，每一微片皆依舊可看到一個「完整的自己」，如同《華嚴經》中所說的：「如『影現』眾剎，一切如來所，於彼一切中，悉現神通事」[51]、「一念分身遍十方，如船入海因風濟」。[52]

　　有「全息理論之父」尊稱的美國量子物理學家大衛・玻姆（David Bohm 1917～1992），他同時也是哲學家、思想家，深受愛因斯坦（Albert Einstein 1879～1955）及印度哲學家基督・克里希那穆提（Jiddu Krishnamurti 1895～1986）的影響，他在自己撰寫的《全體與涉及次序》（*Wholeness and the Implicate Order*）一書中指出：hologram 是希臘詞，指的是「全體」和「克重」（1克物體的重量），意為「書寫」。[53]意思是指「每一個小整體（1克重）中書寫著大整體」，所有物體都呈現「整體性、過程性」及「連續性」，是一個運

---

[51] 參《大方廣佛華嚴經》卷 6〈2 如來現相品〉。詳 CBETA, T10, no. 279, p. 30, c。
[52] 參《大方廣佛華嚴經》卷 38〈26 十地品〉。詳 CBETA, T10, no. 279, p. 201, b。
[53] 'hologram'. The name is derived from the Greek words 'holo', meaning 'whole', and 'gram', meaning 'to write'. Thus, the hologram is an instrument that, as it were, 'writes the whole'. 詳 David Bohm, *"Wholeness and the Implicate Order"*,（Routledge Press, 2002 11），p.183。

動而非靜止的、無終結的過程。[54]他以這種觀點針對宇宙、時空、運動、意識等哲學議題進行獨特的探討，David Bohm 在 *"A new theory of the relationship of mind and matter"* 一文中指出：

I developed the notion of the enfolded or implicate order .The essential feature of this idea was that the whole universe is in some way enfolded in everything and that each thing is enfolded in the whole.[我發現了「包覆」或「連動次序」的道理。這種思想的基本特徵是整個宇宙都以某種方式被包覆住，而且每件事物都相互無礙地包含在一個整體內]。[55]

David Bohm 的「全息」理論認為宇宙在「高維」系統下是不可分割的一個整體，但宇宙在人類的三維空間卻變成了獨立的個體。[56]他在 *"Wholeness and the Implicate Order"* 書中舉了一個水族箱中的魚來說明這個道理。內容大略是說：水族箱裡有一條魚在游來游去，但你的眼睛無法直接看到這個水族箱，你對它的瞭解是來自於兩台「電視攝影機」A 和 B，一台位於水族箱的正前方，另一台位於水族箱的側面。當你看著兩台電視監視器時，你可能會認為在兩個螢光幕上的魚是分離的個體。畢竟，由於攝影機是在不同的角度，所得到的影像也會稍有不同。但是當你繼續注視這兩條魚時，你會發現到這兩條魚有著特定的關係。當一條魚轉身時，另一條也會做出互相配合的轉身動作；當一條面對前方時，

---

[54] 詳 David Bohm, *"Wholeness and the Implicate Order"*, （Routledge Press, 2002 11），pp.xi- xii。

[55] 詳 PHILOSOPHICAL PSYCHOLOGY, VOL. 3, NO. 2, 1990 , pp.271-286。

[56] 本段已將原文略譯為中文，原文摘錄如下：which is the ground of the holographic image, obeys the laws of the quantum theory……a multidimensional reality which can only under certain conditions be simplified as a three-dimensional reality。詳 David Bohm, *"Wholeness and the Implicate Order"*, （Routledge Press, 2002 11），p.240。

另一條會總是面對著側方。如果你沒有發現是攝影機的角度造成幻覺，可能會做出結論：這兩條魚一定互有「心電感應」，兩條魚之間存在著「超距」的作用，它們之間似乎有某種看不見的「聯繫」。如下圖所示：[57]

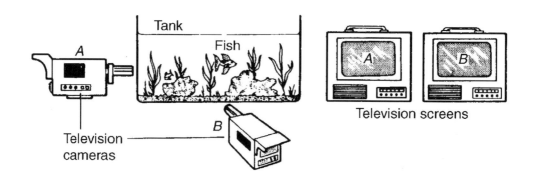

David Bohm 的「水箱魚論」是要告訴我們，如果宇宙萬物從「高維」（四維空間）以上來觀察時，彼此間確實存在「超距」的連繫關係，但這種關係在「低維」三維空間以下觀察時，卻又成了沒有連繫的「獨立個體」。另一位近代的法國物理學家艾倫·愛斯派克特（Alain Aspect 1947～），他在 1982 年的研究中證實了「微觀粒子」間存在著一種叫作「量子糾纏」

---

[57] 上述內容已將原文改為中文「簡譯」大綱，圖示及原文請參考原文：Suppose further that there are two television cameras, A and B, directed at what is going on in the water （e.g., fish swimming around） as seen through the two walls at right angles to each other. Now let the corresponding television images be made visible on screens A and B in another room. What we will see there is a certain relationship between the images appearing on the two screens. For example, on screen A we may see an image of a fish, and on screen B we will see another such image. At any given moment each image will generally look different from the other. Nevertheless the differences will be related, in the sense that when one image is seen to execute certain movements, the other will be seen to execute corresponding movements. Moreover, content that is mainly on one screen will pass into the other, and vice versa （e.g., when a fish initially facing camera A turns through a right angle, the image that was on A is now to be found on B）.Thus at all times the image content on the other screen will correlate with and reflect that of the other. 詳 David Bohm, *"Wholeness and the Implicate Order"*, （Routledge Press, 2002 11）, p.237。

（quantum entanglement）的關係。[58]也就是任何兩個「微觀粒子」都有某種
「糾纏」關係，不管它們兩者被分開多遠，都一直保持著「糾纏」牽繫，
如果對其中一個粒子進行擾動，則另一個粒子不管它相距多遠也會有干
擾糾纏的反應。這種反應是瞬間的，它超越了我們的三維時空，不需要
等到很久就能讓信號傳遞到那邊；只要這邊一擾動，那邊不管有多遙遠，
立即就會起反應。所以只要一個地方發生的某些擾動，就會立即、瞬間
的影響到很遠的另一地方，如 Alain Aspect 的 *"Introduction to Quantum
Optics: From the Semi-classical Approach to Quantized Light"* 書中說：

For our part, it seems difficult to understand these two notions as being
independent. How could one conceive of independent physical realities
for two spatially separated systems but which were nevertheless able to
remain in contact via an instantaneous, superluminal interaction?……
This represents a negation of the whole local realist view of the world.
Twin entangled photons are not just two distinct systems carrying
identical copies of the same set of parameters. A pair of entangled
photons must be considered as a single, inseparable system, described
by a global quantum state, which cannot be decomposed into two
states,[對我們來說，似乎很難理解這兩個概念被獨立分開著。我們
要如何將兩個「分離的空間」卻能透過即時的「超光速」而保持互動
的系統；想像成獨立的物理現象？這代表著否定了整個現實主義的
世界觀。兩個相互糾纏下的光子並不只是兩個具備相同參數組的獨
特系統。一對糾纏的光子必須視為「單一」且「不可分割」的系統，
此系統必須架構在整體的量子狀態之下，我們絕不可能將此狀態分

---

[58] 詳見 Alain Aspect et al （1982）論文'Experimental Tests of Bell's Inequalities Using
Time-Varying Analyzers'，*"Physics Review Letters"*，Volume 49 Number25,
P.1804~1807。

解成兩個不同的狀態]。[59]

　　例如有兩顆以相反方向、同樣速率等速運動的「電子」，即使一顆「電子」行至「太陽」邊，另一顆「電子」行至「冥王星」邊，但它們仍保有微妙的關聯性。表面上看起來這兩個電子是互不相干、且相距遙遠，但卻能在「量子力學」中存在著微妙「鬼魅似的遠距作用（spooky action-at-a-distance）」[60]關係，這種「量子糾纏」的「全息」理論在《華嚴經》中到處可見，如經云：

> 如來神變，能以「一身」普遍「一切諸佛世界」不思議故。
> 如來能以神力普令「十方一切諸佛及佛國土」皆入其「身」，不思議故。
> 如來能於「一極微塵」中普現「一切差別世界」不思議故。[61]

　　在《華嚴經》中每每將十方無量世界形容成「世界網」，如：

> 《華嚴經·卷六》云：
> 此光……遍照十方一切佛剎，其中國土及以眾生悉令顯現。又普震動諸「世界網」，一一塵中現無數佛。[62]

---

[59] 詳見 Alain Aspect, Claude Fabre, Gilbert Grynberg ，*"Introduction to Quantum Optics: From the Semi-classical Approach to Quantized Light"* 5C.5 Conclusion: from quantum nonlocality to quantum information, （ Cambridge University Press , 2010 10）, P 432。

[60] 「鬼魅」（spooky）一詞出自愛因斯坦（Albert Einstein 1879-1955）之口，他曾經發現這種「鬼魅般的超距作用」（spooky action at a distance）在眾多實驗中一再地出現，彷彿兩顆電子擁有超光速的秘密通信，就像是念動咒語一般。但愛因斯坦直到過世前都沒有完全接受「量子力學」的全部理論。詳 A.Einstein, in M.Born （ed.），*"The Born-Einstein Letters"*，（Macmillan, London, 1971），p. 15。

[61] 參《大方廣佛華嚴經》卷 1〈入不思議解脫境界普賢行願品〉。詳 CBETA, T10, no. 293, p. 662, c。

[62] 參《大方廣佛華嚴經》卷 6〈2 如來現相品〉。詳 CBETA, T10, no. 279, p. 29, c。

《華嚴經·卷三十一》云：

普見無量「世界網」。[63]

《華嚴經·卷四十八》云：

充滿一切諸「世界網」，於中普現諸佛道場。[64]

《華嚴經·卷六十四》云：

以無窮盡智，知無邊「世界網」。[65]

《華嚴經·卷十四》云：

常聞菩薩普入無邊「世界網門」，未曾捨離。[66]

《華嚴經·卷三十七》云：

菩薩摩訶薩住此第七地已，入無量眾生界，入無量諸佛教化眾生業，入無量「世界網」，入無量諸佛清淨國土。[67]

　　在《梵網經·卷二》中佛曾為「大梵天王網羅幢因」宣說無量的世界皆猶如「網孔」的遞相接連，[68]雖然世界各各不同，但其實是互相連繫的，如唐·澄觀撰《大方廣佛華嚴經疏》中云「一一世界，猶如網孔遞相接」。

---

[63] 參《大方廣佛華嚴經》卷 31〈25 十迴向品〉。詳 CBETA, T10, no. 279, p. 169, a。

[64] 參《大方廣佛華嚴經》卷 48〈34 如來十身相海品〉。詳 CBETA, T10, no. 279, p. 254, b。

[65] 參《大方廣佛華嚴經》卷 64〈39 入法界品〉。詳 CBETA, T10, no. 279, p. 346, b。

[66] 參《大方廣佛華嚴經》卷 14〈入不思議解脫境界普賢行願品〉。詳 CBETA, T10, no. 293, p. 724, a。

[67] 參《大方廣佛華嚴經》卷 37〈26 十地品〉。詳 CBETA, T10, no. 279, p. 196, b。

[68] 參《梵網經》卷 2 云：「時佛觀諸大梵天王網羅幢因為說無量世界猶如『網孔』，一一世界，各各不同，別異無量」。詳 CBETA, T24, no. 1484, p. 1003, c。

[69]為何？《華嚴經》云：「心、佛及眾生，是三無差別」，[70]自己心、諸佛心、眾生心這三者皆無差別，形成了「全息」的理論，如美國量子力學專家邁克爾‧塔爾博特（Michael Coleman Talbot 1953～1992）的"The Holographic Universe"一書中說：

In a universe in which all things are infinitely interconnected, all consciousnesses are also interconnected. Despite appearances, we are beings without borders. Or as David Bohm puts it, 'Deep down the consciousness of mankind is one .[在宇宙中所有事情都是無限相互聯繫的，所有人類的意識也是相互關聯一體的。外了外觀之外，我們之間是沒有限界的（是一種無國界的生命體）。就誠如 David Bohm 所說人類的意識深處是一體的][71]

Michael Talbot 的說法正解釋《華嚴經》「心、佛及眾生，是三無差別」的思想，整體宇宙內所有的萬法萬事都是「全息」的，每一個小部分都包含著整個宇宙的訊息，整個宇宙法界就猶如一顆「宇宙蛋」（Cosmic Egg）[72]而不可分割。

---

[69] 參唐‧澄觀撰《大方廣佛華嚴經疏》卷 12〈5 華藏世界品〉。詳 CBETA, T35, no. 1735, p. 584, a。

[70] 參《大方廣佛華嚴經》卷 10〈16 夜摩天宮菩薩說偈品〉。詳 CBETA, T09, no. 278, p. 465, c。這句話的解釋可參考《新華嚴經論‧卷十四》〈7 如來名號品〉云：「佛心、眾生心、自心，總為一心、一性、一法界、一智慧，始成信故」。詳 CBETA, T36, no. 1739, p. 814, c。或參考《略釋新華嚴經修行次第決疑論（又名《華嚴經決疑論》)》云：「經言：佛心、眾生心，乃至於自心，三心無差別」。詳 CBETA, T36, no. 1741, p. 1014, c。

[71] 詳 Michael Talbot., "The Holographic Universe", （New York: Harper Perennial Press, 1992），pp.60-61。

[72] 關於「宇宙蛋」的觀點請參閱 Joseph Chilton Pearce, "The Crack in the Cosmic Egg"（New York: Pocket Books，1974），p. 6。

（二）一即一切的全息觀

　　中國古代醫學並沒有「全息」這種名詞，但古代的《黃帝內經》及《易經》都有隱涵「全息」的觀念，如《易經》將「天、地、人」當做是互相依存變化的一種「全息」系統，經云：「仰觀於天，俯觀於地，遠取諸物，近取諸身」就是「全息」的觀念，加上《易經》「河圖」的天文方位及「洛書」的空間平衡，就建構了一個無所不包的「全息」宇宙圖像。《黃帝內經》認為人臉及六根局部狹小區域內，都具有「五臟六腑」全身的縮影，尤其是人的「頭」為「諸陽之會，百脈之宗」。所以臉色的光澤代表「五臟六腑」氣血的特徵，五臟所屬的氣色，都可以在人的面部顯示出來，也就是一張小小的「臉面」就具有「五臟六腑、四肢關節」好壞的判斷標準。故《黃帝內經・素問第九卷・刺熱論三十二》便云：「腎熱病者，頤先赤。病雖未發，見赤色者刺之，名曰治未病」。如下圖所示：[73]

---

[73] 以上二張圖乃參考「貴州頸腰椎康復網」中的「人體全息圖」而重新繪製。原圖網址如下：http://www.gzjyz.com/jyzbwd/rtqxt.htm 。

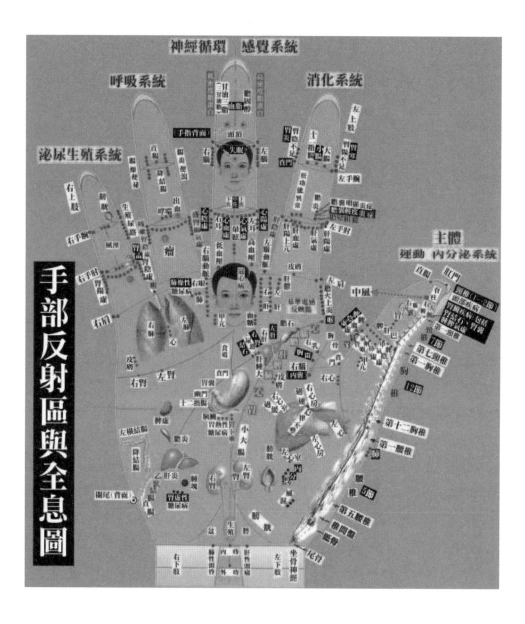

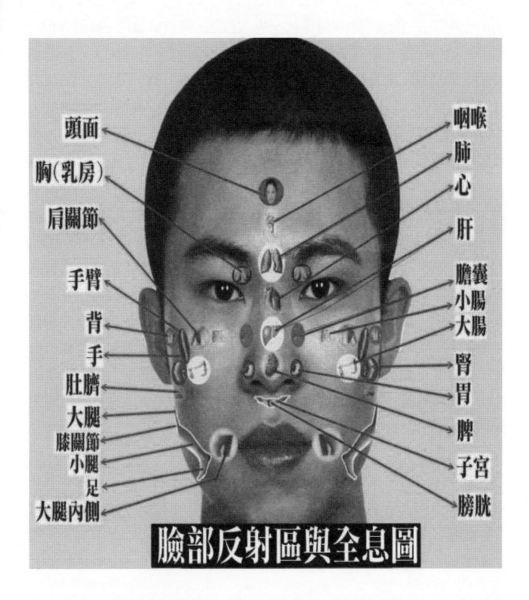

臉部反射區與全息圖

　　採用「全息」理論的診療法在目前醫學上是越來越受到重視，如大陸
學者張穎清（1947～）便是「**生物全息之父**」，他的著作《生物全息診療
法》[74]記載豐富的「全息療法」，內容有：耳針療法、面部色診、虹膜診斷

---

[74] 詳張穎清《生物全息診療法》。山東大學出版，1987 年 3 月。

術、面針療法、面針麻醉、骨側的全息穴位法、頭皮針療法、鼻針穴位、足針穴位……等。還有更多的「體竅全息法、寸口全息診法、皮肝全息診法、唇全息、全息經絡刮痧、一藥多用、多用一藥」……等的治療方式。而中醫的「耳穴、足穴」系統，也使用「同病異治、異病同治」技術，並將「經絡」理論與「生物全息理論」密切聯繫起來，「全息」理論在人體及醫學過程發展中是非常受到重視的。

另一位西方被稱為「醫藥之父」的古希臘醫師希波克拉提斯（Hippocrates 約公元前 460～377 年）也提出「部分包含整體」類似「全息」的學理，他說：「如果有人即使在身體很小部分引起損害，全身都感到痛苦，其所以如此，是因為在身體的最大部分中所存在的，也同樣存在於最小部分中，這個最小部分……本身具有一切部分，而這些部分是相關聯繫著的，能把一些變化傳播給所有的部分」。還指出：「有什麼樣的眼睛，就有什麼樣的身體」。Hippocrates 的這些論述已隱約指出了人體的「局部」是「整體」縮影的規律化。[75]這在《楞嚴經》中，佛也曾舉例說明此理，經云：

> 若此六根決定成六，如我今會與汝宣揚微妙法門，汝之六根誰來領受？
> 阿難言：我用耳聞！
> 佛言：汝「耳」自聞，何關身？口？「口」來問義，「身」起欽承？[76]

可見人的「六根」彼此是互相牽制，雖然只用耳朵聽聞佛語，但其餘

---

[75] 以上內容詳見廣州中醫藥大學張壯玲「從全息理論談錢乙的『面上證』」一文，網址 http://journal.9med.net/html/qikan/zgyx/szgygy/20077187/xstt/20080831063920236_315404.html。

[76] 參《大佛頂如來密因修證了義諸菩薩萬行首楞嚴經》卷 4。詳 CBETA, T19, no. 945, p. 123, a。

的身、口也都有互動的微妙關係，可謂「六根」間彼此有「全息」關係，如《華嚴經》在「普賢菩薩行品」中舉出菩薩能「一切諸根入於一根，令一根入一切諸根」[77]的道理，甚至說諸佛皆能以眼處而作耳處的佛事，亦即僅從「一根」中亦可作其餘六根之用，如經云：「一切諸佛能以眼處作耳處佛事，能以耳處作鼻處佛事，能以鼻處作舌處佛事，能以舌處作身處佛事，能以身處作意處佛事，能以意處於一切世界中住世、出世間種種境界，一一境界中能作無量廣大佛事，是為諸佛第八自在法」。[78]「眼耳互用、耳鼻互用」看似不可能，但當今許多神經科學家們對佛典所說「六根互用」[79]哲學皆予以高度的認同，六根能「互用、互轉」可從「全息」理論獲得更清楚的理解。

一位美國心裡學家肯恩‧戴特沃德（Ken Dychtwald 1950～），他曾就「身心」的問題說：「『全息』的頭腦、心靈與身體彼此是息息相關、環環相扣，如同太極在宇宙的矛盾中，混亂原理與自然律是共存的。人類的頭腦具有『全息』圖像的能力，並且能夠影響身體的功能；我們的身體不僅僅是對現實有回應，也如同現實一般的呈現事實」。[80]如《楞嚴經》中說「談說酢梅，口中水出；思蹋懸崖，足心酸澀」，[81]當我嘴巴只是說著「酢梅」二字時，我的口腔也分泌出口水；只是想像懸崖時，腳底已產生

---

[77] 參《大方廣佛華嚴經》卷 33〈31 普賢菩薩行品〉。詳 CBETA, T09, no. 278, p. 607, c。

[78] 參《大方廣佛華嚴經》卷 46〈33 佛不思議法品〉。詳 CBETA, T10, no. 279, p. 245, b。

[79] 「六根互用」四個字的譯詞出現在《楞嚴經》卷 10。詳 CBETA, T19, no. 945, p. 155。《楞嚴經》卷四曾例舉「六根互用」的聖賢，如「今此會中阿那律陀無目而見；跋難陀龍無耳而聽；殑伽神女非鼻聞香；驕梵鉢提異舌知味；舜若多神無身有觸……摩訶迦葉，久滅意根，圓明了知，不因心念」。詳 CBETA, T19, no. 945, p. 123, b。

[80] 詳 Michael Talbot., *"The Holographic Universe"*,（New York: Harper Perennial Press, 1992），p.57。

[81] 參《大佛頂如來密因修證了義諸菩薩萬行首楞嚴經》卷 2。詳 CBETA, T19, no. 945, p. 114, b。

「酸澀」的顫抖。所以光只是「想像、意念」，就可在我們身心上產生「全息」的效應，就像中外有名的針灸理論，提出人體內的五臟六腑所有資訊都包含在一個耳朵之中，我們的耳朵其實就是身體上的一個「小巨人」，如下圖示：[82]

---

[82] 此圖於 Michael Talbot., "*The Holographic Universe*"，（New York: Harper Perennial Press, 1992），p.114 中可見，但原文圖解年代久遠且不清，筆者已重新用電腦繪製成「全彩高清版」。

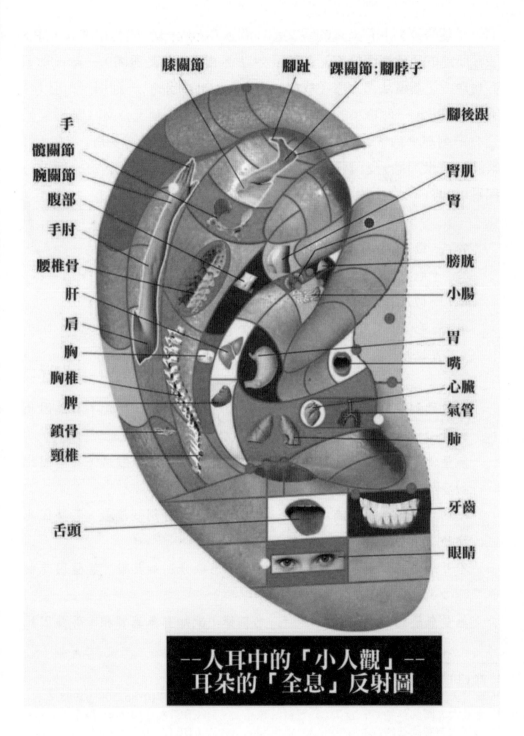

膝關節　腳趾　踝關節；腳脖子

腳後跟

手
髖關節
腕關節
腹部
手肘
腰椎骨
肝
肩
胸
胸椎
脾
鎖骨
頸椎
舌頭

腎肌
腎
膀胱
小腸
胃
嘴
心臟
氣管
肺
牙齒
眼睛

――人耳中的「小人觀」――
耳朵的「全息」反射圖

　　《華嚴經》上有大量的經文都在闡述「一即一切」的哲學理論，唐‧法藏所述的《華嚴經探玄記》就云：「法界自在，具足圓滿，一即一切，一切即一，無礙法門，亦《華嚴》等是也」。[83]瞬間的「一剎那」卻可以容納「無量劫」，一個極小的「微塵」中又可現出「無量剎土」，如《華嚴經》云：「一剎那中納多劫，於一極微現眾剎」[84]、「一剎那中見多劫」。[85]在《華嚴經》「離世間品」及「菩薩十住品」都說明菩薩有種種神力，每一種神力都是「一即一切，一切即一」的不可思議境，如經云：

> 於「一微塵」中顯現「一切法界」等一切佛剎，神力自在。
> 於「一毛孔」皆悉容受「一切大海」……
> 以「一切世界」內「己身」中……
> 以「一毛」繫不可思議金剛圍山……
> 「不可說劫」示現「一劫」，「一劫」示現不可說諸「成敗劫」。[86]

> 無量佛剎難思議，皆悉能置「一掌中」，欲解一切如幻化，菩薩因此初發心。
> 無量佛剎諸眾生，皆悉安置「一毛端」，悉欲了達皆寂滅，菩薩因此初發心。
> 一切十方大海水，滴以「一毛」盡無餘，悉欲分別知滴數，菩薩因此初發心。
> 不可思議諸佛剎，皆碎為末如微塵，悉欲分別知其數，菩薩因此初發心……
> 無量無邊諸世界，能以「一毛」悉稱舉，欲知有無真實相，菩薩因此

---

[83] 詳 CBETA, T35, no. 1733, p. 111, a。
[84] 參《大方廣佛華嚴經不思議佛境界分》卷1。詳 CBETA, T10, no. 300, p. 908, c。
[85] 參《大方廣佛華嚴經》卷7〈3 普賢三昧品〉。詳 CBETA, T10, no. 279, p. 34, a。
[86] 參《大方廣佛華嚴經》卷39〈33 離世間品〉。詳 CBETA, T09, no. 278, p. 648, c。

初發心。

金剛圍山數無量，盡能安置「一毛端」，欲知至大有小相，菩薩因此初發心。

十方一切諸世界，能以「一音」遍充滿，悉欲解了淨妙聲，菩薩因此初發心。[87]

除了《華嚴經》的內容外，其餘經典如《楞嚴經》云：「於『一毛端』現寶王剎，坐『微塵裏』轉大法輪」。[88]《大乘瑜伽金剛性海曼殊室利千臂千鉢大教王經》也有「一葉一世界」或「一世界為千世界」[89]的思想。《大乘本生心地觀經》更清楚說：「一一葉中一佛土，即是三千大千界」，[90]從小如「一葉」可觀察大如「三千世界」，兩者有著微妙「一即一切」的「全息」關係。

唐宋以後的禪師也多詠誦「一即一切」的偈頌禪理，如唐末五代‧永明 延壽《宗鏡錄》引述菩提達摩弟子波羅提法師的偈頌說：「在胎日身。處世名人。在眼曰見。在耳曰聞。在鼻辯氣。在口談論。在手執捉。在腳運奔。遍現俱該法界，收攝不出微塵。識者知是佛性，不識者喚作精

---

[87] 參《大方廣佛華嚴經》卷 8〈11 菩薩十住品〉。詳 CBETA, T09, no. 278, p. 447, a。

[88] 參《大佛頂如來密因修證了義諸菩薩萬行首楞嚴經》卷 4。詳 CBETA, T19, no. 945, p. 121, a。

[89] 參《大乘瑜伽金剛性海曼殊室利千臂千鉢大教王經》卷 6〈4 演一切聖入法見道顯教修持品〉云：「一葉一世界為千世界」。詳 CBETA, T20, no. 1177A, p. 754, c。另《梵網經‧盧舍那佛說菩薩心地戒品‧第十卷上》亦云：「一葉一世界為千世界」。詳 CBETA, T24, no. 1484, p. 997, c。

[90] 參《大乘本生心地觀經》卷 3〈2 報恩品〉。詳 CBETA, T03, no. 159, p. 305, b。

魂」。[91]所謂「遍現俱該[92]法界」是指吾人的「佛性」能「周遍法界」[93]的生起各種作用,包括八識的運作。「收攝不出微塵」是指「佛性」亦能收攝於一微塵間,如果能通達「周遍法界、收攝一塵」的道理,那就是已通達或證悟「佛性」的人。又如唐・玄覺禪師的《永嘉證道歌》云:「一性圓通一切性,一法遍含一切法。一月普現一切水,一切水月一月攝。諸佛法身入我性,我性同共如來合。一地具足一切地。」[94]宋代禪宗公案中也到處可見「一塵才起,大地全收」[95]、「一花欲開,世界便起」[96]的思想,所以「一」與「一切」看似不同,但卻是不能相離的。

(三) 一相世界的全息觀

「一相世界」的全息觀是《華嚴經》的重要哲學觀點,經典指出所有的法皆是「一相」,如云:「一切諸相即一相」[97]、「一切諸相悉入一相,一相入於一切諸相」。[98]這種道理是昔所未見、昔所未聞的深奧大法,如《華嚴經》「入法界品」云:

---

[91] 詳《宗鏡錄》卷 97。CBETA, T48, no. 2016, p. 939, b。另宋・道原編《景德傳燈錄・卷三》亦有同文:「在胎為身。處世名人。在眼曰見。在耳曰聞。在鼻辨香。在口談論。在手執捉。在足運奔。遍現俱該沙界。收攝在一微塵。識者知是佛性。不識喚作精魂」。詳 CBETA, T51, no. 2076, p. 218, b。

[92] 「該」字現今多已作「賅」字。

[93] 語出《大佛頂如來密因修證了義諸菩薩萬行首楞嚴經》卷 3:「清淨本然,周遍法界;隨眾生心,應所知量」。詳 CBETA, T19, no. 945, p. 117, c。

[94] 詳 CBETA, T48, no. 2014, p. 396, b。

[95] 語出《景德傳燈錄》卷 27。詳 CBETA, T51, no. 2076, p. 437, a。或見《古尊宿語錄》卷 11 云:「一塵纔舉,大地全收」。詳 CBETA, X68, no. 1315, p. 67, a // Z 2:23, p. 143, d // R118, p. 286, b。

[96] 語出《佛果圜悟禪師碧巖錄》卷 2。詳 CBETA, T48, no. 2003, p. 159, a。

[97] 參《大方廣佛華嚴經》卷 57〈34 入法界品〉。詳 CBETA, T09, no. 278, p. 761, c。

[98] 參《大方廣佛華嚴經》卷 33〈31 普賢菩薩行品〉。詳 CBETA, T09, no. 278, p. 607, c。

昔所未見而今始見，昔所未聞而今始聞。何以故？

以能了知「法界相」故，知一切法唯「一相」故，能平等入三世道故，能說一切無邊法故。[99]

關於這種「一相世界觀」的道理在美國物理學家蓋瑞・祖卡夫（Gary Zukav 1942～）的 *"The Dancing Wu Li Masters：An Overview of the New Physics"* 一書中也提到說：

Some biologists believe that a single plant cell carries within it the capability to reproduce the entire plant. Similarly, the philosophical implication of quantum mechanics is that all of the things in our universe （including us）　that appear to exist independently are actually parts of one all-encompassing organic pattern, and that no parts of that pattern are ever really separate from it or from each other.[一些生物學家認為，單一的植物細胞具有複製整株植物的能力。同理，量子力學的哲學含義是，在我們的宇宙中似乎是獨立存在的一切，包括我們人類在內，實際上是「一整個無所不包的有機體（有機模式）」的部份組織。而且這有機體當中沒有任何一部份是孤立的或是獨立於其他部份之外的]。[100]

Gary Zukav 的觀點清楚表明所有的「有機體」沒有任何一部份是可以「孤立」或「獨立」於全體的，這種「全體」觀念與《華嚴經》說的「無自性、無自體」[101]完全一致。宇宙種種的萬法現象都是「眾因緣」而生起，

---

[99] 參《大方廣佛華嚴經》卷 71〈39 入法界品〉。詳 CBETA, T10, no. 279, p. 385, b。

[100] 詳 Gary Zukav, *"The Dancing Wu Li Masters：An Overview of the New Physics"*,（Bantam Books New York Press 2001 8），pp.48-49。

[101] 如《大方廣佛華嚴經》卷 30〈28 佛不思議法品〉云：「一切諸法皆無自性，不生不滅」。詳 CBETA, T09, no. 278, p. 594, c。《大方廣佛華嚴經》卷 20〈21 金剛幢

沒有任何事物是可以「獨立」生起，如《華嚴經》云：「所有諸法皆從緣起」[102]、「一切諸法因緣生」[103]、「觀一切法，皆從緣起」。[104]

據美國布萊恩·格林恩（Brian Greene 1963～）撰《優雅的宇宙》（The Elegant Universe）一書的說法，「弦理論」的研究成果將「相對論」與「量子力學」和諧地合而為一，因而有發展成「萬有理論」（theory of everything）或「最終理論」（ultimate theory）的潛力。[105]該書作者 Brian Greene 並指出：

> 假如「弦論」是對的，我們宇宙的微觀結構將是一個「緊密糾纏的多維迷宮」；宇宙中的「弦」在裡面無止盡地扭轉和震動，韻律地演奏著宇宙定律的節拍。自然界基本建構成份的性質絕對不是偶發的瑣事，而是原本就和空間與時間的結構深深地「糾結在一起」。[106]

「弦論」主張宇宙萬物都是「深深地糾結在一起」，宇宙萬物和人類所有眾生都是息息相關、環環相扣的一個「有機體」。我們的世界觀並不是只有平面、直線、二維或三維的，而是螺旋式的「多維、多重」世間觀，正如 "Teilhard In The 21st Century: The Emerging Spirit Of Earth" 一書中指出宇宙三個自然原則的其中一條，云：「行星上的一切都是息息相

菩薩十迴向品〉云：「解了一切法無有自體」。詳 CBETA, T09, no. 278, p. 525, c。
《大方廣佛華嚴經》卷 11〈17 功德華聚菩薩十行品〉云：「菩薩作如是念，一切眾生無性為性……究竟三世皆悉無性」。詳 CBETA, T09, no. 278, p. 469, a。

[102] 參《大方廣佛華嚴經》卷 20〈21 金剛幢菩薩十迴向品〉。詳 CBETA, T09, no. 278, p. 525, c。

[103] 參《大方廣佛華嚴經》卷 25〈25 十迴向品〉。詳 CBETA, T10, no. 279, p. 135, a。

[104] 參《大方廣佛華嚴經》卷 25〈25 十迴向品〉。詳 CBETA, T10, no. 279, p. 134, b。

[105] 詳林國弘等譯（Brian Greene 原著），《優雅的宇宙》，台北：台灣商務，2003，頁 14-19。

[106] 詳林國弘等譯（Brian Greene 原著），《優雅的宇宙》，台北：台灣商務，2003，頁 19。

關、環環相扣的共融關係--地球」。[107]宇宙是個不可分割的「一整體」，如
《華嚴經》云：「分別一切法悉是『一相、一義』」[108]、「一性一相無有殊」
的境界。[109]其餘如「生死」與「涅槃」、「煩惱」與「菩提」的道理也是如此；
表面上看這兩者是不同的，實際上從「空性」及「緣起」的角度來看，兩
者是無差別、是一相的。如《華嚴經》云：「平等觀察生死、涅槃同一相
故」[110]、「雖能了達生死、涅槃無二無別，而常善巧饒益眾生」，[111]乃至《大
方等大集經》云：「生死、涅槃無差別，佛、法、僧寶亦無二」。[112]

　　《華嚴經》雖然有著「一相世界觀」的「全息哲學」，但這種哲學只是
一位菩薩修學過程的其中一個法門而已，另外尚有諸多法門仍需修學，
底下附上「離世間品」的二段經文，以作為本小節的結尾。

　　佛子！菩薩摩訶薩有十種分別法。何等為十？所謂：
　　分別一切法悉從緣起。
　　分別一切法皆悉如幻。
　　分別一切法皆悉無諍。
　　分別一切法無量無邊。
　　分別一切法無所依止。

---

[107] 以上只舉第一條內容，另外二條內容如下：「二、沒有任何的受造物是重複的，各有其獨特的個別性，萬物是多元的--藝術。三、每一個幅度都是獨一的，有其個別主觀性、內化的力量，有其奧秘性和神聖性--聖神」。詳 Arthur Fabel and Donald St. John, "*Teilhard In The 21st Century: The Emerging Spirit Of Earth*"，（Maryknoll, New York: Orbis Books, 2003），pp.85-86。

[108] 參《大方廣佛華嚴經》卷 38〈33 離世間品〉。詳 CBETA, T09, no. 278, p. 641, a。

[109] 參《大方廣佛華嚴經》卷 20〈21 十行品〉。詳 CBETA, T10, no. 279, p. 110, a。

[110] 參《大方廣佛華嚴經》卷 32〈入不思議解脫境界普賢行願品〉。詳 CBETA, T10, no. 293, p 807, a。

[111] 參《大方廣佛華嚴經》卷 7〈入不思議解脫境界普賢行願品〉。詳 CBETA, T10, no. 293, p. 691, a。

[112] 參《大方等大集經》卷 13。詳 CBETA, T13, no. 397, p. 90, b。

分別一切法悉如金剛。

分別一切法悉是如來。

分別一切法皆悉寂靜。

分別一切法悉是正道。

分別一切法悉是「一相、一義」。[113]

佛子！菩薩摩訶薩有十種證知。何等為十？所謂：

知一切法「一相」。

知一切法無量相。

知一切法在一念。

知一切眾生心行無礙。

知一切眾生諸根平等。

知一切眾生煩惱習氣行。

知一切眾生心使行。

知一切眾生善、不善行。

知一切菩薩願行自在住持變化。

知一切如來具足十力成等正覺。

是為十。若諸菩薩安住此法，則得一切法善巧方便。[114]

---

[113] 參《大方廣佛華嚴經》卷 38〈33 離世間品〉。詳 CBETA, T09, no. 278, p. 641, a。

[114] 參《大方廣佛華嚴經》卷 53〈38 離世間品〉。詳 CBETA, T10, no. 279, p. 282, c。

結 論

　　本章所討論的「分形」與「全息」哲學意涵，讓人更清楚《華嚴經》的「一多、大小無礙」[115]的哲學觀，擁有這種哲學觀可以運用在日常生活上，如：電影的攝影術、宇宙天文學、經濟股票學、氣象天候學、生態學、神經科學、健康，以至於社會及經濟生活中的人口、噪音、物價、股票指數變化……等等。

　　「分形」與「全息」理論雖可輔助解說《華嚴經》的高深哲學，但畢竟仍不出「唯心」所現及「眾生如影，諸法如幻」[116]的道理，如《大方廣佛華嚴經不思議佛境界分》云：「此諸佛剎，皆唯『心量』之所變現」，[117]及《華嚴經》云：「世間所見法，但以『心』為主，隨解取眾相，顛倒不如實」。[118]而近代德國物理學家量子力學的創始人馬克斯・普朗克（Max Planck 1858～1947）也曾描述說：「根本沒有物質存在。所有的物質是由一種力量產生的，是「原子」的顆粒在太陽系的「波動」造成的，在這一切的背後有一個「意識」和智力的心靈，而這心靈就是萬物之母（This Mind is the matrix of all matter）」。[119]Max Planck 指出「物質」並不真實存在，若存在的話，只是背後有一個「意識」心的力量去創造它罷了。另外一位美國專研麻醉和意識的醫師司徒華・漢莫洛夫（Stuart Hameroff 1947～）則從「量子意識理論」中提出人類的意識是「微管」（microtubule）中「量子」重力效應

---

[115] 語出唐・澄觀撰《大方廣佛華嚴經疏》卷6〈1 世主妙嚴品〉云：「一毛不大，而多剎不小。一多、大小皆無礙也」。詳 CBETA, T35, no. 1735, p. 543, c。

[116] 經文出自《大方廣佛華嚴經》卷28〈25 十迴向品〉。詳 CBETA, T10, no. 279, p. 155, b。

[117] 參《大方廣佛華嚴經不思議佛境界分》卷1。詳 CBETA, T10, no. 300, p. 906, b。

[118] 語出《大方廣佛華嚴經》卷13〈10 菩薩問明品〉。詳 CBETA, T10, no. 279, p. 66, c。

[119] 詳英國牧師與心理學家迪亞姆德　歐木庫 Diarmuid O'Murchu,　*Quantum Theology*"，（New York: The Crossroad Publishing Company. 1997），pp.102-103。

的結果；且與整個宇宙是互相連結的密不可分，他說：

that a change in the microtubules in one brain cell can affect microbules in another. This means the information in the microtubules can connect and become entangled with the universe outside the brain. these two neurons may be entangled, it's possible that the information of consciousness, of the whole brain, is entangled and can exist in the universe at large.[一個腦細胞裡的「微管」的變化會影響到另一個腦細胞裡的「微管」，這就意味著「微管」裡的資訊能夠進行溝通，並與大腦外的「宇宙」糾纏在一起，這兩個「神經元」可以被糾纏在一起，有可能我們人類的「意識」資訊在整個大腦裡就是「糾纏」在一起的，並能夠逍遙存在於「宇宙」之間]。[120]

所有一切外在的「諸法」現象皆由我們的「心識」變幻生起，而且與整個宇宙互相連繫糾纏在一起，無論是微小的「一法」或無量的「眾多法」都是「心識」所造，故《華嚴經》清楚的說：「菩薩深入諸法，皆悉『如幻』……於『一法』中，解『眾多法』。『眾多法』中，解了『一法』……譬若如幻」。[121]在英國被譽為繼愛因斯坦之後最傑出的物理學家史蒂芬·霍金（Stephen Hawking 1942～），他在自己著作《胡桃裡的宇宙》[122]（The Universe in a Nutshell）第七章「膜的新世界」中也說：「Do we live on a brane or are

---

[120] 上述內容詳「與摩根 弗裡曼一起探索宇宙的起源」第二季第一集：有死後之生嗎（Science Channel Through The Wormhole：Is There Life After Death）影片 13 分:26 秒-14 分:07 秒。或參閱 Stuart Hameroff, "*Consciousness, neurobiology and quantum mechanics: The case for a connection*",Departments of Anesthesiology and Psychology, Center for Consciousness Studies,The University of Arizona, Tucson, Arizona, USA, 2005。

[121] 參《大方廣佛華嚴經》卷 28〈24 十忍品〉。詳 CBETA, T09, no. 278, p. 580, c29-p. 581, a。

[122] 該書或譯作「果殼中的宇宙」一名。

we just holograms？我們是生活在一張膜上？或者我們只是一張全息的投影圖」？[123]以佛典來說，眾生本來就活在「一切諸法如電、夢幻」[124]之中；以「全息投影」的理論來說也是如此，如《全像宇宙投影三部曲》一書云：「這也許暗示著我們所謂的『現實世界』與『夢境』根本沒什麼差別。『作清明夢的能力』應被稱作『對共同宇宙的覺知力』，因為共存宇宙空間與其他影像都會在這『全像』中出現」。[125]底下再舉二部 YouTube 影片解釋：

---

[123] 詳 Stephen Hawking，"*The Universe in a Nutshell*"，（Bantam Press 2001-11），p.173。「膜宇宙學」是一個物理學上「超弦理論」和「M 理論」的分支，他們認為宇宙其實是鑲在一些更高維度的膜，而那些更高維度的膜一直影響著我們的宇宙。

[124] 語出《大方廣佛華嚴經》卷 55〈34 入法界品〉。詳 CBETA, T09, no. 278, p. 753, b。

[125] 詳麥可　泰波/著，潘定凱譯《全像宇宙投影三部曲〈第 2 部〉心志與肉體》（Michael Talbot，"*The Holographic Universe*"）。臺北：琉璃光出版，1997 年 12 月 1 日，P.123。

這二個現代的 YouTube 影片告訴吾人最後的真理，那就是：

三世所有一切劫，於「一念」中能悉現，
猶如「幻化」無所有，是名諸佛無礙法。[126]

---

[126] 語出《大方廣佛華嚴經》卷 3〈2 盧舍那佛品〉。詳 CBETA, T09, no. 278, p. 407, c。

第四章　《華嚴經》「六根互用」之研究

本章發表於 2014 年 4 月 26 日(星期六)華嚴專宗學院主辦之「第三屆華嚴專宗國際學術研討會」。當天與會學者為本文提供諸多寶貴意見，經筆者多次修潤後已完成定稿。

第一節 「六根互用」思想的來源

佛典中出現「六根互用」的思想由來已久，最早極可能是出現在西晉·竺法護譯（公元286）的《正法華經》第六卷「歎法師品第十八」，即鳩摩羅什譯的「法師功德品第十九」。隋·智者大師將此品解釋成「六根互用」義並做歸納，如《妙法蓮華經文句》云：

此章明(六根)互用者。

鼻知好惡、別貴賤，觀天宮莊嚴等，則鼻有「眼用」。

讀經說法，聞香能知，鼻有「耳用」。

諸樹花果實，及蘇油「香氣」，鼻有「舌用」。

入禪、出禪，禪有「八觸」故，「五欲」嬉戲亦是「觸法」，鼻有「身用」。

染欲癡恚心，亦知修善者，鼻有「意用」。

「鼻根」自在，勝用若茲。例五根亦如是，舌根章亦如是。[1]

底下將《正法華經》、《妙法蓮華經》及《妙法蓮華經文句》整理歸納如下表：

---

[1] 參《妙法蓮華經文句》卷10〈釋法師功德品〉。詳 CBETA, T34, no. 1718, p. 140, b。

西晉・竺法護譯 《正法華經》(公元 286 年譯出)	後秦・鳩摩羅什譯 《妙法蓮華經》(公元 406 年譯出)
微妙好薰，眾木檻香，男子女人， 童子女類，其心頓處，各各異品。 人間所生，諸香參差，在在茲殖， 青蒼雜遝。又知大國，轉輪聖王， 所據柔仁，自由力強。於彼所有， 難縷字名，眾眾異香，皆分別之。 財物珍寶，若干甚多，藏去著之， 於何所地，有玉女寶，及餘珍異， 時彼菩薩，悉曉了香。	及知眾生香，男子女人香， 說法者遠住，聞香知所在。 大勢轉輪王，小轉輪及子， 群臣諸宮人，聞香知所在。 身所著珍寶，及地中寶藏， 轉輪王寶女，聞香知所在。 →鼻有「眼用」。
或時在座，若復床臥，以香塗身， 菩薩悉知。歌戲娛樂，一切神足， 明哲智者，鼻力悉聞。	諸天若行坐，遊戲及神變， 持是《法華》者，聞香悉能知。 →鼻有「耳用」。
若有奉持，此經善訓，以快妙香， 及麻油香，若干種類，及華實香， 所在安住，又嗅悉知。	諸樹華菓實，及酥油香氣， 持經者住此，悉知其所在。 →鼻有「舌用」。
以香分別，腹中男女。復自識知， 身所從來，又亦曉了，誼法科律。 採覩其人，安隱苦樂，童男力勢， 福應所獲。男子所願，眾多悉知，	以聞香力故，知男女所念， 染欲癡恚心，亦知修善者。 →鼻有「意用」。

其諸天人，所有宮殿，上妙下極，及中間宮，種種之品，如斯色像，於是住立，鼻力嗅之。又復分別，遊觀之園，諸天之法，眾明寂然，亦復曉了，尊妙宮殿，諸天子等，所遊戲處。於是建立，悉嗅天香。	諸天若聽法，或受五欲時，來往行坐卧，聞香悉能知。 ➔鼻有「身用」。
三十二天，至第一天，諸天大梵，所遊宮殿，彼以鼻嗅，悉能知之。住已不住，皆能曉了，諸所遠近，無不開達。終沒若生，前世宿命，以鼻嗅之，知斯本末。[2]	入禪出禪者，聞香悉能知。光音遍淨天，乃至于有頂，初生及退沒，聞香悉能知。[3] ➔鼻有「身用」。

　　接下來是北涼·曇無讖（Dharma-rakṣa 385～433）譯的《大般涅槃經》，在「光明遍照高貴德王菩薩品」中一段有關「八種自在名為我」的道理，其中第五種即是「根自在」；所謂「根自在」就是「六根互用」之義，如經云：

　　　　五者「根自在」故。云何名為「根自在」耶？如來一根，亦能見色、聞聲、嗅香、別味、覺觸、知法。如來六根，亦不見色、聞聲、嗅香、別味、覺觸、知法。以「自在」故，令「根自在」。如是「自在」，名為「大我」。[4]

---

[2] 以上內容參《正法華經》卷8〈18 歎法師品〉。詳 CBETA, T09, no. 263, p. 120, b10～121a。

[3] 以上內容參《妙法蓮華經》卷6〈19 法師功德品〉。詳 CBETA, T09, no. 262, p. 48, c18～26。

[4] 以上參《大般涅槃經》卷23〈10 光明遍照高貴德王菩薩品〉。詳 CBETA, T12, no. 374, p. 503, a。另宋·慧嚴譯《大般涅槃經》卷21〈22 光明遍照高貴德王菩薩品〉

　　所謂「一根」即指「眼、耳、鼻、舌、身、意」六根中其中任何一根皆能具足「見色、聞聲、嗅香、別味、覺觸、知法」的能力。

　　在《華嚴經》中則有三品提到「六根互用」之意，分別是「佛不思議法品、十定品、賢首品」。如八十《華嚴》之「佛不思議法品」云：「一切諸佛能以眼處作耳處佛事。能以耳處作鼻處佛事。能以鼻處作舌處佛事。能以舌處作身處佛事。能以身處作意處佛事。能以意處於一切世界中住世、出世間種種境界，一一境界中能作無量廣大佛事，是為諸佛『第八自在法』」。[5]唐・澄觀述《華嚴經隨疏演義鈔》釋云：「但眼處能作耳處等事，耳處能作眼鼻事等，故六根互用」。[6]澄觀大師對《華嚴經》「六根互用」之義曾以六個小標題來作說明，如下所示：

　　「六根互用」，今約十八界明，則有數重之互。

　　一、諸根互(用)。

　　二、分圓互(用)。毛孔身根中，互能入「眼」等定故。

　　三、一多互(用)。謂「一根」頓作「多根」事故。

　　四、根境互(用)。謂根入「境定」，如「賢首品」說。以此云法界必該「十八界」故。

　　亦云：「云何名為根自在耶？如來一根亦能見色、聞聲、嗅香、別味、覺觸、知法。如來六根亦不見色、聞聲、嗅香、別味、覺觸、知法。以自在故，令根自在。如是自在，名為大我」。詳 CBETA, T12, no. 375, p. 746, c。

[5]　參《大方廣佛華嚴經》卷46〈33 佛不思議法品〉。詳 CBETA, T10, no. 279, p. 245, b。佛馱跋陀羅譯的六十《華嚴》則云：「一切諸佛能以眼入作耳入佛事，能以耳入作鼻入佛事，能以鼻入作舌入佛事，能以舌入作身入佛事，能以身入作意入佛事，能以意入於一切世界種種境界，世間境界，出世間境界，於一一境界能作佛事，是為一切諸佛自在正法」。參《大方廣佛華嚴經》卷30〈28 佛不思議法品〉。詳 CBETA, T09, no. 278, p. 594, a。

[6]　參《大方廣佛華嚴經隨疏演義鈔》卷73〈27 十定品〉。詳 CBETA, T36, no. 1736, p. 582, b。

五、復有「一根」入「多境」。「一境」入「多根」。

六、復有以「六識」對「境」，以明「互入」等也。[7]

第一點「諸根互用」：即佛菩薩身上所有的「諸根」都可以互相作用，在《華嚴經》中說菩薩皆能具足「十頭、十眼、十耳、十鼻、十舌、十身、十手、十足、十地、十智」的不可思議境界。[8]其次是大家最熟悉的觀世音菩薩所具的「四種」不可思議妙德，「第一種」不可思議妙德就是由「六根互用」所獲得的千手千眼境界，[9]如《楞嚴經》云：「善獲『四不思議』無作妙德：一者、由我初獲妙『妙聞心』，心精(純精真心)遺聞，見聞覺知，不能分隔，成一圓融(六根互用圓融)，清淨寶覺，故我能現眾多妙容，能說無邊祕密神呪。其中或現一首、三首、五首、七首、九首、十一首，如是乃至一百八首，千首、萬首、八萬四千爍迦囉(śakala 無量;碎散)首(頭也)；二臂、四臂、六臂、八臂、十臂、十二臂，十四、十六、十八、二十，至二十四，如是乃至一百八臂、千臂、萬臂，八萬四千母陀羅(mudrā 手印)臂；二目、三目、四目、九目，如是乃至一百八目、千目、萬目，八萬四千清淨寶目」。[10]另外觀世音菩薩「十四種」無畏功德的「第十三」也是屬於「六根圓通」的境界，如《楞嚴經》云：「十三者，六根圓通(六根互用圓滿通達)，明照(妙明照耀)無二(無二無別)，含(含裹)十方

7　參《大方廣佛華嚴經隨疏演義鈔》卷73〈27 十定品〉。詳 CBETA, T36, no. 1736, p. 582, b。

8　參《大方廣佛華嚴經》卷 34〈32 寶王如來性起品〉。詳 CBETA, T09, no. 278, p. 616, c。

9　明太宗的文皇帝曾御製「觀音讚」，內容也是以「六根互用」之說歌頌觀世音菩薩。如云：「大聖自在觀世音，百千萬億應無盡。神通無礙無所住，大慈大悲愍眾生。『六根互用』智慧深，聞思修入三摩地。濟度隨機而顯現，有如一月印千江」。參《佛說聖觀自在菩薩梵讚》。詳 CBETA, T20, no. 1055, p. 70, c。

10　參《楞嚴經》卷 6。詳 CBETA, T19, no. 945, p. 129, c。

界」。[11]

第二點「分圓互用」：指於身上所有毛孔等諸根都能入「眼」之「三昧定」、入「耳」之「三昧定」……入「意」之「三昧定」。這個觀點主要從八十《華嚴經‧十定品》的二段經文來，如云：

佛子！云何為菩薩摩訶薩「一切眾生差別身三昧」？佛子！菩薩摩訶薩住此三昧，得十種無所著……菩薩摩訶薩於此三昧，內身入，外身起；外身入，內身起……「眼處」入，耳處起；「耳處」入，眼處起；「鼻處」入，舌處起；「舌處」入，鼻處起；「身處」入，意處起；「意處」入，身處起；自處入，他處起……三世入，剎那起；剎那入，三世起。[12]

佛子！云何為菩薩摩訶薩「法界自在三昧」？佛子！此菩薩摩訶薩於自「眼處」乃至「意處」入「三昧」，名「法界自在」。菩薩於自身一一「毛孔」中入此「三昧」，自然能知諸世間，知諸世間法……以於法界得自在故，善分別眼，善分別耳，善分別鼻，善分別舌，善分別身，善分別意，如是種種差別不同，悉善分別盡其邊際。[13]

---

[11] 參《楞嚴經》卷 6。詳 CBETA, T19, no. 945, p. 129, b。

[12] 以上經文參《大方廣佛華嚴經》卷 42〈27 十定品〉。詳 CBETA, T10, no. 279, p. 218, c。同屬「華嚴部」的《最勝問菩薩十住除垢斷結經》卷 6〈15 碎身品〉與《華嚴經》也有相同的經文，如下所說：「佛告最勝：菩薩摩訶薩入碎身定，使菩薩入此定，具足十種如住……入『極遠』有形眾生定；從『極遠』眾生定。入『極近』眾生定，從『極近』眾生定起。入眼入定，從眼入定起。入耳入定，從耳入定起。入眼入定、入鼻入定，從舌入定起。入舌入定、從、鼻入定起。入身入定，從意入定起。入自入定，從自入定起。入他入定，從他入定起……入現在定，從現在定起。入過去定，從過去定起。入未來定，復入三世定」。詳 CBETA, T10, no. 309, p. 1007, c。

[13] 以上經文參《大方廣佛華嚴經》卷 42〈27 十定品〉。詳 CBETA, T10, no. 279, p. 220, c。

第三點「一多互用」：指「一根」可作「多根」諸事，如一「眼根」可同時作出其餘五根之事。如：《華嚴經隨疏演義鈔》云：「『眼根』發『耳識』，而能嗅於香等」。[14]

第四點「根境互用」：指諸佛菩薩能於「六根」中入「正定」，也能於「六塵妄境」中「出定」，達到「六根入定、六塵出定」的境界。這觀點主要引自六十《華嚴經》的「賢首菩薩品」、八十《華嚴經》的「賢首品」，及內容多與《華嚴經》之「十住品、賢者品」相同的趙宋·法天譯《大方廣總持寶光明經》。底下將三種經文對照如下：

六十《華嚴經》 「賢首菩薩品」	八十《華嚴經》 「賢首品」	《大方廣總持寶光明經》 卷五
於「眼根」中入正受， 於「色法」中三昧起， 示現色法不思議， 一切天人莫能知。 於「色法」中入正受， 於眼起定念不亂， 觀「眼」無生無自性， 說空寂滅無所有。	於「眼根」中入正定， 於「色塵」中從定出， 示現色性不思議， 一切天人莫能知。 於「色塵」中入正定， 於眼起定心不亂， 說「眼」無生無有起， 性空寂滅無所作。	彼於「眼塵」三昧中， 能現大「色」諸境界， 見此不可思議色， 天上人間悉愕然。 既觀「色塵」三昧已， 作是思惟「眼塵」境， 「眼」之自性非生滅， 是故開闡無相空。
於「耳根」中入正受， 於「聲法」中三昧起， 分別一切諸音聲，	於「耳根」中入正定， 於「聲塵」中從定出， 分別一切語言音，	或有「耳塵」三昧中， 能現大「聲」諸境界， 入於一切語言音，

---

[14] 參唐·澄觀述《大方廣佛華嚴經隨疏演義鈔》卷 41〈20 偈讚品〉，詳 CBETA, T36, no. 1736, p. 318, c。

諸天世人莫能知。 於「聲法」中入正受， 於耳起定念不亂， 觀「耳」無生無自性， 說空寂滅無所有。	諸天世人莫能知。 於「聲塵」中入正定， 於耳起定心不亂， 說「耳」無生無有起， 性空寂滅無所作。	天上人間悉愕然。 既觀「聲塵」三昧已， 審諦思惟「耳塵」境， 「耳」之自性非生滅， 是故開闡無相空。
於「鼻根」中入正受， 於「香法」中三昧起， 分別一切諸香法， 諸天世人莫能知。 於「香法」中入正受， 於鼻起定念不亂， 觀「鼻」無生無自性， 說空寂滅無所有。	於「鼻根」中入正定， 於「香塵」中從定出， 普得一切上妙香， 諸天世人莫能知。 於「香塵」中入正定， 於鼻起定心不亂， 說「鼻」無生無有起， 性空寂滅無所作。	或有「鼻塵」三昧中， 能現大「香」諸境界， 如是「妙香」悉遍入， 天上人間悉愕然。 既觀「香塵」三昧已， 復諦思惟「鼻塵」境， 「鼻」之自性非生滅， 是故開闡無相空。
於「舌根」中入正受， 於「味法」中三昧起， 分別一切諸味法， 諸天世人莫能知。 於「味法」中入正受， 於舌起定念不亂， 觀「舌」無生無自性， 說空寂滅無所有。	於「舌根」中入正定， 於「味塵」中從定出， 普得一切諸上味， 諸天世人莫能知。 於「味塵」中入正定， 於舌起定心不亂， 說「舌」無生無有起， 性空寂滅無所作。	或有「舌塵」三昧中， 能現大「舌塵」境界， 如是「上味」普周遍， 天上人間悉愕然。 既得「上味」三昧已， 審諦思惟「舌塵」境， 「舌」之自性非生滅， 是故開闡無相空。
於「身根」中入正受， 於「觸法」中三昧起， 分別一切諸觸法， 諸天世人莫能知。 於「觸法」中入正受，	於「身根」中入正定， 於「觸塵」中從定出， 善能分別一切觸， 諸天世人莫能知。 於「觸塵」中入正定，	或有「身塵」三昧中， 能現大「觸塵」境界， 世間「觸塵」普遍入， 天上人間悉愕然。 既觀「觸塵」三昧已，

於身起定念不亂。 觀「身」無生無自性， 說空寂滅無所有。	於身起定心不亂， 說「身」無生無有起， 性空寂滅無所作。	「身塵」遍起諦思惟， 「身」之自性非生滅， 是故開闡無相空。
於「意根」中入正受， 於「諸法」中三昧起， 分別一切諸法相， 諸天世人莫能知。 於「諸法」中入正受， 於意起定念不亂， 觀「意」無生無自性， 說空寂滅無所有。[15]	於「意根」中入正定， 於「法塵」中從定出， 分別一切諸法相， 諸天世人莫能知。 於「法塵」中入正定， 從意起定心不亂， 說「意」無生無有起， 性空寂滅無所作。[16]	或有「心塵」三昧中， 能現大「法塵」境界， 既觀「法塵」三昧已， 復諦思惟「心塵」境， 「心」之自性非生滅， 是故開闡無相空。[17]

　　這種從「六根入定」而從「六塵出定」的境界在八十《華嚴經》的「十定品」中被稱為「同中入定異中起，異中入定同中起」。[18]

　　第五點「一根入多境、一境入多根」：如一「眼根」可同時入「聲、香、味、觸、法」諸塵境；一「塵境」亦可同時入「眼、耳、鼻、舌、身、意」諸六根。如《華嚴經隨疏演義鈔》云：「『眼根』發於『眼識』，而了『六境』，餘根亦爾」。[19]

　　第六點「六識對境而互入」：如「眼識」能入「聲塵」之境，或入「香塵」

---

[15] 以上內容參《大方廣佛華嚴經》卷7〈8 賢首菩薩品〉。詳 CBETA, T09, no. 278, p. 438, c。

[16] 以上內容參《大方廣佛華嚴經》卷15〈12 賢首品〉。詳 CBETA, T10, no. 279, p. 77, c。

[17] 以上內容參《大方廣總持寶光明經》卷5。詳 CBETA, T10, no. 299, p. 902, a。

[18] 參八十《大方廣佛華嚴經》卷42〈27 十定品〉。詳 CBETA, T10, no. 279, p. 220, a。

[19] 參唐・澄觀述《大方廣佛華嚴經隨疏演義鈔》卷41〈20 偈讚品〉，詳 CBETA, T36, no. 1736, p. 318, c

之境，「六識」與「六境」皆能互入運用。如《華嚴經隨疏演義鈔》
云：「『眼根』能發『六識』，以了『六境』」。[20]

　　澄觀大師分別以六點解釋「六根互用」義，已將《華嚴經》「佛不思議
法品、十定品、賢首品」三品中的「六根互用」思想詮釋的很圓滿了。底
下再將「六根互用」義作進一步的詳細探討。

---

[20] 參唐・澄觀述《大方廣佛華嚴經隨疏演義鈔》卷 41〈20 偈讚品〉。詳 CBETA, T36,
no. 1736, p. 318, c

第二節 「六根互用」為諸佛菩薩自在法

　　「六根互用」為諸佛菩薩的自在神通力法，在《楞伽經》中記載其餘國土的佛陀在宣揚法義時並非只用「舌根」，有時用「眼根」說法，有時用「身根」說法，如經中舉出的九種「說法」的方式，如云：

> 大慧！非一切佛國土(皆以)「言語說法」，何以故？以諸「言語」唯是人心分別說故。是故大慧！
> ❶有佛國土「直視不瞬，口無言語」，名為說法。
> ❷有佛國土「直爾示相」，名為說法。
> ❸有佛國土但「動眉相」，名為說法。
> ❹有佛國土唯「動眼相」，名為說法。
> ❺有佛國土「笑」說法。
> ❻有佛國土「欠呿(張口)」[21]說法。
> ❼有佛國土「咳」(咳嗽)說法。
> ❽有佛國土「(憶)念」說法。
> ❾有佛國土「身」說法。[22]

　　以上這九種代表佛陀能以「六根互用」的方式說法度眾，不限於只用「舌根」說法。屬於「華嚴部」的《度世品經》中則說菩薩的六根皆有「十事」不可思議的妙用，如只要「眼見」諸佛，則六根皆得「歡悅」。所有六根都「無所障塞、無怪」，諸根也可入於如來的「十種之力」，[23]如彼經云：

---

[21] 「欠呿」二字在《大乘入楞伽經》卷3〈2 集一切法品〉譯為「嚬呻」，即指「打哈欠」。詳 CBETA, T16, no. 672, p. 603, a。

[22] 參《入楞伽經》卷4〈3 集一切佛法品〉，詳 CBETA, T16, no. 671, p. 534, b。

[23] 「如來十力」之說可參《大方廣佛華嚴經》卷14〈11 淨行品〉云：「處非處智力、過未現在業報智力、根勝劣智力、種種界智力、種種解智力、一切至處道智力、禪解脫三昧染淨智力、宿住念智力、無障礙天眼智力、斷諸習智力」。詳 CBETA, T10,

菩薩「諸根」有十事。何謂為十？

❶諸菩薩等，若「見」諸佛，諸根歡悅，欣然不還。

❷好樂諸佛，奉敬經典，靡所不達。

❸菩薩不迴，一切「諸根」，無所「障塞」。

❹心常堅住，其所修行，莫能廢者。

❺諸根微妙，曉了分別，智度無極。

❻諸菩薩「意」，無有進退，勸誨眾生，志如金剛。

❼消化諸法，破壞眾惡，其明堅強，靡所不照。

❽見諸如來，光燿所在，「諸根無怪」。

❾開士之心，了如來身，合為一體。

❿其菩薩「意」，至無限際，入於「如來十種之力」。

是為菩薩十事諸根。[24]

　　「六根互用」雖為諸佛菩薩的自在神通力，但菩薩要修行到何種程度才能具此能力呢？歷代祖師的看法不盡相同，有說「十信」或「初住」[25]以上，或「十地」[26]菩薩等不同說法。如隋・智者大師說：此是已證「圓教」的「十信位」及「入假位」。如大師的《摩訶止觀》云：

---

no. 279, p. 69, c。或參閱同屬「華嚴部」的《大方廣總持寶光明經》卷1云：「菩薩發心住……為求如來『一切智、一切相智』，是故名為『初發心住』。又學如是『十力』，何等為十？謂：一、處非處智力，二、過現未來福業報智力，三、禪定解脫三昧智力，四、至一切處道智力，五、無數種種界智力，六、無數種種勝解智力，七、根勝劣智力，八、宿住憶念智力，九、天眼智力，十、無漏智力」。詳 CBETA, T10, no. 299, p. 886, b。

[24] 參《度世品經》卷4。詳 CBETA, T10, no. 292, p. 638, b。

[25] 如唐・湛然的《止觀輔行傳弘決》說：「『六根互用』……今依《華嚴》，『初住』已上，即『真互用』」。詳 CBETA, T46, no. 1912, p. 153, c。

[26] 如唐・窺基撰《妙法蓮華經玄贊》中說：「諸根互用，唯在『十地』……非『地』前可名自在諸根互……諸根互用，得大自在，唯在『十地』」。詳 CBETA, T34, no. 1723, p. 838, a。

圓教「十信」，六根淨時，即遍見聞十法界事。若是入空，尚無一物。既言「六根互用」，即是「入假位」也。[27]

唐·道宣撰《四分律含注戒本疏行宗記》也如是說：

佛能「諸根互用」及大菩薩等，此據「十信」已去，六根淨位。[28]

「六根互用」位當「十信」之說法，也詳見《楞嚴經》「識陰盡」的經文，如云：

銷磨(銷鎔磨煉)六門(六根門頭)，合開(六根當一根用→合成就。一根當六根用→開成就)成就，見聞通隣(互通鄰接)，互用清淨(六根互用，清淨自在)，十方世界，及與身心，如吠瑠璃(vaiḍūrya)內外明徹，名「識陰盡」。[29]

除了《楞嚴經》認為「六根互用」即已證「十信位」外，其餘《十不

---

[27] 參隋·智者大師說 灌頂記《摩訶止觀》卷6。詳 CBETA, T46, no. 1911, p. 79, c。另清·性權記《四教儀註彙補輔宏記》卷8 也有同樣的說法，云：「圓教『十信』，六根淨時，即遍見聞十法界事。既言『六根互用』，即是『入假位』也」。詳 CBETA, X57, no. 980, p. 896, c // Z 2:7, p. 346, b // R102, p. 691, b18-p. 692, a。

[28] 參唐·道宣撰《四分律含注戒本疏行宗記(第1卷-第3卷)》卷1。詳 CBETA, X39, no. 714, p. 760, b // Z 1:62, p. 210, d // R62, p. 420, b。

[29] 參《楞嚴經》卷10。詳 CBETA, T19, no. 945, p. 153, b。歷代祖師對「識陰滅盡」大致皆作：已證大乘的「八信、九信、十信」位。如元·惟則會解 明傳燈 圓通疏《楞嚴經圓通疏》卷9 云：「『識陰』盡，則『諸根互用』，此在相似『七信』已去」。詳 CBETA, X12, no. 281, p. 927, a // Z 1:19, p. 436, d16-p. 437, a // R19, p. 872, b16-p. 873, a。又明·交光大師之《楞嚴經正脉疏》卷10 則云：「『識』盡，乃『十信滿心』，住位『初心』，方以證入圓通」。詳 CBETA, X12, no. 275, p. 469, a // Z 1:18, p. 437, a // R18, p. 873, a。

二門指要鈔詳解》[30]、《註法華本迹十不二門》[31]、《摩訶止觀義例隨釋》[32]、《梵網經菩薩戒本疏》[33]……等皆有相同的看法。據《占察善惡業報經》載，菩薩修行之每一階位，均稱為「佛」。如云：

漸次作佛者，略說有四種。何等為四？

一者，「信滿」法故作佛。所謂依種性地，決定信諸法不生不滅，清淨平等，無可願求故。

二者，「解滿」法故作佛。所謂依解行地，深解法性，知如來業無造無作，於生死涅槃不起二想，心無所怖故。

三者，「證滿」法故作佛。所謂依淨心地，以得無分別寂靜法智，及不思議自然之業，無求想故。

四者，一切功德「行滿」足故作佛。所謂依究竟菩薩地，能除一切諸障，無明夢盡故。[34]

所以：

❶「十信」滿位之境地，稱為「信滿成佛」。

❷「十住」滿位之境地，稱為「解滿成佛」。

---

[30] 如宋‧可度 詳解 明‧正謐 分會《十不二門指要鈔詳解》卷2云：「若至『十信』，六根互用，能以一紗音，遍滿三千界，方於事用自在」。詳CBETA, X56, no. 931, p. 479, b // Z 2:5, p. 222, c // R100, p. 444, a。

[31] 如宋‧宗翌述《註法華本迹十不二門》云：「故相似位，成六根遍照。『十信位』中，『比量』智照不成而成，成『十信位』……『六根互用』，照分十界十不定十矣」。詳CBETA, X56, no. 927, p. 334, b// Z 2:5, p. 80, c// R100, p. 160, a。

[32] 如宋‧處元述《摩訶止觀義例隨釋》卷3：「若入『十信』，應須『六根互用』，如《法華》中說」。詳CBETA, X56, no. 923, p. 155, b // Z 2:4, p. 435, d // R99, p. 870, b。

[33] 參唐‧知周撰《梵網經菩薩戒本疏》卷2云：「《法華經‧法師功德品》，『六根互用』清淨洞達，故經云：以清淨常體，一切身中觀，即圓教『十信人』」。詳CBETA, X38, no. 687, p. 447, a // Z 1:60, p. 159, a // R60, p. 317, a。

[34] 參《占察善惡業報經》卷2。詳CBETA, T17, no. 839, p. 909, a。

❸「十地」滿位菩薩之修行，稱為「行滿成佛」。
❹完全達到佛果之境地，則稱「證滿成佛」。

如果已獲「六根互用」，則位當「十信」滿位之境，也稱為「信滿成佛」。

在唐・湛然大師的《止觀輔行傳弘決》中另有細分，他將「六根互用」另開二種，一是「相似六根互用」，二是「真六根互用」。《法華經》中的「六根互用」為「相似六根互用」；《華嚴經》中的「六根互用」則為「真六根互用」。如湛然的《止觀輔行傳弘決》說：

「六根互用」，凡有二種。一「似」(互用)、二「真」(互用)。
「似」(互用)如《法華》。
「真」(互用)如《華嚴》，今依《華嚴》，「初住」已上，即「真互用」。[35]

在《華嚴經》中「六根互用」確定是諸佛菩薩的自在神通力，所以歸類成「真六根互用」，此在明・一如等編集的《大明三藏法數》中也有同樣的說明。如云：「『六根互用』者，謂眼等六根更互而有其用也，如《涅槃經》云：如來一根，則能見色、聞聲、齅香、別味、覺觸、知法。一根既爾，餘根亦然，此『真六根互用』也」。[36]諸佛如來當然具有「六根互用」能力，而菩薩需達「初住」以上即能「六根互用」，這是《華嚴經》的觀點。

屬於「華嚴部」的《最勝問菩薩十住除垢斷結經》中曾舉一個例子說：「爾時菩薩知彼眾生心中所念，便於『香』中說『六重』之法(以上說明「香塵」

---

[35] 參唐・湛然述《止觀輔行傳弘決》卷。詳 CBETA, T46, no. 1912, p. 153, c。

[36] 參明・一如等編集《大明三藏法數(第 14 卷-第 35 卷)》卷 21。詳 CBETA, P182, no. 1615, p. 267, a。

與「聲音」串連互用情形)。是時『聞香』眾生，心開意悟，畢此世患，更不來生，盡於苦際，即成『道果』」。[37]「如此法教，皆出于『味』，眾生聞之，心開意悟，畢此世患，更不來生，盡於苦際，即成『道果』」。[38]可見雖由鼻「聞」香，但卻有「意」用而成就道果，也就是「鼻根」能作「意根」用。類似《最勝問菩薩十住除垢斷結經》中「以鼻根啟發意根」的道理在其餘佛典還有許多的例子。如《大寶積經》中說：「諸龍等，於如來所，生希有心……為供養故……遍覆一切世間，普雨香水，以成香泥……充滿三千大千佛剎。其中眾生『聞香氣』者，皆不退於『阿耨多羅三藐三菩提』」。[39]《佛說大般泥洹經》云：「其花『香薰』，普遍三千大千世界，諸聞香者，罪垢消除，發『菩提心』」。[40]《大方等無想經》云：「一切眾生，聞『香氣』已，皆得『愛法』，心樂『大乘』，樂欲聽法，斷諸煩惱，是華成就如是功德微妙之香」。[41]《大集大虛空藏菩薩所問經》云：「其香芬馥，遍於無量百千世界。彼中菩薩『聞香、見花』，即皆得『定』」。[42]《大乘悲分陀利經》更說眾生只用「鼻根」聞香，則「眼根」盲者可獲視明；「耳根」聾者可獲聽明，乃至其餘諸根殘缺者，也可獲得成就。若「身體」有四百四病，只需「聞香」，也可全癒。若「意根」已精神失志者，只需「聞香」，也可還得原本正常的精神意志。如經云：

> 其中眾生「聞」彼華香，盲者得「視」，聾者得「聽」，乃至諸根不具悉得成就。其有眾生四百四病之所困者，彼「聞香」已，身病即除。其

---

[37] 參《最勝問菩薩十住除垢斷結經》卷 7〈19 化眾生品〉。詳 CBETA, T10, no. 309, p. 1015, c。

[38] 參《最勝問菩薩十住除垢斷結經》卷 7〈19 化眾生品〉。詳 CBETA, T10, no. 309, p. 1016, a。

[39] 參《大寶積經》卷 64〈7 龍王授記品〉。詳 CBETA, T11, no. 310, p. 367, c。

[40] 參《佛說大般泥洹經》卷 1〈2 大身菩薩品〉。詳 CBETA, T12, no. 376, p. 857, b。

[41] 參《大方等無想經》卷 6〈37 增長健度〉。詳 CBETA, T12, no. 387, p. 1106, a。

[42] 參《大集大虛空藏菩薩所問經》卷 4。詳 CBETA, T13, no. 404, p. 627, c。

中眾生有「狂顛」錯亂失志者，彼聞華香，逮得「本心」。[43]

這些都是佛菩薩的威德神力加被，能令眾生由一根而獲得其餘諸根的「圓滿」。

---

[43] 參《大乘悲分陀利經》卷 6〈20 大師授記品〉。詳 CBETA, T03, no. 158, p. 275, a。

第三節 「六根互用」的修法

　　「六根互用」的修法在經論中講了很多，有說「斷了『六識』分別執，便能六根互用」，[44]如《成實論》云：「『五情』(五根)不能互取『五塵』所伺異故。若我可『六識』識，則六根互用」。[45]有說「體悟六根即實相」就可「六根互用」，也有說只要從「一根」起修，漸漸便能通達「六根互用」。底下就「悟六根即實相」及「從一根起修」兩小節來說明「六根互用」的修法。

（一） 悟「六根」即實相

　　隋・吉藏《法華義疏》中說：

問：六根云何得「互用」？
答：悟六根即是「實相」。「實相」即是「法身」，故六根無礙，所以得「互用」。[46]

　　從《法華義疏》可知要獲「六根互用」的方法需從修學「六根」即是「實相」開始，在《華嚴經》則說要通達「六根」的「實相」必須體悟六根皆「空性、寂滅」的道理，如「如來光明覺品」中云：「觀身如『實相』，一切皆『寂滅』，離我非我著，是彼淨妙業」。[47]另外在六十《華嚴經》的「菩薩明難品」、八十《華嚴經》的「菩薩問明品」皆有詳細說明如何觀察「六根」即是「空寂、空無性」的道理。兩部經比對如下：

---

[44] 此說詳見明・真可述《八識規矩頌解》所云。詳 CBETA, X55, no. 892, p. 417, b // Z 2:3, p. 288, c // R98, p. 576, a。

[45] 參《成實論》卷 3〈35 有我無我品〉。詳 CBETA, T32, no. 1646, p. 260, a。

[46] 參隋・吉藏《法華義疏》卷 11〈19 法師功德品〉。詳 CBETA, T34, no. 1721, p. 615, a。

[47] 參《大方廣佛華嚴經》卷 5〈5 如來光明覺品〉。詳 CBETA, T09, no. 278, p. 424, b。

六十《華嚴經》 菩薩明難品	八十《華嚴經》 菩薩問明品
眼耳鼻舌身，心意諸情根， 因此轉眾苦，而實無所轉。 法性無所轉，示現故有轉， 於彼無示現，示現無所有。 眼耳鼻舌身，心意諸情根， 其性「悉空寂」，虛妄無真實。 觀察正思惟，有者無所有， 彼見不顛倒，法眼清淨故。 虛妄非虛妄，若實若不實， 世間出世間，但有假言說。[48]	眼耳鼻舌身，心意諸情根， 以此常流轉，而無能轉者。 法性本無生，示現而有生， 是中無能現，亦無所現物。 眼耳鼻舌身，心意諸情根， 一切「空無性」，妄心分別有。 如理而觀察，一切皆無性， 法眼不思議，此見非顛倒。 若實若不實，若妄若非妄， 世間出世間，但有假言說。[49]

　　屬於「華嚴部」的《最勝問菩薩十住除垢斷結經》也有同樣的義理，如云：「一一分別眼耳鼻舌身心之法，了知『悉空』，亦無所有」。[50]「菩薩大士復當思惟解於六衰，眼之視色，色亦無有，前物入色，亦復『無有』，耳鼻口身意亦復如是」。[51]「眼如水泡，亦不牢固，幻偽不真……斯亦『無常』而不可見，無形無主永無名號……斯由『合會因緣』所成……此起則起，此滅則滅。眼耳鼻口身意之法，亦復如是，皆悉『虛寂』而無形質。

---

[48] 以上內容參佛馱跋陀羅譯《大方廣佛華嚴經》卷 5〈6 菩薩明難品〉。詳 CBETA, T09, no. 278, p. 427, a。

[49] 以上內容參實叉難陀譯《大方廣佛華嚴經》卷 13〈10 菩薩問明品〉。詳 CBETA, T10, no. 279, p. 66, b。

[50] 參《最勝問菩薩十住除垢斷結經》卷 3〈8 童真品〉。詳 CBETA, T10, no. 309, p. 982, c。

[51] 參《最勝問菩薩十住除垢斷結經》卷 5〈14 勇猛品〉。詳 CBETA, T10, no. 309, p. 1004, b。

智者達了，本末皆『空』，何用疲勞困苦識神」？[52]這些經典都在教導眾生如何觀察及證悟「六根」即是「悉空、無有、虛寂」的道理。

在《楞嚴經》中講「六根互用」的修法，認為只要「心無貪婬」、不緣「外六塵」，即可讓六根作用不起分別，進而達到「六根互用」之目標，如經云：

> 如是清淨，持禁戒(saṃvara)人，心無貪婬，於外六塵，不多流逸(隨流放逸)，因不流逸，旋元(旋復本元)自歸(自歸本性)，塵(六塵)既不緣(攀緣)，(六)根無所偶(相對)，反流(六根返回自性之流)全一(全歸於一真性)，「六用」(六根分別之作用)不行(已不再起分別的作用，喻已得六根互用之妙)……身心快然，妙圓平等，獲大安隱。[53]

屬於「華嚴部」的《最勝問菩薩十住除垢斷結經》也有不緣「外六塵」的修法，如經云：「復當分別『六衰』所興，了知尋察『色、聲、香、味、細滑』之法，亦復不用『見、聞、念、知、心意識法』，得淨一住」。[54]「觀內六情，去外六塵。若眼見色，不興眼識，『外色、內識』悉了虛無，色為是誰？眼識所在？若耳聞聲，不興耳識，『外聲、內識』悉了虛無，聲為是誰？耳識所在？……」[55]不論是《最勝問菩薩十住除垢斷結經》觀六根「悉空寂」的修法，或是《楞嚴經》不緣「外六塵」修法，兩者均可達到「六根互用」之境。只要能通達六根「一切空無性」的「實相觀」，便可

---

[52] 參《最勝問菩薩十住除垢斷結經》卷 1〈4 色入品〉。詳 CBETA, T10, no. 309, p. 972, c。

[53] 參《楞嚴經》卷 8。詳 CBETA, T19, no. 945, p. 141, c26-p. 142, a。

[54] 參《最勝問菩薩十住除垢斷結經》卷 1〈1 道引品〉。詳 CBETA, T10, no. 309, p. 967, b。

[55] 參《最勝問菩薩十住除垢斷結經》卷 8〈22 等慈品〉。詳 CBETA, T10, no. 309, p. 1024, a。

獲得「無礙」，只要「六根無礙，故於一根得六根用」。[56]在《華嚴經》的「離世間品」中也有說菩薩具有十種「智無礙用」，其中第三種就是「能決定知、決定說一切眾生諸根無礙用」。[57]這個「諸根無礙用智」在「普賢行品」中也有詳細說明，如經云：

> 現在一切佛，於法得自在……出生無礙眼，無礙耳鼻身，無礙廣長舌，能令眾歡喜。[58]

經文中指出只要能得「六根無礙」，就能令眾生歡喜。在《華嚴經》的「佛不思議法品」中也說諸佛菩薩具有十種法，第二種到第七種就是「六根」的無障礙法力。如經云：

> 一切諸佛有「無邊際無障礙眼」，於一切法悉能明見。
> 一切諸佛有「無邊際無障礙耳」，悉能解了一切音聲。
> 一切諸佛有「無邊際鼻」，能到諸佛自在彼岸。
> 一切諸佛有「廣長舌」，出妙音聲周遍法界。
> 一切諸佛有「無邊際身」，應眾生心，咸令得見。
> 一切諸佛有「無邊際意」，住於無礙平等法身。[59]

諸佛因擁有「無邊際、無障礙」的六根，自然能以「六根互用」的妙用度化眾生。

---

[56] 參隋・吉藏《法華統略》卷 3。詳 CBETA, X27, no. 582, p. 525, a // Z 1:43, p. 86, d // R43, p. 172, b。

[57] 參《大方廣佛華嚴經》卷 56〈38 離世間品〉。詳 CBETA, T10, no. 279, p. 294, b。

[58] 參《大方廣佛華嚴經》卷 49〈36 普賢行品〉。詳 CBETA, T10, no. 279, p. 260, b。另《大方廣佛華嚴經》卷 33〈31 普賢菩薩行品〉亦云：「菩薩具出生，無礙眼耳身，無礙廣長舌，令眾悉歡喜」。詳 CBETA, T09, no. 278, p. 609, c。

[59] 參《大方廣佛華嚴經》卷 46〈33 佛不思議法品〉。詳 CBETA, T10, no. 279, p. 242, a。

（二）從「一根」起修

從六根中的「一根」起修，進而達到「六根互用」的境界，這個修法主要是《楞嚴經》所提出，如經云：

> 隨拔一根(六根任選其一)，脫粘(所粘著的妄塵)內伏(攝伏其根)，伏歸(降伏後導歸)元真(本元一真之心)，發本明耀(發明本性妙明光耀之性)。耀性(光耀之性)發明，諸餘五粘(粘著五根的五妄塵)，應拔(也應跟著被拔取)圓脫(圓滿解脫)。不由前塵所起知見，明(明耀之性)不循根(內六根)，寄根(亦可暫寄託於根)明發(顯發明耀之性)；由是六根互相為用。[60]

> 「一根」既返源，「六根」成解脫……雖見諸根(六根)動(轉動)，要以「一機」(身體喻如一木制機關)抽(抽動)；息機(六根機關的妄動)歸寂然，諸幻成無性。六根亦如是，元依一精明(此喻阿賴耶識)，分成「六和合」(六根和合的妄相)；一處(一根之處)成休(休止)復(復返於不生不滅真性)，「六用」(六根之用)皆不成(不成障礙。意指可六根互用也)。[61]

《楞嚴經》雖講「隨拔一根」即可達「六根互用」，但確主張從「耳根」修起，因為娑婆世界眾生的根器在於「耳根」。[62]——「一根」既返源，「六根」成解脫——雖是《楞嚴經》提出的明確理論，但這種由「一」而達「六」的觀點仍可在《華嚴經》中發現相同的道理。如「入法界品」中說如果有眾生的「身根」接觸到此「光明」後便可獲得「六根圓滿」，經云：「若有眾

---

[60] 參《楞嚴經》卷4。詳 CBETA, T19, no. 945, p. 123, b。
[61] 參《楞嚴經》卷6。詳 CBETA, T19, no. 945, p. 131, a。
[62] 如《楞嚴經》卷6云：「此方真教體，清淨在『音聞』；欲取三摩提，實以『聞』中入」。詳 CBETA, T19, no. 945, p. 130, c。

生，『諸根』不具，『觸』斯『光明』，皆悉具足」。[63]「普賢菩薩行品」中說菩薩能於「意根」的一念間便獲六根圓滿，能於一「眼根」的境界中出生「無量諸眼」，如經云：「菩薩一念中，方便令(眾生得)解脫。如是諸根入，眼耳鼻舌身……一一眼境界，(能獲)出生無量眼」。[64]同屬於「華嚴部」的《度世品經》更說菩薩單一「意根」便可「周遍法界」，可獲「十事」不可思議的境界。如經云：

菩薩「意遍」，復有十事。何謂為十？

❶其「意」普遍，曠若虛空。

❷入於無量一切法界，一時之間皆遍三世。

❸諸佛所興，輒能具足。入胎出生、棄國捐王、成最正覺、現大滅度，悉由聖慧。

❹入眾生界，志其「意性」，覺知「諸根」。

❺以聖光明，遍至一切諸法境土，周無邊際。

❻諸幻羅網，無所從生。

❼至於自然，無有顛倒，不可計會。

❽己心無礙，使他無蔽。

❾光明智慧，而得自在。

❿諸佛興時，所在發意，現最正覺。

是為菩薩「十事意遍」。[65]

---

[63] 參《大方廣佛華嚴經》卷52〈34 入法界品〉。詳 CBETA, T09, no. 278, p. 730, c。另八十《華嚴經》卷70〈39 入法界品〉亦云：「若有眾生『遇』斯光者，一切『諸根』悉得圓滿」。詳 CBETA, T10, no. 279, p. 380, a。

[64] 以《大方廣佛華嚴經》卷33〈31 普賢菩薩行品〉。詳 CBETA, T09, no. 278, p. 611, a。

[65] 上述內容參《度世品經》卷4。詳 CBETA, T10, no. 292, p. 638, a。

「一多」的「相容、互融、互入、互攝、相入、相即、無礙」[66]都是《華嚴經》明確的思想，所以從「一根」修起，便可獲「六根」的「無礙圓融」。在《華嚴經》「十迴向品」中提到菩薩以布施「眼根」的修行法門時，便可制伏自己的「六根」，如經云：

> 佛子！菩薩摩訶薩以「眼」布施諸來乞者……於其乞者，起歡喜攝受心……為修習大慈悲故，為制伏「六根」故，於如是法而生其心。[67]

若菩薩布施「耳根、鼻根」時，則願一切眾生將來常「見」諸佛菩薩，而且自己也可調伏「諸根」，如「十迴向品」中說：

> 佛子！菩薩摩訶薩能以「耳、鼻」施諸乞者……親附乞者，專心修習諸菩薩行……願常得「見」(→眼根)諸佛菩薩，隨順「憶念」(→意根)一切佛法……菩薩如是施「耳、鼻」時，心常寂靜，調伏「諸根」。[68]

以上都是菩薩從「一根」起修而獲得「諸根」圓滿的情形，同樣的道

---

[66] 底下皆出自唐・澄觀大所撰。如❶《華嚴經疏》卷3〈1 世主妙嚴品〉云：「於一法中解眾多，眾多法中解了一等，皆一多『相容』教也。『出現品』云：如來音聲普入一切，譬如書字等，此亦『相入』，即『相容』也。『十住』又云：一即是多，多即一」。詳 CBETA, T35, no. 1735, p. 520, c。❷《華嚴經隨疏演義鈔》卷10云：「離世間品，十種無礙用中。亦說眾生一多『相入』」。詳 CBETA, T36, no. 1736, p. 78, a。❸《華嚴經疏》卷46〈29 十忍品〉云：「以理融事，一多『相即』」。詳 CBETA, T35, no. 1735, p. 854, a。❹《華嚴經疏》卷31〈26 十地品〉云：「諸佛皆摩，故云『各申』，即一多『無礙』」。詳 CBETA, T35, no. 1735, p. 742, a。❺《華嚴經疏》卷11〈4 世界成就品〉云：「一多『互融』，齊攝雙現」。詳 CBETA, T35, no. 1735, p. 578, a。❻《華嚴經隨疏演義鈔》卷59〈26 十地品〉：「一多『互相攝』故」。詳 CBETA, T36, no. 1736, p. 468, c。❼《華嚴經疏》卷11〈5 華藏世界品〉云：「一多『互入』，皆入而無入」。詳 CBETA, T35, no. 1735, p. 582, a。

[67] 參《大方廣佛華嚴經》卷27〈25 十迴向品〉。詳 CBETA, T10, no. 279, p. 144, c。

[68] 參《大方廣佛華嚴經》卷27〈25 十迴向品〉。詳 CBETA, T10, no. 279, p. 145, a。

理也見於六十《華嚴經》云：「於一一根中，皆悉了知無量諸根」。[69]及八十《華嚴經》云：「於一一根中，悉能了知無量諸根」[70]。同屬「華嚴部」的《度世品經》也有說：

> 解「諸根」通利(通達銳利;通暢清淨)，中間調定本；「諸根」得自在，眾生無有業。「一根」入「諸根」，各各懷貪狢。[71]

唐・慧苑述《續華嚴經略疏刊定記》中說：「菩薩於『一根』門，示現自在『見色、聞聲』等，以此開悟故」。[72]也就是菩薩能在六根中的其中「一根」獲得自在，擁有六識的功能，更能於此獲開悟。

---

[69] 此處的「根」並非專指六根，而是指「善根」。以上經文參《大方廣佛華嚴經》卷21〈21 金剛幢菩薩十迴向品〉。詳 CBETA, T09, no. 278, p. 530, b。

[70] 此處的「根」亦非專指六根，而是指「善根」。以上經文參《大方廣佛華嚴經》卷31〈25 十迴向品。詳 CBETA, T10, no. 279, p. 167, b。

[71] 參《度世品經》卷6。詳 CBETA, T10, no. 292, p. 656, a。

[72] 參唐・慧苑述《續華嚴經略疏刊定記》卷3〈如來現相品第二〉。詳 CBETA, X03, no. 221, p. 617, c // Z 1:5, p. 48, c // R5, p. 96, a。

第四節 「六根互用」的科學觀

「六根互用」是一種佛菩薩實證的境界，但一般凡夫也可擁有此能力，在明・一如等編集的《大明三藏法數》中就將「六根互用」分成「真六根互用、相似六根互用」二類。云：

> 「六根互用」者，謂眼等六根更互而有其用也，如《涅槃經》云：如來一根，則能見色、聞聲、齅香、別味、覺觸、知法。一根既爾，餘根亦然。此「真六根互用」也。
>
> 若據《法華經・法師功德品》中所明，謂人以持經力故，得「勝根用」，雖未入「初地」，亦能一根具「五根」用。此「相似六根互用」也。
>
> 若此(指《楞嚴經》)言阿那律陀，無目而見等，為(相似)「六根互用」者。[73]

第一種是「真六根互用」，這是屬於諸佛如來菩薩以上的境界。如《妙法蓮華經玄贊》中說：「諸根互用，唯在『十地』。唯識等云『得自在位』諸根互用。一根發識，緣一切境。故非『地』前可名自在諸根互……諸根互用，得大自在，唯在『十地』」。[74]在《華嚴經》中提到「六根互用」的「佛不思議法品、十定品、賢首品」都是指佛菩薩的境界。

第二種是「相似六根互用」，如《法華經》的「法師功德品」所說的「六根互用」內容，及《楞嚴經》所舉的阿那律陀等人為主。此與第一種諸佛如來菩薩境界的「真六根互用」是不同的。《楞嚴經》卷四曾例舉六位

---

[73] 參明・一如等編集《大明三藏法數(第14卷-第35卷)》卷21。詳 CBETA, P182, no. 1615, p. 267, a。

[74] 參唐・窺基撰《妙法蓮華經玄贊》卷10〈法師功德品〉。詳 CBETA, T34, no. 1723, p. 838, a。

「六根互用」的例子，如：「阿那律陀(Aniruddha)無目而見。跋難陀龍 (upananda)無耳而聽。殑伽(gaṅgā)神女非鼻聞香。驕梵鉢提(Gavāmpati 憍梵 跋提)異舌知味。舜若多 (śunyatā 虛空神)神無身有觸……摩訶迦葉(Mahā-kāśyapa)，久滅意根(前六識皆滅，第七識之麤分相亦滅已)，圓明(圓滿光明)了知(了知一切 諸法)，不因心念(指第六識及第七識之麤分心也)」[75]這六位人物的六根都各有殘缺，但仍可發揮「六識」的功能。[76]《法界安立圖》上說這些不假六根而能知「六塵」者，可能是「後天修習」而得，或屬於「先天報感」而得，如云：

> 此皆不假「六根」而知六塵者，比有根而知者，又妙也。或「修得」、或「報得」，經因「業緣」，若湛流妄復圓常，則真明通，洞「六根互用」，妙中又妙者也。[77]

無論是屬於「後天修習」而得，或「先天報感」而得，這在現代科學的案例中都有這種特殊人物。底下將再以三小節來談這些特殊人物。

（一）凡人皆擁有六根「串聯」的潛能

「六根互用」雖為諸佛菩薩的妙用，但凡人在日常生活中，「六根」各自獨立運作的機會其實很少；[78]往往都是互相「協調、串聯」在一起運作

---

[75] 參《楞嚴經》卷 4。詳 CBETA, T19, no. 945, p. 123, b。

[76] 《楞嚴經》中所舉的例子大多為「聖賢人」，但在清·錢謙益《楞嚴經疏解蒙鈔》卷 10 中卻舉了幾個「畜生動物界」的例子來說明「六根互用」。如云：「龍本無耳聽以神。蛇亦無耳聽以眼。牛無聞故聞以鼻。螻蟻無耳聞以身。六根互用乃如此」。詳 CBETA, X13, no. 287, p. 924, b // Z 1:21, p. 445, d // R21, p. 890, b。所以按照錢謙益的觀點，「六根互用」從「狹義」上來說是專屬諸佛菩薩的「自在神通法」；但從「廣義」上來說，「六根互用」似乎也適用於動物界的感官能力。

[77] 參清·仁潮錄《法界安立圖》卷 1。詳 CBETA, X57, no. 972, p. 443, c // Z 2B:23, p. 457, d // R150, p. 914, b。

[78] 比如說當人入睡作夢時，六根只剩「意根」在獨立運作。

的，這個道理在《楞嚴經》中佛就曾作過詳細的解說，經云：

> 今汝且觀現前「六根」，為一(只有一個統一運作的性能)？為六(六個性能各自獨立
> 運作且互不相關)？阿難！若言「一」者，
> ①耳何「不見」？
> ②目何「不聞」？
> ③頭奚(何)「不履」？
> ④足奚(何)「無語」？
> 若此六根決定成「六」，如我今會與汝宣揚微妙法門，汝之六根誰來
> 領受？
> 阿難言：我用「耳」聞。
> 佛言：汝「耳」自聞，何關「身、口」？「口」來問義，「身」起欽承？
> 是故應知……阿難！當知是根「非一非六」。[79]

　　佛問阿難「六根」到底是只有「一個統一」運作的性能？還是六個性
能「各自獨立」運作且互不相關呢？如果六根只是「一個統一」運作的性
能的話；那麼耳朵為何不能「看見」東西？眼睛為何不能「聽聞」到聲音？
如果六根是六個性能「各自獨立」運作且互不相關的話；那麼當「耳根」
聽到佛的法教後，為何「舌根」會起來問法？「身體」會起來欽敬承受呢？
所以佛最終說「六根」並非是只有「一個統一」運作的性能；也不是一定
「各自獨立」運作且互不相關的性能。只能說「六根」看似「各自獨立」運
作互不相關，但實際上「六根」也會暗中互相「協調、串聯」在一起運作。
例如當我們「耳根」一直聽到別人說「醋、梅」很酸之類的話時，「舌根」
自動會流口水。「耳根」一直聽到「懸崖、雲宵飛車」之類的話語，「足根」
自動就會腳軟。這在很多科學實驗中已經證明此事。

---

[79] 參《楞嚴經》卷4。詳 CBETA, T19, no. 945, p. 123, a。

　　下面舉<u>牛津</u>大學實驗心理學系教授<u>查爾斯 思彭斯</u>(Charles Spence)所作的「多重感官」盛宴實驗。影片內容大略如下：

整個大腦其實都是「多重感覺」的，整個大腦結合了所有的「各種感覺」，一直都是這樣的

要我們把「看到」的和「嚐到」的東西分開，這是不可能的！但是，更令人驚訝的是，當我們涉及到你所「吃」的食物，你的「耳朵」也會生起同樣的重要……當任何人想到口味，首先想到的感覺是「味覺」，但幾乎沒有人會考慮到「聲音」與「食物味覺」的問題。研究結果表明：「聽覺」對「味覺」會有重大的影響！若我們聽見更「高頻」的聲音，會讓人誤認為「洋芋片」更清脆了 15% 以上……傳統的觀點是：你有「五種」外在的感覺……各種感覺都有其「相對應」的「大腦功能區」。我們現在發現，事實上，「信號」是由通過「眼睛、耳朵」再進入大腦，在這的同時，我們的「眼睛」會一直和「耳朵」作交流。故一開始，我們就存在著「多種感覺」在「同時工作」的情形！科學家們說：沒有所謂絕對的「獨立視覺」大腦區域這樣的東西。大腦裡沒有這樣的一個「獨立」區域；僅僅只是在負責「聽覺」！整個大腦其實都是「多重感覺」的，整個大腦結合了所有的「各種感覺」，一直

都是這樣的。所以結果是：我們比想像的要更加熟悉 synaesthetes(聯覺；多重感覺)，我們不應該再認為我們的五個感官會是「分開獨立」的工作；而是像一個「共同整體」下的合作(「眾因緣和合」而生「六塵」的感受)，這是一個具有真正革命性的可能發現！[80]

查爾斯 思彭斯(Charles Spence)教授專門從事多重感官的研究，並獲得第十屆實驗心理學學會獎，英國心理學會認知科獎……等，他的研究結果與《楞嚴經》的內容是一樣的，六根是互相「協調、串聯」在一起運作，只是我們感覺不出來而已。

另一個實驗是由義大利 米蘭大學(Milan)神經生理學家的馬賽洛 馬斯迷你(Marcello Massimini)所做的大腦測試，影片內容大略如下：

「意識」就是大腦不同區域之間的「相互聯結性」(interconnectivity)……在人們睡著的時候，大腦彼此「網絡」之間的「聯繫」只是被暫時關

---

[80] 以述內容詳見影片名稱：「眼見真的為實」？(BBC Horizon 2010：Is Seeing Believing？)。31 分～35 分。

閉。當我們清醒有「意識」的時候，一個「單獨」的刺激便會發動「一連串」的反應，因為它們之間有很強的「聯繫」。「大腦皮層」的不同區域都可以相互交流，由此產生的「綜合結果」，於是就形成了我們的「意識」……這些都被實驗所證實了……「意識」最重要的本質就是在於各種信息的「聯繫」和「整合」(integration)，所以「意識」是大腦「不同區域」之間的「對話」聯繫……它們看似「各個不相同」(diversity)，卻又是「統一作用」(unity)的結果。不同功能的「腦區域」都可以一起互相作「交流、聯繫」(talk together)，大腦在「差異性」(difference)與「統一性」(unity)之間有著獨一無二並且非常精確的「平衡」系統。[81]

（二）一根受損，他根「替用」的人

當人類的某種「感覺器官」受損時，其餘的五種「感覺器官」就會發揮儘量去「替代」的功能(不是人人皆可)，這個是醫學界的常識。例如「眼根」受損的人，就可能借由耳根、手指或舌根，加上後天的不斷的訓練後就可「替代」其「眼根」的功能。「耳根」受損的人，也可訓練用「眼根、手、舌根」去替換。例如：英國盲人克萊爾 闕斯金(Clare Cheskin)盲人女士就擁有「聽聲音」而「看見」事物的能力。影片內容大略說：

---

[81] 以述內容詳見影片名稱：「神秘的你」(BBC The Secret You 2009)。44 分～46 分。

用戶學會用「聲音」來「看東西」的速度

從而使得「克萊爾・闕斯金」（Clare Cheskin）可以用「聲音」來「看見」東西

克萊爾 闕斯金(Clare Cheskin)二十年前失去了視力，但現在，她竟能以「聲音」來「看見」東西……克萊爾 闕斯金憑借著手機攝下的畫面，可以把「畫面」轉換成為「聲音」的軟體而「看到」世界。這個軟體是從網上免費下載到的，是由它的開發者彼得 梅傑(Peter Meijer)博士所提供的。克萊爾 闕斯金只用了幾個月的練習就可以「看到」旁邊的「橫線」和「豎線、曲線、圖案、植物」甚至是「人」。這個軟體還可以在她的「筆電」裏運行……研究表明，用戶學會用「聲音」來「看東西」的速度要比長出新的連接「視神經中樞」和耳朵的「神經元細胞」的速度，都還要快得多。科學家們因此得出結論：大腦是如此的靈活，以至於休眠中的「神經通路」可以重新「活躍」，並被加強！我們都有尚待開發的神經通路，從我們出生起它們就已經存在！[82]

另一位是土耳其天生的盲眼畫家艾斯雷夫 阿馬甘(Esref Armagan 1953～)，他是天生以來就是「沒有雙眼」的藝術畫家，但卻能靠「雙手摸索」加上「意念觀想」而作出美麗的畫來。影片內容大略如下：

[82] 以述內容詳見影片名稱：「天才是怎樣煉成的」(BBC Horizon：What Makes a Genius 2010)。45 分～47 分。

科學家特別興奮的是「艾斯雷夫阿馬甘」對3度空間的掌握

<u>艾斯雷夫 阿馬甘</u>(Esref Armagan)因為「基因」突變，導致「天生」就沒有雙眼，這個明顯的缺陷，卻賦予他最驚人的超能力，他能畫出自己「看不到」的風景……由於我天生「盲眼」，當然無法與其他孩童一樣上小學，因此家父帶我到他的店裡去學習身邊的世界，我用「手」去「摸索」所有的東西。我作畫的方式是開始先「想像」我已「摸索過」的形狀，再從那些「形狀」演變出我想「創作」的畫作。我先在腦海裡做好整張畫的「構圖」，然後才開始畫。<u>艾斯雷夫 阿馬甘</u>的畫作驚人之處在於其「用色、陰影」和「構圖」，還有最重要的「景深」，他畫的東西，竟能將遠方物體逐漸「模糊、淡化」。沒有「眼睛」的人，根本不可能畫出如此「辨識度高」及「構圖優美」的畫像……科學家特別興奮的是<u>艾斯雷夫 阿馬甘</u>對三度空間的掌握能力。[83]

美國<u>加利福尼亞洲</u>盲人<u>丹尼爾 基希</u>(Daniel Kish 1966～)則是利用「回聲定位」來騎單車，他透過勤練與「蝙蝠、海豚」同樣方式的「回聲定

---

[83] 上述內容詳見影片名稱：「超能力人類」(Discovery Channel：Real Superhumans)。26分～32分。

位」，最終可以用「聲音」來「看見」東西。影片內容大略如下：

「丹尼爾・基希」利用「彈舌頭」的聲音，學會了跟
「蝙蝠」或「海豚」般的「回聲定位」功能

我因為「眼癌」(一種「視網膜腫瘤」)而去了二隻眼睛，我是一點「視覺」記憶都沒有的人！儘管丹尼爾 基希(Daniel Kish)是「全盲」完全失明，但他卻能訓練出僅用自己的「聽力」去「看見」世界。我很擅長騎自行車，但卻不太會球類的運動。丹尼爾 基希利用「彈舌頭」的聲音，學會了跟「蝙蝠」或「海豚」般的「回聲定位」(Echolocation)，這是一種靠「聲音」而非靠「光線」來看東西的方式。當丹尼爾 基希發出「得」一聲時，「聲波」便會被附近的物體給「反射」回來，在自己大腦中形成一幅「圖像」……我還可以不用「回聲定位」去騎一小會兒的車車，然後會因為感覺不適當才停車下來……盧茨 維格雷貝(Lutz Wiegrebe)教授認為當丹尼爾 基希發出「聲音」且聽到「聲音」後，竟可「激活」他大腦的「視覺」區域……當人的大腦某一部分「感覺」遺失時，那麼這部分的功能就會被其它形式的「感官」去取代它！[84]

---

[84] 上述內容詳見影片名稱：「眼見真的為實」？(BBC Horizon 2010：Is Seeing Believing？)。40分～45分。

　　丹尼爾 基希(Daniel Kish)後來大力推廣「回聲定位」的「看見」方式，盲人以這種方式而獲得「看見」的人也逐漸變多，如美國盲人「juan ruiz」也利用「回聲定位」騎腳踏車，[85]甚至英國 7 歲盲人「Lucas Murray」還能打藍球，每投必中。[86]。除了「回聲定位」的方式外，在 2009 年的美國威斯康辛州 Wicab 生物醫療公司已開發出一款可以用「舌頭」來傳遞影像的「電子棒棒糖」，稱為「BrainPort Vision Device」的「視覺感應器」，可經由「舌頭」上的「神經」把「影像訊號」傳送到「腦部」解讀，讓使用者不用「眼睛」也能重見「光明」。使用者只需經過一天的練習，就能辨識物體「形狀」及「移動」，一些人甚至練習十五分鐘就能上手。[87]產品設計如下：

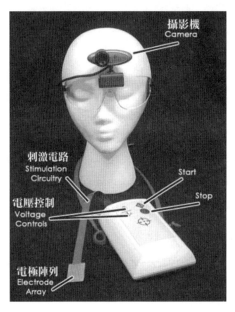
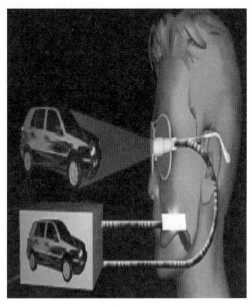

影　片　的　實　際　操　作　內　容　詳　見

---

[85] 詳見影片名稱：「史丹 李的特異功能」(Stan Lee's Superhumans)第一季第 1 集。24 分~31 分。

[86] 詳見影片網址：https://www.youtube.com/watch?v=LqjyUHpg2lY。

[87] 詳見「舌尖感應器，盲人重見光明」一文報導。自由時報。2009/09/03。網址是：http://www.libertytimes.com.tw/2009/new/sep/3/today-int2.htm。

http://www.youtube.com/watch?v=xNkw28fz9u0。

（三）三根「聯覺互用」的人

　　這種情形是「六根」都完備，但其中有一至三根可以互相「串聯」及同時被「啟動」。這個現象在醫學上叫做「聯覺」，它的英文「synesthesia」是來自兩個希臘字「syn」(綜合)＋「aisthesis」(感官知覺)；其分別代表著「聯合」及「知覺」，因此在字義上「聯覺」代表著「結合的知覺」。「聯覺」是指一種「感覺」會伴隨著另一種或多種的感覺同時而生的情況，意即一種刺激可引起多個感官「同時反應」。例如刺激「視覺」，則可以同時引起他的「聽覺」反應，甚至「味覺」也會同時作用。若改成刺激「聽覺」，則可同時激活「視覺」反應，甚至「味覺」也跟著會有作用。造成「看到」了聲音，「感覺」到色彩，「嗅到」形狀，「聽到」顏色的聲音……等的特殊情形。另一種比較少發生的是刺激「觸覺」會引發「視覺」反應，如看到「顏色」。[88]「聯覺」在大腦中的「感受區域」如下所示：

---

[88] 如西班牙《趣味》月刊 2007 年 8 月號文章「感觀麻煩」記載克里斯蒂娜(Kristina)一直希望成為一名鋼琴演奏家，但是每當她坐在琴前，「手指」碰觸琴鍵的時候，一股強烈的「色彩感」就會衝擊全身，就好像遭受了一次棍擊一樣痛苦。這讓她不得不放棄了夢想。克里斯蒂娜的這種感受並非是「幻覺」，而是「聯覺」。詳網路資料 ： A+ 醫 學 百 科 >> 聯 覺 。 http://cht.a-hospital.com/w/%E8%81%94%E8%A7%89#.Uu8BFqPxsWo。

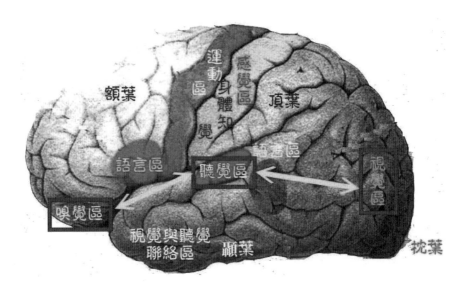

「聯覺」還有另一層意思，比如某些「字、形狀、數字」或「人名」等事物，會和你的「味覺、顏色、感觸」等連結在一起，關於這一種的「聯覺」現象暫不在此討論。

據 Richard E. Cytowic (或 Cytowic, Richard E)之"Tasting colors,smelling sounds"的研究內容中舉出：「聯覺」會讓人在聽見鈴聲時，同時嘴巴也感到「鹹鹹」的味道。在看見「棕色」彩帶時，舌上會有股「酸酸甜甜」的感覺……等。[89]一位著名的蘇聯神經心理學家和發展心理學家亞歷山大‧羅馬諾維奇盧里亞(Alexander Romanovich Luria 1902 – 1977)在他的著作"*The mind of a mnemonist* : a little book about a vast memory."一書中搞敘俄國人 Solomon Veniaminovich Shereshevsky (1886–1958)在聽到「鈴聲」響時，會感覺到一個圓形物在眼前滾過，手指似乎觸到粗糙的繩子，嘴巴鹹鹹的。在聽到一名女子的「說話聲」，就會看到該女子口中不斷吐出「黑色的煤渣」，在面前堆成了一座小山。牧師的「禱詞」在我心中有如隨風四散的「泡沫」。鋸齒狀的線條，令我聽到字母 K 的「聲音」。在聽到 55 赫

---

[89] 詳學術期刊 the Sciences; September / October 1988., Vol. 28 Issue 5, p32。

茲的 100 分貝聲音時，會看到「棕色的帶子」在黑色的襯底上，旁邊鑲了
舌狀的邊，舌頭會如嚐到「羅宋湯」般有股「酸酸甜甜」的滋味……等。
[90]還有，一些被紀念的古人也都擁有「聯覺」，如：

　　俄羅斯畫家和美術理論家 Vasily Kandinsky (painter, 1866～1944)。

　　法國作曲家 Olivier Messiaen (composer, 1908～1992)。

　　法國詩人 Charles Baudelaire (poet, 1821～1867)。

　　匈牙利作曲家 Franz Liszt (composer, 1811～1886)。

　　法國詩人 Arthur Rimbaud (poet, 1854～1891)。

　　美國物理學家，1965 年諾貝爾物理獎得主 Richard Phillips Feynman
　　(physicist, 1918～1988)。[91]

　　世界上有「聯覺」能力的人不多，有報告指出，大約每 10 萬人之中
就會有一個這種「聯覺」的人，醫生們因此很少會有機會接觸該一現象，
[92]大多只將其視為「特異」行為。說不定「聯覺」是人類的「知覺能力」在演

---

[90] 以上內容參閱 Luria, Aleksandr Romanovich (1987). "The mind of a mnemonist : a little book about a vast memory"，（Harvard University Press 哈佛大學出版），p.31.。ISBN 0-674-57622-5。

[91] 關於「聯覺」的國外研究文獻非常多，可參考底下數篇資料：❶ "Hearing colors and tasting shapes".作者：Rouss, Shannan // Self;Jul2002, Vol. 24 Issue 7, p74。❷ "The sweet smell of purple".作者：Motluk, Alison // New Scientist;8/13/94, Vol. 143 Issue 1938, p32。❸ "Synesthesia and blindness: A personal account and informal".作者：Nold, M. Geraldine // Journal of Visual Impairment & Blindness;May/Jun97 Part 2 of 2, Vol. 91 Issue 3, p14。❹ "Synaesthesia: The taste of words on the tip of the tongue".作者：Simner, Julia; Ward, Jamie // Nature;11/23/2006, Vol. 444 Issue 7118, p438。❺ "Alphabet Rainbow".作者：Hailey, Josie // New Moon Network;Sep/Oct2000, Vol. 8 Issue 1, Special Section p36。❻ "Alphabet Rainbow".作者：Halley, Josie // New Moon;Sep/Oct2000, Vol. 8 Issue 1, p36。❼ "Synesthesia".作者：Herman, Steve // Global Cosmetic Industry;Apr2003, Vol. 171 Issue 4, p54。❽ "Alphabet Rainbow".作者：Hailey, Josie // Ask;Apr2011, Vol. 10 Issue 4, p18。❾ "GOOD VIBRATIONS".作者：Holt, Jim // Lingua Franca: The Review of Academic Life;Sep2001, Vol. 11 Issue 6, p60。

[92] 有說約 10 萬分之 1 的人具有「聯覺」。詳網路資料：小小神經科學：聯覺

化過程中所留下的痕跡，這種「聯覺」非常類似佛典中的「六根互用」道
理，但這只能暫時稱作「二根互用、二根聯覺」，或「三根互用、三根聯
覺」。根據資料分析，擁有「聯覺」的人分類如下：[93]

女人	在美國有「聯覺」的女人是男人的三倍，在英國則是八倍，造成男女差異的原因不明。[94]
左撇子	「左撇子」的比例較一般人多。
神經病理上正常	有「聯覺」的人有正常，或高於平均的智商，而且他們的神經病理測試都是正常的。[95]
在同一家庭中	「聯覺」似乎是以某種形式的遺傳，它可能是「顯性」的，且位於 X 染色體上。
具有「隱喻思維」能	較正常人多 8 倍的多重感官「聯覺」能力。[96]

http://www.dls.ym.edu.tw/neuroscience/syne_c.html。據劍橋大學心理學家西蒙 巴隆
-柯恩(Simon Baron-Cohen)指導的「聯覺」研究組發現，每 2000 人當中就有 1 人擁有
「聯覺」能力。詳網路資料：A+醫學百科 >> 聯覺。http://cht.a-
hospital.com/w/%E8%81%94%E8%A7%89#.Uu8BFqPxsWo。或參閱 Carpenter, Siri
    "Is There a Normal Phase of Synaesthesia in Development?" American Psychological
    Association ,March 2001, Vol 32, No. 3。或 Harrison, J.E., & Baron-Cohen, S. (Eds.)
    (1996). "Synaesthesia: Classic and contemporary readings". Cambridge, MA:
    Blackwell。

[93] 以下資料參考網站：http://www.dls.ym.edu.tw/neuroscience/syne_c.html 的說明。

[94] 根據 2006 年愛爾蘭的都柏林三一學院(TCD。College of the Holy and Undivided Trinity of
    Queen Elizabeth near Dublin)的心理學家公布的一項研究結果顯示：42%的「聯覺」者
    在家譜的同一等級中擁有一位親屬具備同樣的能力。一些理論認為，「聯覺」現象
    與「X 染色體」有關，這也就解釋了為什麼「聯覺」者大多數是「女性」的原因。以
    上資料來源詳於「醫學百科‧聯覺」。網址如下：http://cht.a-
    hospital.com/w/%E8%81%94%E8%A7%89#.Uu5VHKPxsWo。

[95] 關於這個說法仍有例外，最近加拿大一名 45 歲中年男子在第二次「中風」後，感官
    竟產生「聯合感覺」(synesthesia)現象的病態。他在「聽到」007 詹姆斯龐德的主題音
    樂時，會產生「性高潮」的感覺，且還會莫名地會看到「藍色的影像」。詳見| ETtoday
    國際新聞，2013 年 8 月 1 日。
    http://www.ettoday.net/news/20130801/249562.htm#ixzz2sDpk6rB6。

[96] 此說法乃由印度神經學家維蘭努亞 拉瑪錢德朗(Dr. Vilayanur Ramachandran)醫生的

力的藝術家、詩人、作家	

　　最近瑞士<u>蘇黎世</u>大學的神經心理學家<u>傑尼克</u>教授(Dr. Lutz Jäncke 1957～)就公開說：截至 2010 年止，全世界 68 億人口中，能聽到「聲音」也可同時看見「顏色」者，不到 1 千人。能聽到「聲音」也可同時嚐到「味道」者，不到 500 人。能聽到「聲音」可同時嚐到「味道」和看見「顏色」者，可能不到 1 人。[97]<u>瑞士</u>的<u>伊莉莎白蘇賽爾</u>(Elizabeth Salser)是唯一可以同時「看見」音樂、「嚐到」音樂味道，她的「視、聽、味」三覺三識是一體的。影片內容大略如下：

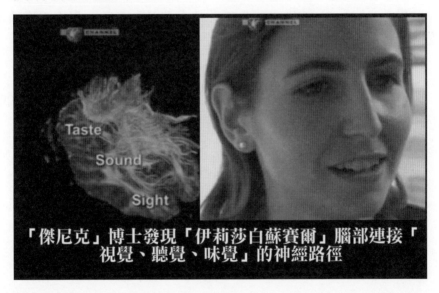

「傑尼克」博士發現「伊莉莎白蘇賽爾」腦部連接「視覺、聽覺、味覺」的神經路徑

　　瑞士的<u>伊莉莎白蘇賽爾</u>(Elizabeth Salser)有獨特的基因，她的「基因」賦予她最棒的超能力，讓她的「感官」能夠融合。我一直看到「顏色」，

　　「探索心靈的旅程」TED 演講稿。詳影片網址：http://www.ted.com/talks/lang/zh-tw/vilayanur_ramachandran_on_your_mind.html。

[97] 這個數字很難準確的說。據傑尼克教授(Dr. Lutz Jäncke)在影片「超能力人類」(Discovery Channel：Real Superhumans)裡面說只有 1 人。但根據筆者收集到的人物，至少 2 人以上。

我走到哪裡都有「顏色」。我看到一條「帶子」上面有很多「顏色」。我走在街上聽到「汽車聲」或手機「鈴聲」。若我能聽到「音調」，就會看到「顏色」，若聽到狗吠，或鳥鳴，那就像音樂一樣，會有很多「顏色」……瑞士蘇黎世大學的神經心理學家傑尼克教授(Dr. Lutz Jäncke)說：世界上沒有其他的「通感者」能有伊莉莎白蘇賽爾這種能力，我可以說她的能力是世界上獨一無二的，是唯一能結合「顏色、聲音」和「味覺」的人……傑尼克教授掃描她的腦部，發現她的「腦神經」連結情況，與常人不同，她的「顏色、味覺、聽覺」三個區域都有特殊的「連結」點，一般人腦部的這三個區域幾乎是處於「休眠」狀態……我不喜歡去「迪斯可舞廳」，因為那裡的「音樂顏色」不好看，音樂「味道」也不好吃。我不喜歡太強的「低音」，因為我會看到「黑色的方塊」。[98]

另一位「三根聯覺」的是英國人菲利帕 斯坦頓(Philippa Stanton)，她也是位「三根互用」的人。影片內容大略如下：

---

[98] 上述內容詳見影片名稱：「超能力人類」(Discovery Channel：Real Superhumans)。21分～25分。

人類「五個感官」並不是「獨立分開」在工作的。因此，當我「聽」到「海浪聲」時，巨大的「轟鳴聲」組成了「海浪」，「轟鳴聲」是「深藍色」的。「海浪」拍打「沙灘」的聲音，是一種類似「橙黃色」，還帶點「白色」的形狀。我能更早聽到「風聲」，它是一種「長條狀」的，有點像「鯖魚片」……我擁有「共同」的「感知」，當我的「味覺、嗅覺、聽覺」工作時，我會看到「視覺」圖像，同時「形狀、顏色、觸覺」都會伴隨著感覺而一起作用……「共通感覺」有助於<u>菲利帕 斯坦頓</u>(Philippa Stanton)發揮她的「藝術創造力」……Dr.Noam Sagiv 博士花了整個職業生涯在研究「共通感知」(聯覺現象 synaesthetes)，試圖弄懂他們的大腦中存在著怎樣的「聯繫」。[99]

---

[99] 上述內容詳見影片名稱：「眼見真的為實」？(BBC Horizon 2010：Is Seeing Believing？)。25 分～30 分。

結論

　　本章從「經典、義理、哲理、科學實驗、特異功能人士」等多方面探討了《華嚴經》的「六根互用」義，說明「六根互用」並非遙不可及、或不切實際的佛理。諸佛能以「眼、耳、鼻、舌、身、意」六根中任何一根，即能具足「見色、聞聲、嗅香、別味、覺觸、知法」的能力。詳細說就是單一「眼根」就可具足「見色、聞聲、嗅香、別味、覺觸、知法」的能力；或單一「耳根」也可運行「見色、聞聲、嗅香、別味、覺觸、知法」的作用，其餘諸根皆同此類推，這是「六根互用」的完整定義。

　　但當人的某一個感覺器官受損時，有時另一器官會想辦法去替代該器官的工作(不是人人皆可)。如「眼根」壞時，「耳根」或「手指」[100]會取代「眼識」的功能。「耳根」壞時，「眼根」會取代「耳識」的功能。「鼻根」壞時，「舌根」會取代「鼻識」的功能……等，這些「替代」的能力大多靠後天不斷的練習得來，這與諸佛菩薩靠修行所證得「六根互用」自是不同的。

　　另一種是屬於「三根互用、三根聯覺」的情形，這與「六根互用」也稍為不同。「三根聯覺」會讓你的「眼識、耳識、舌識」同時互相作用，如單一的「眼識」會同時啟動「耳識、舌識」的作用；單一的「耳識」會同時開啟「眼識、舌識」的功能；單一的「舌識」會同時觸發「眼識、耳識」的感覺。「三根聯覺」不能像「六根互用」那麼厲害——單一「根」就可具足

---

[100] 近年來前台大校長<u>李嗣涔</u>教授是專門訓練「手指識字」的人，他訓練 6 至 13 歲的兒童利用「手指」來「識字」，經過九年超過 3000 次的實驗，「手指」能「識字」的生理功能也愈來愈清楚。<u>李嗣涔</u>教授所開設的「手指識字訓練班」，找了約七十位 7 到 14 歲兒童，受訓只有四天，有十一人就可以達到「手指識字」的能力。詳細過程可參閱影片名稱「人體身心靈科學」。網址：http://www.youtube.com/watch?v=qhgrgPXfx9U （上集）。及 http://www.youtube.com/watch?v=tgBxhpaTQWA (下集)。

「見色、聞聲、嗅香、別味、覺觸、知法」的能力——。

在《華嚴經》的「離世間品」上說諸佛有十種的「六根妙用」（經文的詳細比對內容將「附錄」於後面），在「十定品」說菩薩只要能入「法界自在三昧」就可獲得「十千億的諸根及神通」。[101]在「佛小相光明功德品」也說菩薩能放大光明，令眾生的「十種六根」皆能獲得清淨。如經云：

> 又菩薩摩訶薩於「兜率天」，放大光明，名曰幢王，普照十世界微塵數剎，遍照彼處地獄眾生，滅除苦痛。令彼眾生十種「眼、耳、鼻、舌、身、意」，諸根行業，皆悉清淨。[102]

「十迴向品」也說菩薩發心迴向時，都願眾生所有諸根能得「神通」。如云：「佛子！菩薩摩訶薩如是迴向時，發歡喜心；為令一切眾生得利益安樂故……為令一切眾生所有『諸根』咸得『神通』」。[103]

上述所舉的經文明確的說不只諸佛菩薩擁有十種的「六根妙用」，一般眾生也都具有此「未開發」的能力；看似件不可能的任務，但最近一組科學家在人類身上進行測試，讓人類能擁有更多的感知能力。例如在一位志願者烏多・瓦赫特(Udo Wachter)身上連續六周都配帶著一種能感到「地磁北極」的「振動感應器」(vibrating sensory device)，經過六周後，再請志願者烏多・瓦赫特閉上眼睛，結果竟然訓練出與鳥類一樣的「超感官」能力，可以重新走回到「原始點」。影片內容大略如下：

---

[101] 如《大方廣佛華嚴經》卷42〈27 十定品〉云：「佛子！云何為菩薩摩訶薩『法界自在三昧』……菩薩……獲得十千億『諸根』，圓滿十千億『神通』」。詳 CBETA, T10, no. 279, p. 220, c。

[102] 參《大方廣佛華嚴經》卷32〈30 佛小相光明功德品。詳 CBETA, T09, no. 278, p. 605, a。

[103] 參《大方廣佛華嚴經》卷29〈25 十迴向品〉。詳 CBETA, T10, no. 279, p. 158, a。

一種能夠讓穿戴者感受到「地磁北極」的「振動感應器」（vibrating sensory device）

在德國的奧斯納布呂克小鎮，一組科學家已經開創了突破性的新實驗，努力賦予一個人一種「全新的感官」。人類是否可以利用地球的「磁場」，就像鳥類那樣？利用地球的「磁場」來增強我們的「感官系統」，擴展人類新的「感官經歷」。在過去的六年裏，我們研究出一種能夠讓穿戴者感受到「地磁北極」的「振動感應器」(vibrating sensory device)……烏多·瓦赫特(Udo Wachter)是參與這項研究的志願者之一，在怪異的六個星期內，烏多·瓦赫特每時每刻都穿戴著那樣的「皮帶」……經過六周的強化訓練後，烏多·瓦赫特必須「蒙上眼睛」，在一片從未見過的地方摸索，甚至故意讓他迷失方向。結果烏多·瓦赫特依然能夠以驚人的準確度，靠著「振動感應器」找回到原始的起路點。這一項看似不可能的任務，竟然在戴上「振動感應器」皮帶後，就好像具備了一種「全新的感官」。烏多·瓦赫特說：種種「全新的感官」一直都存在，好像它已變成我身體的感官功能……經過了這個科學的嘗試，「空間感應皮帶」的確為我們提供了全新的設想，這表示我們人類也許不會被「先天的感官」所限制，我們有無限開發的「潛

能」！[104]

　　從影片的實驗可知人類的確可以透過後天的訓練而獲得「全新的感官」。最近美國漫畫家、編輯、演員、製作人、出版人、電視名人的史丹・李（Stan Lee，1922～）從 2010 年 8 月 5 日開始製作一系列的影片名為「史丹・李的特異功能」(Stan Lee's Superhumans)，目前已製作了二季共 21 部影片，收集了全世界上各式各樣擁有「特異功能」的人士，當然很多內容也涉及類似「六根互用」的「特異功能」人士。例如：以色列人 Guy Bavli 能完全利用「念力」去「移動物體」，這是「意根」取代「身根」的能力。[105] 俄羅斯盲人 Alexandra Levit 擁有超級的「視力」，能在黑暗房間中「完全清晰能見」；是「意根」取代「眼根」。[106]德國人馬果拉(Miroslaw Magola)也利用「念力」去吸住「物體」。[107]

　　這些號稱「特異功能」的人士就如《法界安立圖》上所說的：或「修得」、或「報得」。[108]可能是「後天修習」而得，或是「先天報感」而得，這些案例在今日數位科技日異創新下；只會增加，不會減少。同理可推，諸佛菩薩透過不斷的「修習、薰習」戒定慧、六波羅蜜，最終證得十種「六根妙用」的不可思議境界，也絕不是虛構的！

---

[104] 上述內容詳見影片名稱：「眼見真的為實」？(BBC Horizon 2010：Is Seeing Believing ?)。51 分～56 分。

[105] 詳見影片名稱：「史丹 李的特異功能」(Stan Lee's Superhumans)第二季第 9 集。3 分~9 分。

[106] 詳見影片名稱：「史丹 李的特異功能」(Stan Lee's Superhumans)第二季第 12 集。2 分~14 分。

[107] 詳見影片名稱：「史丹 李的特異功能」(Stan Lee's Superhumans)第一季第 5 集。16 分~26 分。

[108] 參清・仁潮錄《法界安立圖》卷 1。詳 CBETA, X57, no. 972, p. 443, c // Z 2B:23, p. 457, d // R150, p. 914, b。

附錄：《度世品經》與六十、八十《華嚴經》「離世間品」的十種「六根」義比對

（一）十種眼

西晉‧竺法護譯《度世品經》	東晉‧佛馱跋陀羅譯六十《華嚴經‧離世間品》	唐‧實叉難陀譯八十《華嚴經‧離世間品》
㊀菩薩眼有十事。	㊀佛子！菩薩摩訶薩有十種眼。	㊀佛子！菩薩摩訶薩有十種眼。
㊁何謂為十？	㊁何等為十？所謂：	㊁所謂：
❶則以肉眼，皆見諸色。	❶肉眼，見一切色故。	❶肉眼，見一切色故。
❷又以天眼，普見眾生心意所念。	❷天眼，見一切眾生死此生彼故。	❷天眼，見一切眾生心故。
❸以智慧眼，觀黎庶根。	❸慧眼，見一切眾生諸根故。	❸慧眼，見一切眾生諸根境界故。
❹復以法眼，皆見諸法之所歸趣。	❹法眼，見一切法真實相故。	❹法眼，見一切法如實相故。
❺佛正覺眼，悉見如來諸十種力。	❺佛眼，見如來十力故。	❺佛眼，見如來十力故。
❻以聖慧眼，見除一切諸非法事。	❻智眼，分別一切法故。	❻智眼，知見諸法故。
❼以光明眼，演佛威	❼明眼，見一切佛光	❼光明眼，見佛光明

燿普有所照。	明故。	故。
❽以導利眼，捐棄一切貢高自大。	❽出生死眼，見涅槃故。	❽出生死眼，見涅槃故。
❾以無為眼，所覩無礙。	❾無礙眼，見一切法無障礙故。	❾無礙眼，所見無障故。
❿一切智眼，普見十方一切法門。	❿普眼，平等法門見法界故。	❿一切智眼，見普門法界故。
㈢是為菩薩十事眼也。	㈢佛子！是為菩薩摩訶薩十種眼。若菩薩摩訶薩成就此眼，則得一切諸佛無上大智慧眼。	㈢是為十。若諸菩薩安住此法，則得如來無上大智慧眼。

（二）十種耳

西晉・竺法護譯 《度世品經》	東晉・佛馱跋陀羅譯 六十《華嚴經・離世間品》	唐・實叉難陀譯 八十《華嚴經・離世間品》
㊀菩薩耳有十事。	㊀佛子！菩薩摩訶薩有十種耳。	㊀佛子！菩薩摩訶薩有十種耳。
㊁何謂為十？	㊁何等為十？所謂：	㊁何等為十？所謂：
❶聞嗟歎德，斷諸結著。	❶聞讚歎聲，斷除貪愛。	❶聞讚歎聲，斷除貪愛。
❷若聞謗毀，除諸所受。	❷聞毀訾聲，斷除瞋恚。	❷聞毀呰聲，斷除瞋恚。
❸若聞「聲聞、緣覺」之事，不以喜悅、亦不志求。	❸聞「聲聞、緣覺」聲，不起求心。	❸聞說二乘，不著不求。
❹若聞嗟歎菩薩之行，歡悅無量。	❹聞菩薩道聲，發起歡喜奇特之心。	❹聞菩薩道，歡喜踊躍。
❺閉塞地獄、餓鬼、畜生。假使生貧八難厄者，為興大哀。	❺聞「地獄、畜生、餓鬼、閻羅王、阿脩羅、一切難處貧苦」音聲，發起大悲莊嚴而自莊嚴。	❺聞地獄等諸苦難處，起大悲心，發弘誓願。
❻聞生「天上、人中」安處，知皆無常，志慕大道。	❻聞「天、人」趣勝妙音聲，觀一切法皆悉無常。	❻聞說「人、天」勝妙之事，知彼皆是無常之法。

❼若聞諮嗟諸佛功勳，益加精進，具足此業。	❼聞佛功德音聲，勤修精進究竟滿足一切功德。	❼聞有讚歎諸佛功德，勤加精進，令速圓滿。
❽若復得聞「諸(六)度無極(波羅蜜)」，及與「四恩菩薩」法藏，一切精修，皆能通達，備悉是事。	❽聞「波羅蜜、四攝菩薩」經藏音聲，發究竟心到於彼岸。	❽聞說「六度、四攝」等法，發心修行，願到彼岸。
❾佛子當知：諸菩薩眾，十方世界諸佛所宣義理之業，諸開士等皆悉聞之。諸所可聽，解無所有。	❾聞十方世界一切音聲，悉了如響。	❾聞十方世界一切音聲，悉知如響，入不可說甚深妙義。
❿又其菩薩耳，所聞法悉等一定，從初發意至於道場，坐佛樹下得成為佛，開化眾生未曾懈廢。	❿菩薩摩訶薩從初發心乃至道場，常正受法耳，而亦不捨教化成熟一切眾生。	❿菩薩摩訶薩從初發心乃至道場，常聞正法未曾暫息，而恒不捨化眾生事。
㊌是為菩薩十事耳也。	㊌佛子！是為菩薩摩訶薩十種耳。若菩薩摩訶薩成就此耳，則得一切諸佛無上大智慧耳。	㊌是為十。若諸菩薩成就此法，則得如來無上大智慧耳。

（三）十種鼻

西晉・竺法護譯 《度世品經》	東晉・佛馱跋陀羅譯 六十《華嚴經・離世間品》	唐・實叉難陀譯 八十《華嚴經・離世間品》
壹菩薩鼻有十事。	壹佛子！菩薩摩訶薩有十種鼻。	壹佛子！菩薩摩訶薩有十種鼻。
貳何謂為十？	貳何等為十？所謂：	貳何等為十？所謂：
❷若遇美香，不以識樂。	❶所聞穢氣，觀察不臭所。	❶聞諸臭物，不以為臭。
❶若遭臭穢，不以患厭。	❷聞香氣，觀察不香所。	❷聞諸香氣，不以為香。
❸等察香臭，不以殊特。	❸聞香臭，觀察平等。	❸香臭俱聞，其心平等。
❹觀諸香臭，悉無所有。	❹聞「非香、非臭」，觀察捨離。	❹非香非臭，安住於捨。
❺「衣服、臥具、禮節」香臭，「婬、怒、癡」事皆以等心，入此眾生。	❺聞「衣服、床褥、臥具」及「身肢節」香，則知彼人「貪、恚、愚癡」等分煩惱。	❺若聞眾生「衣服、臥具」及其「肢體」所有香臭，則能知彼「貪、恚、愚癡」等分之行。
❻其諸「大藏、樹木」眾香，咸悉觀之，知無有香。	❻聞「大寶藏、諸藥草」香，悉能了知一切寶藏。	❻若聞諸「伏藏、草木」等香，皆如對目前，分明辨了。
❼下「無擇獄」，盡於上	❼聞下至「阿鼻地獄」，	❼若聞下至「阿鼻地

界「三十三天」。其中所有一切「名香」，僉無所著，悉說本末。	上至「非想非非想處」眾生之香，悉能了知諸根本行。	獄」，上至「有頂」眾生之香，皆知彼過去所行之行。
❽得聽聲聞「戒禁、博聞、布施、智慧道法」之香。慕一切智，心未曾變。	❽聞聲聞「施、戒、聞、慧」香，住一切智心，未曾散亂。	❽若聞諸聲聞「布施、持戒、多聞、慧」香，住一切智心，不令散動。
❾假使得蒙諸菩薩行，則以修智如來等地。	❾聞一切菩薩行香，攝取如來智地。	❾若聞一切菩薩行香，以平等慧入如來地。
❿若具如來境界慧香，不斷菩薩上妙道行。	❿聞一切佛智境界香，不斷菩薩所行。	❿聞一切佛智境界香，亦不廢捨諸菩薩行。
㊣是為菩薩十清淨香。	㊣佛子！是為菩薩摩訶薩十種鼻。若菩薩摩訶薩成就此鼻，則得一切諸佛無量無邊無上清淨鼻。	㊣是為十。若諸菩薩成就此法，則得如來無量無邊清淨鼻。

（四）十種舌

西晉・竺法護譯《度世品經》	東晉・佛馱跋陀羅譯六十《華嚴經・離世間品》	唐・實叉難陀譯八十《華嚴經・離世間品》
㊀菩薩舌有十事。	㊀佛子！菩薩摩訶薩有十種舌。	㊀佛子！菩薩摩訶薩有十種舌。
㊁何謂為十？	㊁何等為十？所謂：	㊁何等為十？所謂：
❶口演無盡眾生之行。	❶分別解說一切眾生無盡行舌。	❶開示演說無盡眾生行舌。
❷班宣無量諸經典教。	❷分別解說無盡法舌。	❷開示演說無盡法門舌。
❸諮嗟無限諸佛功勳。	❸讚歎諸佛無盡功德舌。	❸讚歎諸佛無盡功德舌。
❹歌歎無窮滅度辯才。	❹無盡辯舌。	❹演暢辭辯無盡舌。
❺頌說無際大乘之業。	❺演說無盡大乘法舌。	❺開闡大乘助道舌。
❻其口言辭遍十方空。	❻普覆十方虛空界舌。	❻遍覆十方虛空舌。
❼其大光明照諸佛土。	❼普照一切佛世界舌。	❼普照一切佛剎舌。
❽口所說言皆使眾生各各得解。	❽平等讚歎一切眾生舌。	❽普使眾生悟解舌。
❾其辭與同口所宣	❾隨順諸佛令歡喜	❾悉令諸佛歡喜舌。

者，十方諸佛咸共歎之。	舌。	
❿一切眾魔，及外「讎敵、塵勞、生死」悉自然除，至「寂無為」。	❿降一切魔及諸外道，除滅一切生死煩惱，悉令眾生至涅槃舌。	❿降伏一切諸魔外道，除滅一切生死煩惱，令至涅槃舌。
㊣是為菩薩所說口舌。	㊣佛子！是為菩薩摩訶薩十種舌。若菩薩摩訶薩成就此舌，則得諸佛無上大金剛舌，普覆一切世界。	㊣是為十。若諸菩薩成就此法，則得如來遍覆一切諸佛國土無上舌。

（五）十種身

西晉・竺法護譯 《度世品經》	東晉・佛馱跋陀羅譯 六十《華嚴經・離世間品》	唐・實叉難陀譯 八十《華嚴經・離世間品》
壹菩薩軀有十事。	壹佛子！菩薩摩訶薩有十種身。	壹佛子！菩薩摩訶薩有十種身。
貳何謂為十？謂：	貳何等為十？所謂：	貳何等為十？所謂：
❶受人身，則以人言而開化之。	❶人身，教化成熟一切人故。	❶人身，為教化一切諸人故。
❷亦復訓導諸非人形，「地獄、餓鬼、畜生」令隨律教。	❷非人身，教化成熟「地獄、畜生、餓鬼、閻羅王」故。	❷非人身，為教化「地獄、畜生、餓鬼」故。
❸生在天身，又復教授諸天人像，「欲行天人」及「無色天」。	❸天身，教化成熟「欲界、色界、無色界」眾生故。	❸天身，為教化「欲界、色界、無色界」眾生故。
❹有「在學者」，則以「學地」而誘進之。	❹學身，示現學地故。	❹學身，示現學地故。
❺向「無學身」，為現羅漢無所著事。	❺無學身，示現阿羅漢地故。	❺無學身，示現阿羅漢地故。
❻在緣覺軀，為導緣覺所當奉律。	❻緣覺身，教化令入緣覺地故。	❻獨覺身，教化令入辟支佛地故。
❼在菩薩形，則為顯示大乘之業。	❼菩薩身，積集大乘故。	❼菩薩身，令成就大乘故。
❽如來至真，其慧無	❽如來身，授如來智	❽如來身，智水灌頂

限，隨時說現、見諸自大 ❾以權方便，而發起之。 ❿法身無漏，悉無所有，普現諸身。	記故。 ❾摩㝹摩身，巧方便出生無量功德故。 ❿無漏法身，以少方便普現一切眾生身故。	故。 ❾意生身，善巧出生故。 ❿無漏法身，以無功用示現一切眾生身故。
㊜是為菩薩十身。	㊜佛子！是為菩薩摩訶薩十種身。若菩薩摩訶薩成就此身，則得一切諸佛無上法身。	㊜是為十。若諸菩薩成就此法，則得如來無上之身。

（六）十種意

西晉・竺法護譯《度世品經》	東晉・佛馱跋陀羅譯六十《華嚴經・離世間品》	唐・實叉難陀譯八十《華嚴經・離世間品》
壹菩薩有十意行。	壹佛子！菩薩摩訶薩有十種意。	壹佛子！菩薩摩訶薩有十種意。
貳何謂為十？	貳何等為十？所謂：	貳何等為十？所謂：
❶念於本宿命，一切所行。	❶上首意，出生一切善根故。	❶上首意，發起一切善根故。
❷衆德之本，建立其意，常奉要義。	❷隨順佛教意，如說修行故。	❷安住意，深信堅固不動故。
❸心所入者，常志佛道。	❸深入意，解一切佛法故。	❸深入意，隨順佛法而解故。
❹極至原際，愍衆生身。	❹内意，深入衆生希望故。	❹内了意，知諸衆生心樂故。
❺念無煩擾，斷衆塵勞。	❺不亂意，不為煩惱所亂故。	❺無亂意，一切煩惱不雜故。
❻其意顯曜，不與客塵而俱合同。	❻清淨意，不受垢染故。	❻明淨意，客塵不能染著故。
❼念擇善行，察之隨時而無所犯。	❼善調伏意，不失時故。	❼善觀衆生意，無有一念失時故。
❽諦觀罪福，不造殃釁。	❽正思惟業意，遠離一切惡故。	❽善擇所作意，未曾一處生過故。
❾思諸德根，諸根寂	❾調伏諸根意，於境	❾密護諸根意，調伏

定，制不放逸。	界中諸根不馳騁故。	不令馳散故。
❿其志澹泊，求佛定意。	❿深定意，佛三昧不可稱量故。	❿善入三昧意，深入佛三昧，無「我、我所」故。
㈢是為菩薩十意之行。	㈢佛子！是為菩薩摩訶薩十種意。若菩薩摩訶薩成就此意，則得一切諸佛無上意。	㈢是為十。若諸菩薩安住此法，則得一切佛無上意。

第五章 《華嚴經》華藏世界的宇宙論與科學觀

本章發表於 2010 年 3 月 28 日(星期日)中華民國現代佛教協會主辦之「2010 華嚴學術研討會」。當天與會學者為本文提供諸多寶貴意見,經筆者多次修潤後已完成定稿。

本章亦刊載於中華民國佛教華嚴學金的「華嚴學報」第二期。頁 257~305。

文中的「彩圖」已轉成「灰階圖色」,如果需要參考「彩圖」者可另閱筆者的《果濱學術論文集(一)》。2010 年 9 月。萬卷樓圖書股份有限公司發行。頁 125~233。

毘盧遮那(Vairocana)如來示現法界無盡身雲，周遍微塵剎海，於「十處」中常說《華嚴》大經，令眾生皆歸性海，其中佛所宣講的「華藏莊嚴世界」處即在中央「普照十方熾然寶光明世界種」，如唐·澄觀(738～839)《大方廣佛華嚴經隨疏演義鈔·卷四》在「說經處文」底下說：

> 言「遍剎種」者，即取最中「無邊妙華光香水海」中「普照十方熾然寶光明世界種」，其中攝「二十重」佛剎微塵數世界，結有不可說佛剎微塵數世界，於中布列。今遮那亦遍其中……謂遍「華藏」一界，有前十不可說佛剎微塵數「世界種」，既皆如來修因之所嚴淨故，常處「其中」，而演說法。[2]

唐·法藏(643～712)《華嚴經傳記》亦云：

> 案此經是毘盧遮那佛法界身雲，在「蓮華藏莊嚴世界海」，於海印三昧內，與普賢等海會聖眾，為大菩薩之所說也，凡一言一義，一品一會，皆遍十方虛空法界及一一微塵毛端剎土。[3]

可見如來是在「普照十方熾然寶光明世界」的二十重「華藏世界」中宣講《華嚴經》，如此更顯出「華藏莊嚴世界」在《華嚴經》中的重要性，故凡欲研究《華嚴經》者，不可不徹底了解「華藏莊嚴世界」的構造。

---

[1] 唐·法藏謂《華嚴經》之說處、說會及品數為「七處、九會、三十九品」。而唐·李通玄、澄觀則認為應作「十處、十會、四十品」。詳《大正藏》第十冊頁462中。或見於唐·澄觀《大華嚴經略策·卷一》云：「若散取經文，總有十處。初此閻浮。二周百億。三遍十方。四盡塵道。五通異界。六該剎塵。七重攝剎。八復重收。九猶帝網。十餘佛同」。詳《大正藏》第三十六冊頁702下。

[2] 詳《大正藏》第三十六冊頁25中。

[3] 詳《大正藏》第五十一冊頁153上。

　　當今佛教學界凡是提到佛典中的「宇宙天文」時，必定不會錯過介紹「華藏莊嚴世界」，主要的研究資料大多取材於明代仁潮集錄的六卷《法界安立圖》，此書收於 CBETA 版卍續藏的第五十七冊，成書於明神宗萬曆十二年(公元 1584)。內容敘述世界建立之次第，共分為七章。其中「第五章遊諸佛剎」即討論「華藏莊嚴世界」，但他將二十重的「世界種」造形命名為「**一浮幢佛剎圖**」[4]；將圍繞在「**普照十方熾然寶光明世界種**」周圍的十個「世界種」命名為「**十浮幢佛剎圖**」，[5]至於全部的「**華藏莊嚴世界海**」[6]圖畫名稱則不變。以當時有限的繪圖技術及資料不全下已算完滿，這個原始藍圖也成了近代佛教學界互相模仿的對象。筆者在撰寫本章時也參考過許多前人及網路上的繪圖，[7]大致不離《法界安立圖》模式，或者再加上電腦重繪重製作。

　　本章並不以所重繪製的「華藏莊嚴世界」為主軸，重點將放在二十重「世界種」與具有 111 個「世界種」的「華藏莊嚴世界海」作科學比對研究，進一步說明「二十重世界種、華藏世界」都非是「紙上談兵」；或只是一種「精神境界」。在當今頂尖高科技望遠鏡研究下，科學家已有能力證明宇宙間至少有 1000 億個與我們這個太陽系相似的「銀河系」，經典上所說的「華藏世界」只是其中 60 個「銀河系」而已(請參內文說明)。

---

[4] 詳《卍續藏》第五十七冊頁 481 下。

[5] 詳《卍續藏》第五十七冊頁 483 上。

[6] 詳《卍續藏》第五十七冊頁 484 中。

[7] 如：❶釋天蓮，〈《八十華嚴經‧華藏世界品》之探究〉（台北華嚴專宗學院大學部第七屆畢業論文，1999 年 6 月 1 日）。
　　❷李治華〈華藏世界安立圖象新詮〉，《華嚴專宗學院佛學研究所論文集‧七》（台北，華嚴蓮社出版，1997 年 10 月 16 日）。
　　❸陳琪瑛《華嚴經‧入法界品：空間美感的當代詮釋》（台北，法鼓出版社，2007年 09 月 01 日）。
　　❹龍樹菩薩釋，迦色編著《圖解華嚴經：讀懂經中之王》（陝西師範大學出版社，2008 年 04 月 01 日）。

近代熱門的「弦理論」(string theory)，也已開拓到十維或二十六維的空間[8]，M 理論(M theory)則到十一維空間，[9]甚至宇宙間有 1×10^{500} 個「平行宇宙」(parallel universes)存在(以上請參內文說明)，故《華嚴經》二十重的「世界種」構造皆可從天文科學中得到完整的解釋，這也是本章最大的研究目標。

---

[8] 史蒂芬·霍金著，許明賢、吳忠超譯：《時間簡史》的「第十一章物理學的統一」中說：「『弦理論』有更大的問題……時空是十維或二十六維的」。湖南科學技術出版社。2001 年 3 月第 2 版第 21 次印刷。頁 92。

[9] 「弦理論」(string theory)的數學方程要求空間是九維的，再加上時間維度，總共是十維時空。更進一步的研究表明，若由 M 理論來說，則最大的維數是十一維的。詳格林(BrianGreene)著，李泳譯《宇宙的琴弦》P.180～181。湖南科學技術出版社。2007年 06 月。

第一節 二十重「世界種」的宇宙論與科學觀

《華嚴經》中所說的「世界種」即是「世界種類、世界類別」的一種稱呼，如唐・<u>李通玄</u>(635～730)《新華嚴經論・卷十三》云：「其『世界種』者，同流所居，名之曰『種』。『種』者『種類』也」。[10]

古人對於「世界種」的定義難以讓現代人理解，如隋・<u>慧遠</u>(523～592)《維摩義記・卷一》云：

> 此三千世界同時成壞故，合爲一名「世界刹」。
> 數此至於「恒河沙數」，名「世界性」。
> 此性爲一，數復至於恒河沙數，名「世界海」。
> 海復爲一，數至於恒河沙數，名「世界種」。
> 「種」復爲一，數之至於恒河沙數，名「一佛界」。[11]

唐・<u>李通玄</u>(635～730)《新華嚴經論・卷七》亦云：

> 如三乘中所説，「世界種」者，
> 數三千大千之刹，至一恒河沙，爲一「世界性」。
> 數「性世界」至恒河沙，爲一「世界海」。
> 數「海世界」至恒河沙，爲一「世界種」。
> 如此經世界，並數一佛刹微塵、二佛刹微塵、三佛刹微塵，如是倍增至最上重中「二十佛刹」微塵數世界。[12]

---

[10] 詳《大正藏》第三十六冊頁 803 中。
[11] 詳《大正藏》第三十八冊頁 431 下。
[12] 詳《大正藏》第三十六冊頁 760 中。

實際上「世界種」的定義就是共有「二十層」(二十重)互相圍繞、互為主伴[13]的佛剎世界，由下往上，總共有二百一十個佛剎。如：唐·<u>李通玄</u>(635～730)《新華嚴經論·卷七》云：

> 上下各且「二十重」蓮華藏世界……如是上下通數，總「二百一十」佛剎微塵數廣大剎，始成一「世界種」。[14]

之後的唐·<u>澄觀</u>(738～839)《大方廣佛華嚴經疏·卷十二》亦云：

> 二十重，其能繞剎，但有「二百一十」佛剎塵數。[15]

<u>澄觀</u>大師認為以「二百一十」個佛剎來詮釋「世界種」解說並不圓滿，應作「一一各有眾多佛剎圍繞，應有不可說不可說也」，[16]又說：「若但取『二百一十』以為所繞，殊非得意」。[17]<u>澄觀</u>大師認為第一層佛世界向上到第二層佛世界的「中間」何以沒有「佛剎」在圍繞？如果在二層世界的「中間」沒有佛剎圍繞，那就不能串連成一個佛剎世界「網」了。如云：

> 且如最下一剎，已有一佛剎微塵數佛剎圍繞，向上過一佛剎微塵數世界，方至第二層。一剎有二佛剎微塵數世界圍繞，此第一層

---

[13] 唐·<u>澄觀</u>《大方廣佛華嚴經隨疏演義鈔·卷二十七》云：「觀其文意，但是諸剎互為『主伴』，為相繞耳。如百人共聚，一人為主，則九十九人繞之。餘九十九人，一一為主時，皆得九十九人繞之」。詳《大正藏》第三十六冊頁204中。

[14] 詳《大正藏》第三十六冊頁760中。

[15] 詳《大正藏》第三十五冊頁582下。

[16] 唐·<u>澄觀</u>《大方廣佛華嚴經隨疏演義鈔·卷二十七》云：「又以『二百一十』為所繞者，前中間說剎但超間，明有『二百一十』，望其文意，直上十九佛剎塵數之剎，一一各有眾多佛剎圍繞，應有不可說不可說也」。詳《大正藏》第三十六冊頁204上。

[17] 唐·<u>澄觀</u>《大方廣佛華嚴經隨疏演義鈔·卷二十七》。詳《大正藏》第三十六冊頁204上。

向上至第二層「中間」諸剎，何以無繞剎？若無繞，則「剎網」不成。[18]

　　「二百一十」個佛剎圍繞說法及構造圖在古人及前人著作中仍有不同解釋，[19]甚至對「佛剎微塵」這四個字也有不同的理解，有說「佛剎微塵」就是將一個大千世界全部細磨成微塵，然後每一個微塵皆成一個佛剎，[20]所以210個「佛剎微塵」就變成——將210個「大千世界」的佛土，全部細磨成「微塵」，然後每個「微塵」都再成為一個佛土。若是以磨成「微塵」量來算，則210個「佛剎微塵」就會變成不可數、無法計算的「境界論」了。亦有說因為世界極多，無法用世間數字表示，所以便將「佛剎微塵」計成「一佛剎塵」，或「二佛剎塵」。「剎塵」只是「剎微塵」的縮寫及簡稱，[21]若照這樣解釋，據《佛光字典》頁3733、頁5763釋「剎塵」或「塵

---

[18] 唐・澄觀《大方廣佛華嚴經隨疏演義鈔・卷二十七》。詳《大正藏》第三十六冊頁204上。

[19] 如唐・澄觀《大方廣佛華嚴經隨疏演義鈔・卷二十七》云：「經中現說『下狹上闊』如『倒立浮圖、仰安雁齒』，亦合更說『上尖下廣』如『正浮圖』。『俯安雁齒』則上下櫛比，皆悉周滿，間無空處，方為剎網」。詳《大正藏》第三十六冊頁204上。如李治華「華藏世界安立圖象新詮」云：「本文依據經文對此二十個主要世界的附屬世界的圍繞方式又有兩種詮釋法：第一種是『倒錐層繞法』，維持二一〇個附屬世界的存在(參看圖三)；第二種是『逐層上繞法』，此看法將導致二一〇個附屬世界僅存『二十個』(參看圖四)，而這兩種圖象皆較流通的安立圖更能表達出經中的宇宙圖象……若依澄觀於此所作的解釋而進行繪圖，所得的圖象將迥異於『三角模式』以及『倒錐層繞』模式，其世界的運行軌跡將因星系關的層層公轉(參看圖五)而呈顯出千葉寶蓮的圖象(參看圖六)」。詳台北《華嚴專宗學院佛學研究所論文集七》頁3及頁5。

[20] 如明・仁潮集錄《法界安立圖・卷三》云：「『佛剎微塵數』者，『大千世界』名『一佛剎』，將『大千界』內百億須彌、四洲、輪圍，及大地等，盡皆細磨為塵，名『一佛剎微塵』，以『一微塵』計『一世界』，計前所磨之塵盡，名『一佛剎微塵數世界』」。詳CBETA版《卍續藏》第五十七冊頁487。

[21] 如明・仁潮集錄《法界安立圖・卷三》云：「經中以『世界極多』，非『世數』可紀，故每以『佛剎微塵數』計之曰『一佛剎塵、二佛剎塵』，乃至多多剎塵，以剎塵之數，或計世界，或計浮幢，或計香水海，或計安立海等」。詳CBETA版《卍續藏》第五十七冊頁487。

剎」皆云:「無數國土之謂,或『比喻』數量極多,謂多如微塵數之無量世界」。如此「佛剎微塵」就只是個形容詞或譬喻句。

基於上述資料分析,本文對「佛剎微塵」四個字解釋將暫以「數量極多、無數國土」之意為準,即 210 個「佛剎微塵」就是 210 個「數量極多」的佛剎國土,由 210 個佛剎國土堆疊成「二十重」佛剎世界便呈現出「下狹上闊」如「倒立浮圖、仰安雁齒(排列整齊之物)」的構造。[22]這種「下狹上闊」的情形亦頗類似於「須彌山」的構造,如《起世經·卷一》佛說:

> 諸比丘!「須彌山」王,在大海中,「下狹上闊」,漸漸寬大,端直不曲。[23]

及《大樓炭經》所云:

> 比丘!「須彌山」王入大海水。深八萬四千由旬,高亦八萬四千由旬。「下狹」上「稍稍廣」,上正平。[24]

底下本文就將依《大方廣佛華嚴經·卷八·華藏世界品》的經文將這種「下狹上闊」的「二十重世界種」詳細解說。為了方便閱讀,已於經文前面加上數字符號標示,經云:

> 爾時,普賢菩薩復告大眾言……諸佛子!此最中央香水海,名「無邊妙華光」,以「現一切菩薩形摩尼王幢」為底;出大蓮華,名「一

---

[22] 唐·澄觀《大方廣佛華嚴經隨疏演義鈔·卷二十七》云:「經中現說『下狹上闊』如『倒立浮圖、仰安雁齒』」。詳《大正藏》第三十六冊頁 204 上。

[23] 詳《大正藏》第一冊頁 310 下。

[24] 詳《大正藏》第一冊頁 277 中。

切香摩尼王莊嚴」；有「世界種」而住其上，名「普照十方熾然寶光明」，以一切莊嚴具爲體，有不可說佛刹微塵數世界於中布列。

(1)其最下方有世界，名「最勝光遍照」，以「一切金剛莊嚴光耀輪」爲際，依「眾寶摩尼華」而住；其狀猶如「摩尼寶形」，一切「寶華莊嚴雲」彌覆其上，佛刹微塵數世界周匝圍遶，種種安住，種種莊嚴，佛號「淨眼離垢燈」。

(2)此上過佛刹微塵數世界，有世界名「種種香蓮華妙莊嚴」，以「一切莊嚴具」爲際，依「寶蓮華網」而住；其狀猶如「師子之座」，一切「寶色珠帳雲」彌覆其上，二佛刹微塵數世界周匝圍遶，佛號「師子光勝照」

……(下略)……

(20)此上過佛刹微塵數世界，有世界名「妙寶焰」，以「普光明日月寶」爲際，依「一切諸天形摩尼王海」住；其狀猶如「寶莊嚴具」，以「一切寶衣幢雲」及「摩尼燈藏網」而覆其上，二十佛刹微塵數世界周匝圍遶，純一清淨，佛號「福德相光明」。[25]

依經文所說，最下方（即第一重世界）的「最勝光遍照世界」是以「淨眼離垢燈佛」為主，並沒有提到有多少「佛刹微塵數世界」在周匝圍遶的經文。「第二重世界」是「種種香蓮華妙莊嚴」，有「二佛刹微塵數世界周匝圍遶」，主要的佛名為「師子光勝照」。如此往上到「第二十重世界」是「妙寶焰世界」，共有「二十佛刹微塵數世界周匝圍遶」，主要的佛名為「福德相光明佛」。這樣就會呈現出「下狹上闊」如「倒立浮圖、仰安雁齒」的構造，如下圖所示：

---

[25] 詳《大正藏》第十冊頁279中。

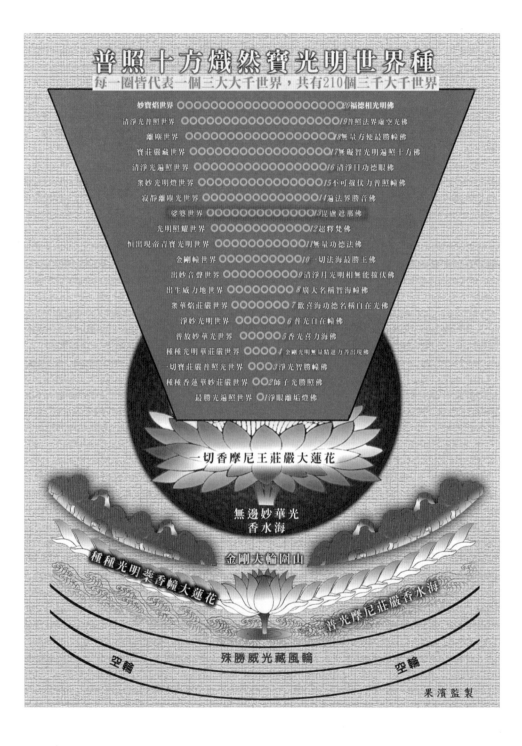

上面這張圖的每個「圈圈」都代表一個三千大千世界(即一佛所教化的區域)，到了第二十層總共是 210 個「圈圈」；也就是 210 個三千大千世界成為一個「世界種」的定義。一尊佛所教化的國土是三千大千世界，有「十億」須彌、日、月，或「百億」須彌、日、月兩種稱呼，如較早翻譯的後漢・支婁迦讖(Lokaṣema 147～？)譯《佛說兜沙經》云：

> 佛放光明，先從足下出，照「一佛界」中極明，現……十億須彌山、十億遮加惒山、十億弗于逮天東、十億俱耶匿天西……凡有「十億」小國土，合爲「一佛刹」，名爲「蔡呵祇」。[26]

稍晚的吳・支謙(生卒年不詳，譯經年代爲 222～253 年)《佛說菩薩本業經》又云：

> 「百億」須彌山、百億日月，及四天王、忉利天、炎天……各有「百億」。此爲「一佛刹」，號曰「忍世界」。[27]

其實「十億」與「百億」在當時佛典翻譯中是互相通用的，也就是如果以「千萬」當作是「億」的起始單位，那「百億」就是只有「十億」，這在唐・窺基(632～682)《瑜伽師地論略纂》[28]和宋・法雲(1088～1158)《翻譯名義集・卷三》中均有詳細說明，如法雲云：

---

[26] 詳《大正藏》第十冊頁 446 中。

[27] 詳《大正藏》第十冊頁 447 上。

[28] 如唐・窺基《瑜伽師地論略纂・卷第一》云：「然西方有四種億。一、十萬爲億。二、百萬爲億。三、千萬爲億。四、萬萬爲億」。詳《大正藏》第四十三冊頁 17 中。另窺基《觀彌勒上生兜率天經贊・卷二》亦云：「西方有三億數。一、十萬爲億。二、百萬爲億。三、千萬爲億」。詳《大正藏》第三十八冊頁 295 上。

億分四等，一以「十萬」爲億。二以「百萬」爲億。三以「千萬」爲億。四以「萬萬」爲億。[29]

所以一尊佛所教化的國土為「十億」須彌、日、月，稱為「三千大千世界」或名為「大千世界」，如隋·闍那崛多（Jñānagupta 523～600）《佛說希有校量功德經》云：「阿難！從一『小千世界』，一一數之，滿一千已，是名『中千世界』。阿難！從『中千世界』，復一一數，還滿『一千』，是名『大千世界』。阿難！如是合數，總名『三千大千世界』」。[30]

若以現在的數學符號來表示則為 1×10^9 的「小世界」(一日、一月、一個須彌山、一個「三界」為準)，這也就是一尊佛所教化的「佛剎國土」範圍，這樣由 210 個「佛剎」所構成的二十重「世界種」，其總數則為 21×10^{10} 的(210 000 000 000➜2 千 100 億)「小世界」。若以科學的名詞來稱呼，則一個「世界種」約等於有 2 千 100 億的「恒星」(日)，目前天文科學家發現我們這個太陽系所屬的「銀河系」共有 4 千億顆「恒星」；[31]則我們可以大膽推出一個「銀河系」約相當佛經上所說的 2 個「世界種」。

近來科學家努力的為整個「宇宙」照相，期望能將宇宙以「3D 全景式」來顯示，首先由澳州「舒密特天文台」製出，由 DISCOVERY 於 1999 年播出於「宇宙之旅」一片中。如下的視頻擷圖所示：[32]

---

[29] 詳《大正藏》第五十四冊頁 1106 下。

[30] 詳《大正藏》第十六冊頁 784 下。

[31] 我們這個太陽系所屬的「銀河系」共有 4 千億顆恒星的說法可參見「台北天文網站」或參見「維琪百科，自由的百科全書」詳 http://zh.wikipedia.org/wiki/%E7%9F%AE%E6%98%9F%E7%B3%BB。

[32] 擷圖詳於 DISCOVERY「宇宙之旅」第 48 分 15 秒處。台北協和國際於 1999 年發行。

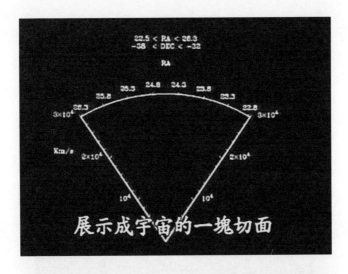

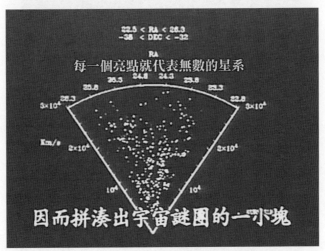

　　另外是來自哈佛大學與史密森學會的瑪格麗格勒與約翰后格由於1992 年電腦製作出的宇宙「3D 動畫全景」圖，如下的視頻擷圖所示：[33]

---

[33] 本片原名為「Cosmos Boxed Set」。中文名為「卡爾薩根的宇宙」。由 Carl Sagan 主演主講。公元 2000 年出版。共有十三集，其中第十集名為「永遠的盡頭」。影片中第 58 分處即是此圖的出處。

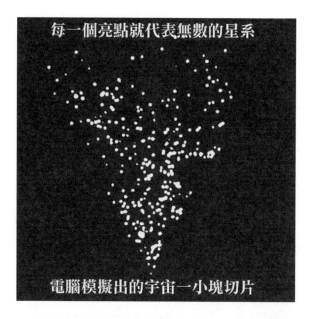

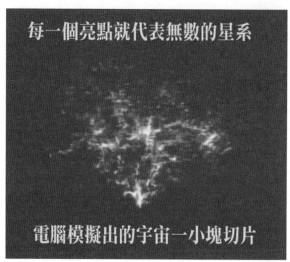

　　還有《史蒂芬霍金的世界·第四集·關於宇宙暗面》中也有宇宙的切片圖，如下的視頻擷圖所示：[34]

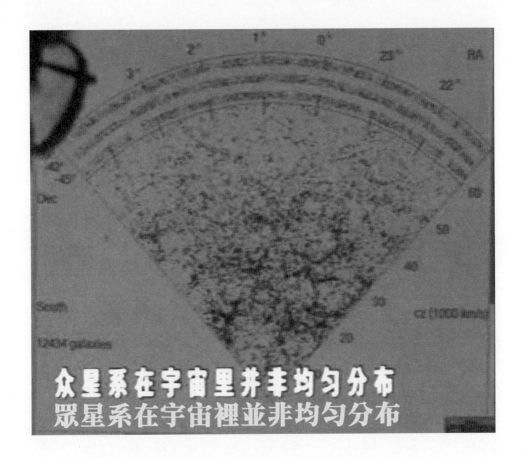

底下圖片是來自<u>李水根</u>、<u>趙翔鵬</u>編著《二維和高維空間的分形圖形藝術》的封面擷圖。中國大陸科學出版社。2009 年 1 月 1 日發行。

　　底下圖片是來自<u>李水根</u>、<u>趙翔鵬</u>編著《二維和高維空間的分形圖形藝術》書內的圖片掃描。

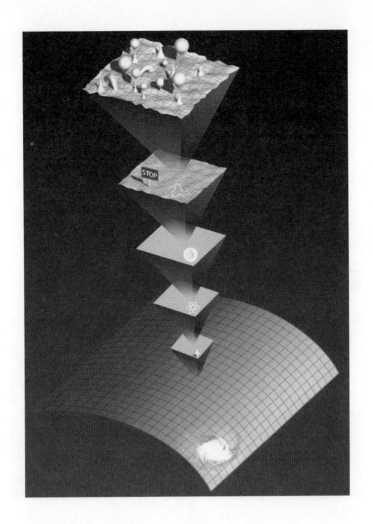

　　以上共有七張現代電腦科技下所製作的 3D 宇宙「切片圖」，均採取「下狹上闊」的構造，這些圖片與《華嚴經》二十重「世界種」的構造幾乎是一致的。英國物理學家史蒂芬‧霍金(Stephen William Hawking 1942～)的《新宇宙論》著作中就說：大霹靂的瞬間有無數「宇宙重疊」產生，如云：

　　　「超弦理論」中有無數不同的宇宙世界其實應該是已經存在過的宇宙，所以宇宙在「大霹靂誕生」的最初瞬間，所有可能的宇宙是

「重疊」在一起的。[35]

　　另外據美國費城 賓夕法尼亞大學(University of Pennsylvania)理論物理學家兼宇宙學教授麥克斯·泰格馬克(Max Tegmark 鐵馬克)在 2004 年出版的著作《科學與終極實在》(Science and Ultimate Reality)[36]的「平行宇宙」這一章中說道:「事情變得越發明朗,建立在現代物理學基礎上的『多元宇宙模型』能夠經受住檢驗」。他精算的說：宇宙中可能有「1×10^{500}」個「平行宇宙」。[37]可參閱如下擷圖所示：[38]

[35] 資料來源：http://www.nature.com/news/2006/060619/full/060619-6.html 2006.06.21, KLC。

[36] 詳 John D. Barrow, Science and Ultimate Reality: Quantum Theory, Cosmology, and Complexity, (Cambridge University Press, 2004), p.459。

[37] 資料來源詳於 Max Tegmark(鐵馬克)專屬網站 http://space.mit.edu/home/tegmark/crazy.html 。

[38] 擷圖詳於 DISCOVERY「科幻成真：平行宇宙」第 3 分 25 秒處。2010 1 月播出。

　　《華嚴經》可以說是佛陀說法最大的智慧精華所在，遠在二千五百年前的釋迦佛就已有「**重疊宇宙**」的二十重「**世界種**」說法，此讓現代宇宙天文學家必定深歎不已！

第二節 「世界種」構造的星系觀

　　《大方廣佛華嚴經·卷第八·華藏世界品第五之一》中有詳細介紹「世界種」依止何物而住？為了方便閱讀，已於經文前面加上數字符號標示，如經云：

> 諸佛子！此「世界種」，
> (1)或有依「大蓮華海」住。
> (2)或有依「無邊色寶華海」住。
> (3)或有依「一切真珠藏寶瓔珞海」住。
> (4)或有依「香水海」住。
> (5)或有依「一切華海」住。
> (6)或有依「摩尼寶網海」住。
> (7)或有依「漩流光海」住。
> (8)或有依「菩薩寶莊嚴冠海」住。
> (9)或有依「種種眾生身海」住。
> (10)或有依「一切佛音聲摩尼王海」住……如是等，若廣說者，有
> 世界海微塵數。[39]

　　上述經文中所說「海」究為何物？若以現代科學的研究成果來說，「海」指的是充滿在宇宙間的「氣體、塵埃、暗物質、暗能量……」等，尤其「暗物質」與「暗能量」就高達 95%，充塞在整個宇宙上，這些「暗物質、暗能量」就是牽引所有「星系」的平衡力量，沒有這些「暗物質、暗能量」的「重力」作用，則星系間就無法取得「重力」平衡點。然而整個宇宙的「可見」星系卻只有 0.5% 而已，如下圖所示：

---

[39] 詳《大正藏》第十冊頁 41 下。

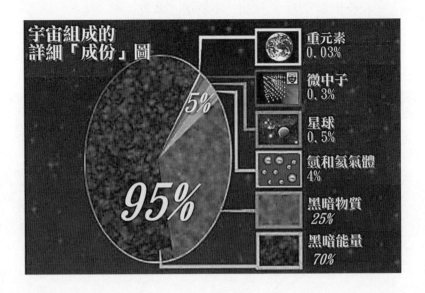

科學家近年來積極的研究「暗物質」與「暗能量」，但巧合的是科學家往往在繪製「暗物質、暗能量」時都以「藍色」標示，這與佛典在說「宇宙世界」時常用的「海」字「顏色」竟然是相同。例如 2007 年 1 月 9 日的聯合報就刊出「天文學的最大成就之一，宇宙「暗物質」完整現形！」一文，裡面有完整圖形，所標示的「暗物質」就是「藍色」的。文章報導略介如下：

　　美國科學家利用哈伯太空望遠鏡，把看不見的「暗物質」(dark matter) 繪成立體圖，讓暗物質具體呈現在世人眼前。新研究證實，宇宙大霹靂之後，「暗物質」分布後才有星系的形成。

「暗物質」不發出光或電磁輻射，人類目前只能透過「引力」產生的效應，得知宇宙中有「大量暗物質」存在。科學家以往只能模擬暗物質的情況，加州理工學院教授麥西領導的團隊，以「弱引力透鏡」觀測法研究「暗物質」，運用哈伯太空望遠鏡觀測五十萬個遙遠

星系一千個小時，繪出「暗物質」面貌。[40]

如下圖形：

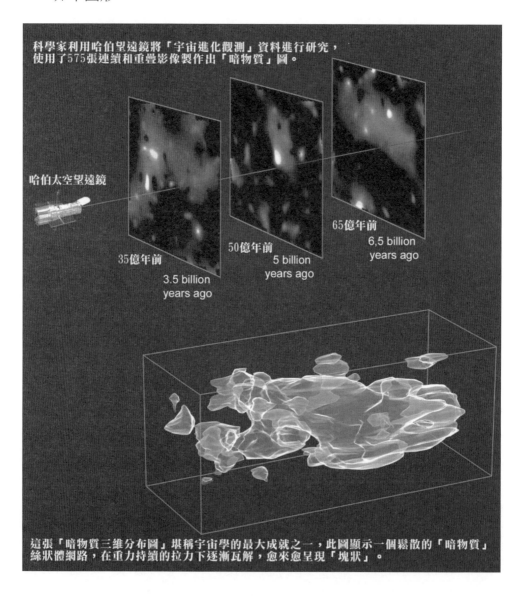

　　《大方廣佛華嚴經・卷第八・華藏世界品第五之一》在介紹「世界種」皆依何而住之後；接著又介紹「世界種」的二十種造形，為了方便閱讀，已於經文前面加上數字符號標示，如經云：

　　諸佛子！彼一切「世界種」，

　　(1)或有作「須彌山形」。

　　(2)江河形。

　　(3)迴轉形。

　　(4)漩流形。

　　(5)輪輞形。

　　(6)壇墠形(指古代祭祀或會盟用的場地)。

　　(7)樹林形。

　　(8)樓閣形。

　　(9)山幢形。

　　(10)普方形。

　　(11)胎藏形。

　　(12)蓮華形。

　　(13)佉勒迦形(「佉勒迦」乃指「谷麥篅」的意思，為一種盛糧食的「圓囤」)，

　　(14)眾生身形。

　　(15)雲形。

　　(16)諸佛相好形。

　　(17)圓滿光明形。

　　(18)種種珠網形。

　　(19)一切門闥形。

　　(20)諸莊嚴具形……如是等，若廣說者，有世界海微塵數。[41]

---

[41] 詳《大正藏》第十冊頁 42 上。

　　底下將試著把這 20 種不同造形的「世界種」以哈勃望遠鏡所拍的「宇宙星系、星雲、星團」作比較，所有的圖片均來自於 http://photojournal.jpl.nasa.gov/Help/ImageGallery.html 網站，故底下不再說明出處。

(1)須彌山形

NGC 2346⬇

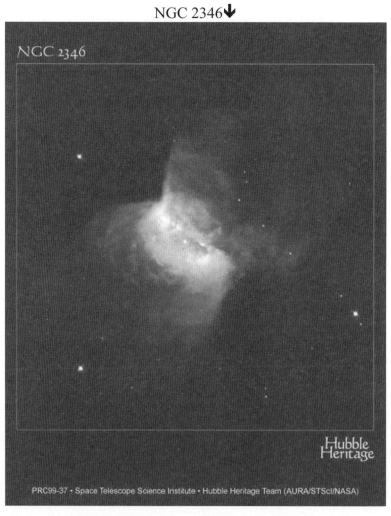

(2)江河形

HH-34↓

Protostar HH-34 in Orion　(VLT KUEYEN + FORS2)

(3)迴轉形

UGC 10214 HST↓

(4)漩流形

M 101

(5)輪輞形

M104

(6)壇墠形

HD 44179⬇

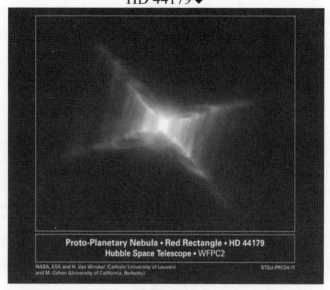

(7)樹林形

NGC6514⬇

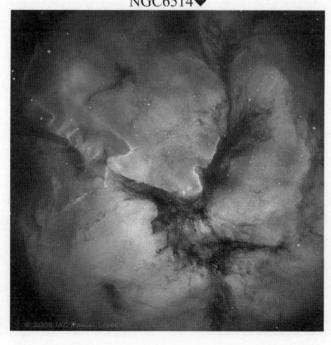

(8)樓閣形

G111.7-2.1↓

(9)山幢形

IC 1396↓

(10)普方形

IC 4406⬇

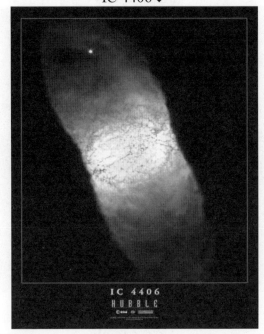

(11)胎藏形

V838⬇

(12)蓮華形

PKS285-02↓

(13)佉勒迦形

NGC 6369↓

(14)眾生身形

ESO 593-IG 008(宇宙飛鳥) ↓

The Cosmic Bird

ESO Press Photo 54a/07 (21 December 2007)

(15)雲形

NGC 1952 ↓

(16)諸佛相好形

SN 1987A↓

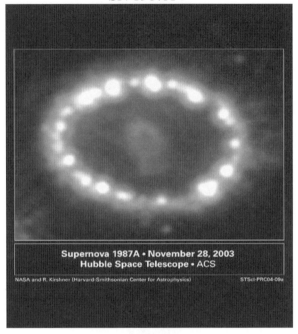

(16)諸佛相好形

heic0312↓

(17)圓滿光明形

NGC 6397↓

(18)種種珠網形

NGC 6960↓

(18)種種珠網形

NGC 6537↓

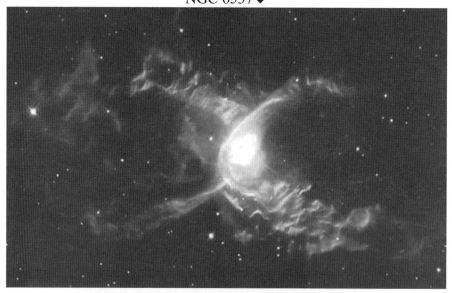

(19)一切門闥形

Gomez＇s Hamburger↓

(20)諸莊嚴具形
「萬花筒」星系⬇

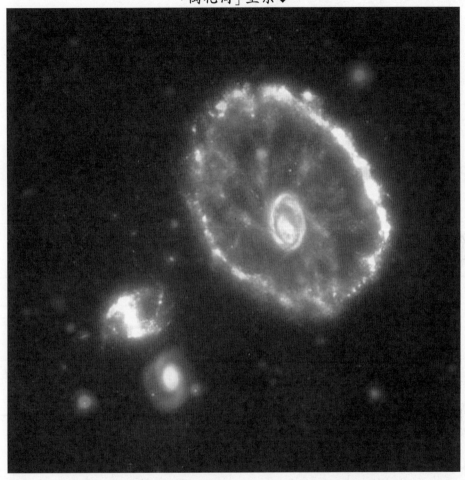

　　以上二十張「星系、星雲、星團……」圖片均以原始的英文名稱標示，所配對的《華嚴》經文也只是採「大略」的比對法(亦即「僅供參考」)，因為同一編號的宇宙圖片因拍攝的角度不同，也會呈現不同的影像；而且同一張編號的圖也有不同的「中文」稱呼，所以這二十張宇宙圖與經文的配對並非是 100%完全相同的。況且當哈勃望遠鏡補抓到這些星系時都已是「過去式」了，很多都已「不存在」了；因為這些星系要「傳送」到地球

人的眼裡，至少要經歷數千萬年，甚至數千億年的「光景」，所以這些宇宙星系只能說是「美麗的過去式」而已。

其實《華嚴經》上不只說到這二十種「世界種」造形而已，若要再加上其餘「世界」的造形，經整理後，總共應有六十八種之多。筆者搜集宇宙天文圖片達上千張，這六十八種「世界」造形都可找到相對應的圖形，礙於本文篇幅，故不再附上圖片。底下僅將這六十八種造形製表如下：

(1)須彌山形	(2)江河形	(3)迴轉形	(4)漩流形 (香水漩流形)
(5)輪輞形	(6)壇墠形	(7)樹林形 (眾樹形)	(8)樓閣形 (樓觀形)
(9)山幢形	(10)普方形	(11)胎藏形	(12)蓮華形
(13)佉勒迦形	(14)眾生身形	(15)雲形	(16)諸佛相好形
(17)圓滿光明形	(18)種種珠網形	(19)一切門闥形	(20)諸莊嚴具形
(21)摩尼寶形	(22)師子座形	(23)八隅形	(24)摩尼蓮華形
(25)普方形有隅角	(26)四方形	(27)因陀羅網形(帝網形)	(28)梵天身形
(29)半月形	(30)華旋形	(31)虛空形	(32)執金剛形
(33)卐字形	(34)龜甲形	(35)珠瓔形	(36)寶華旋布形
(37)寶莊嚴具	(38)尸羅幢形	(39)周圓形	(40)金剛形
(41)摩尼寶輪	(42)三角形	(43)寶燈行列	(44)廣大城廓

形		形	形
(45)四洲形	(46)阿脩羅身形	(47)旋遶形	(48)天主髻形
(49)佛掌形	(50)寶輪形	(51)摩尼色眉間毫相形 (佛毫相形)	(52)周迴形有無量角
(53)眞珠藏形	(54)欄楯形	(55)寶身形	(56)珠貫形
(57)一切莊嚴具形	(58)佛手形	(59)香摩尼軌度形	(60)大海形
(61)座形	(62)摩尼山形	(63)日輪形	(64)香海旋形
(65)光明輪形	(66)焰山形	(67)師子形	(68)海蚌形

第三節　「世界海」的宇宙論與科學觀

　　古人對於「世界海」的定義同前文所說一樣，難以讓現代人理解，如唐·李通玄《新華嚴經論·卷十三》云：「如先德釋云：三千大千世界，數至『恒沙』，為一『世界海』」[42]。若以《華嚴經》的經文逐步對照，當可發現所謂一個「世界海」就是由111個「世界種」所組成的宇宙圖，這個宇宙圖就是指一個「世界海」的單位。如唐·李通玄《新華嚴經論·卷十三》云：

　　　　「世界種」中心有十一箇「世界種」，周圍有一百箇世界種，共有「一百一十一箇」世界種，如「天帝網」分布而住。[43]

　　下面依唐·實叉難陀(Śikṣānanda 652～710)譯《大方廣佛華嚴經·卷第九·華藏世界品第五之二》的經文內容，先討論右旋圍繞「普照十方熾然寶光明世界種」的10個「世界種」，為了方便閱讀，已於經文前面加上數字符號標示，經云：

　　　　爾時，普賢菩薩復告大眾言：
　　　　(1)諸佛子！此「無邊妙華光香水海」東，次有香水海，名「離垢焰藏」；出大蓮華，名「一切香摩尼王妙莊嚴」；有「世界種」而住其上，名「遍照刹旋」，以「菩薩行吼音」為體。
　　　　……(下略)……
　　　　(2)諸佛子！此「離垢焰藏香水海」南，次有香水海，名「無盡光明輪」；「世界種」名「佛幢莊嚴」；以「一切佛功德海音聲」為體。
　　　　……(下略)……

---

[42] 詳《大正藏》第三十六冊頁803中。
[43] 詳《大正藏》第三十六冊頁803下。

(3)諸佛子！此「無盡光明輪香水海」右旋，次有香水海，名「金剛
寶焰光」；「世界種」名「佛光莊嚴藏」，以「稱說一切如來名音聲」
爲體。

……(下略)……

(4)諸佛子！此「金剛寶焰香水海」右旋，次有香水海，名「帝青寶
莊嚴」；「世界種」名「光照十方」，依「一切妙莊嚴蓮華香雲」住，
「無邊佛音聲」爲體。

……(下略)……

(5)諸佛子！此「帝青寶莊嚴香水海」右旋，次有香水海，名「金剛
輪莊嚴底」；「世界種」名「妙間錯因陀羅網」，「普賢智所生音聲」
爲體。

……(下略)……

(6)諸佛子！此「金剛輪莊嚴底香水海」右旋，次有香水海，名「蓮
華因陀羅網」；「世界種」名「普現十方影」，依「一切香摩尼莊嚴
蓮華」住，「一切佛智光音聲」爲體。

……(下略)……

(7)諸佛子！此「蓮華因陀羅網香水海」右旋，次有香水海，名「積
集寶香藏」；「世界種」名「一切威德莊嚴」，以「一切佛法輪音聲」
爲體。

……(下略)……

(8)諸佛子！此「積集寶香藏香水海」右旋，次有香水海，名「寶莊
嚴」；「世界種」名「普無垢」，以「一切微塵中佛刹神變聲」爲體。

……(下略)……

(9)諸佛子！此「寶莊嚴香水海」右旋，次有香水海，名「金剛寶聚」；
「世界種」名「法界行」，以「一切菩薩地方便法音聲」爲體。

……(下略)……

(10)諸佛子！此「金剛寶聚香水海」右旋，次有香水海，名「天城

寶堞」；「世界種」名「燈焰光明」，以「普示一切平等法輪音」為體。[44]

如下圖所示：

[44] 詳《大正藏》第十冊頁 44 上~48 中。

右旋圍繞「普照十方熾然寶光明世界種」的10個「世界種」示意圖

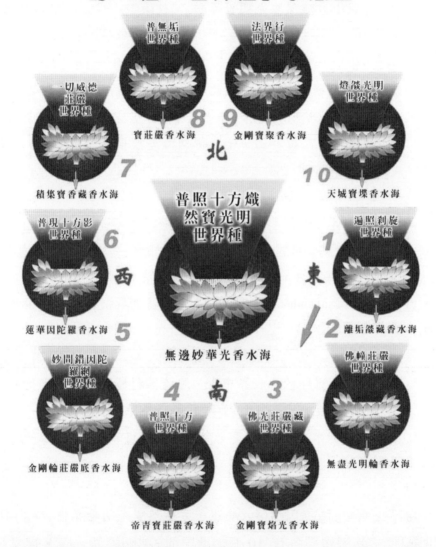

此圖為華藏莊嚴世界海中央十一個世界種安立圖，每一海皆為香水，故稱「香水海」。每一海中皆有殊勝大妙蓮花，妙蓮花上皆有二十重無量世界，叫世界種。右旋次第從東到南到西到北。

果濱監製

　　由上圖可完整看出右旋圍繞「普照十方熾然寶光明世界種」的 10 個「世界種」，這就是整個「華藏世界海」中央總共 11 個「世界種」的構造圖，最中間是「普照十方熾然寶光明世界種」，其中第十三重就是我們「娑婆世界」所在之處。如《大方廣佛華嚴經・卷八・華藏世界品》云：

> 此上過佛剎微塵數世界，至此世界名「娑婆」，以「金剛莊嚴」爲際，依「種種色風輪所持蓮華網」住；狀如「虛空」，以「普圓滿天宮殿莊嚴虛空雲」而覆其上，十三佛剎微塵數世界周匝圍遶，其佛即是毘盧遮那如來世尊。[45]

　　第十三重既是「娑婆世界」，亦是「毘盧遮那如來」所教化的國土其中之一，也就是我們「娑婆世界」與「毘盧遮那如來」為同一層，均處在「華藏莊嚴世界海」中央「普照十方熾然寶光明世界種」中的第十三層，這在唐・實叉難陀(Śikṣānanda 652～710)譯《大方廣佛華嚴經・卷二十一》中有明確的經文說明：

> 從此命終，還即於此世界中生，經於佛剎極微塵數劫修行菩薩種種妙行，然後壽終，生此「華藏莊嚴世界海」中「娑婆世界」，值「迦羅鳩孫馱如來」，承事供養，令生歡喜，得三昧，名「離一切塵垢影像光明」。[46]

　　接下來還要討論圍繞中央「普照十方熾然寶光明世界種」旁的 10 個「世界種」；其旁邊還各有 10 個「世界種」在圍繞著。唐・實叉難陀(Śikṣānanda 652～710)譯《大方廣佛華嚴經卷第十・華藏世界品第五之三》經文云：

---

[45] 詳《大正藏》第十冊頁 42 中。
[46] 詳《大正藏》第十冊頁 758 中。

爾時，普賢菩薩復告大眾言：

1

(1)諸佛子！彼「離垢焰藏香水海」東，次有香水海，名「變化微妙身」；此海中，有「世界種」名「善布差別方」

……(下略)……

(10)如是等不可說佛剎微塵數「香水海」，其最近「輪圍山」香水海，名「玻璨地」；「世界種」名「常放光明」，以「世界海清淨劫音聲」為體。

……(下略)……

2

(1)諸佛子！彼「無盡光明輪香水海」外，次有「香水海」，名「具足妙光」；「世界種」名「遍無垢」。

……(下略)……

(10)如是等不可說佛剎微塵數「香水海」，其最近「輪圍山」香水海，名「妙樹華」；「世界種」名「出生諸方廣大剎」，以「一切佛摧伏魔音」為體

……(下略)……

3

4

5

6

7

$\boxed{8}$

$\boxed{9}$

$\boxed{10}$

(1)諸佛子！彼「天城寶堞香水海」外，次有「香水海」，名「焰輪赫奕光」；「世界種」名「不可說種種莊嚴」。

……(下略)……

(10)如是等不可說佛剎微塵數「香水海」，其最近「輪圍山」香水海，名「積集瓔珞衣」；「世界種」名「化現妙衣」，以「三世一切佛音聲」爲體。

……(下略)……[47]

如下圖所示：(每一個瓶子 🏺 就代表一個「世界種」)

　　這樣由 111 個「世界種」所組成的宇宙圖就是一個「世界海」的單位，「華藏莊嚴世界海」的構造亦同如此。

　　前文中已說一個「世界種」約等於 2 千 100 億「恒星」(日)，那麼 111 個「世界種」的數學表示是：

2331×10^{10}(即 23 310 000 000 000)➔23 兆 3 千 1 百億的「小世界」。

　　再以我們所處的這個「銀河系」有 4 千億顆恒星來算，那麼一個「世界海」就是相類似「23 兆 3 千 1 百億」個「恒星」，則可進一步可推出 1 個「世界海」=約 60(實際為 58.275)個「銀河系」的數目。

第四節　「華藏莊嚴世界海」的宇宙論與科學觀

「華藏莊嚴世界海」的名詞稱呼在經典上略有不同，計有「華藏世界、藏世界、蓮花藏世界、蓮花臺藏世界海、蓮花藏世界海」……等。下舉經典資料，製表如下：

經典名稱	內容	稱呼
《大方廣佛華嚴經・卷八・華藏世界品》	種種方便示調伏，普應群心無不盡。「華藏世界」所有塵，一一塵中見法界，寶光現佛如雲集，此是如來剎自在。[48]	華藏世界
《大方廣佛華嚴經・卷三》	爾時，普賢菩薩欲分別開示故，告一切眾言：諸佛子！當知此「蓮華藏世界海」是盧舍那佛本修菩薩行時，於阿僧祇世界微塵數劫之所嚴淨，於一一劫恭敬供養世界微塵等如來一一佛所，淨修世界海微塵數願行。[49]	蓮華藏世界海
《清淨法身毘盧遮那心地法門成就一切陀羅尼三種	爾時毘盧遮那佛在「蓮花藏世界」，與百千億化身釋	蓮花藏世界

---

[48] 詳《大正藏》第十冊頁 39 中。

[49] 詳《大正藏》第九冊頁 412 上。

悉地·卷一》	迦牟尼佛，説心地尸羅淨行品，教菩薩法，證菩提道。[50]	
《大乘瑜伽金剛性海曼殊室利千臂千缽大教王經·卷六》	如來於法界性海中，現百寶「蓮花臺藏世界」，其臺座上，周遍有千葉，一葉一世界，爲千世界，我化爲「千釋迦」，據千世界……在「蓮花藏世界」寶座上坐寶蓮花。[51]	蓮花藏世界
《梵網經·卷二》	爾時千花上佛千百億釋迦，從「蓮花藏世界」赫赫師子座起，各各辭退，舉身放不可思議光。[52]	蓮花藏世界
《金剛頂經金剛界大道場毘盧遮那如來自受用身內證智眷屬法身異名佛最上乘祕密三摩地禮懺文·卷一》	南謨盡十方「蓮花藏世界海」不可説、不可説微塵刹土海會中。[53]	蓮花藏世界海
《大乘瑜伽金剛性海曼殊室利千臂千缽大教王經·卷七》	毘盧遮那同共住「蓮花臺藏世界海」，其臺周遍有千葉，一葉一世界爲千世界。	蓮花臺藏世界海

---

[50] 詳《大正藏》第十八冊頁 776 下。
[51] 詳《大正藏》第二十冊頁 754 中。
[52] 詳《大正藏》第二十四冊頁 1003 中。
[53] 詳《大正藏》第十八冊頁 336 下。

	54	

　　《大方廣佛華嚴經・卷第十・華藏世界品第五之三》在介紹完 111 個「世界種」之後，經文接著說：

> 此一一「世界種」中，一切世界依「種種莊嚴」住，遞相接連，成「世界網」；於「華藏莊嚴世界海」(由 111 個「世界種」構成)種種差別，周遍建立。[55]

　　經文中所說的「世界網」是指「世界海」之間的 111 個「世界種」彼此可以互相貫通往來，如唐・澄觀《大方廣佛華嚴經疏・卷十二》云：「『世界網』者，一一世界，猶如『網孔』遞相接」。[56]《梵網經・卷二》亦說：「時佛觀諸大梵天王網羅幢因爲説『無量世界』猶如『網孔』，一一世界，各各不同，別異無量」。[57]這種貫穿他方世界的「網孔」字眼；與現代科學家所提的「蟲洞 Wormhole」[58]理論幾乎相似。如英國著名的物理學家史蒂芬・霍金(Stephen William Hawking 1942～)，在他的《時間簡史》第十章「蟲洞和時間旅行」就說：

> 人們也許可以把時空捲曲起來，使得 A 和 B 之間有一近路。在 A 和 B 之間創造一個「蟲洞」就是一個法子。顧名思義，「蟲洞」就是一個時空細管，它能把兩個幾乎平坦的相隔遙遠的區域連接

---

[54] 詳《大正藏》第二十冊頁 754 中。

[55] 詳《大正藏》第十冊頁 51 中。

[56] 詳《大正藏》第三十五冊頁 582 中。

[57] 詳《大正藏》第二十四冊頁 1003 下。

[58] 蟲洞(Wormhole)，又稱愛因斯坦·羅森橋，是宇宙中可能存在的連接兩個不同時空的狹窄隧道。「蟲洞」是 1916 年奧地利物理學家首次提出的概念，1930 年代由愛因斯坦及納森·羅森在研究引力場方程時假設，認爲透過「蟲洞」可以做瞬時間的空間轉移或者做時間旅行。

起來……因此,「蟲洞」正和其他可能的超光速旅行方式一樣,允許人們往過去旅行。[59]

圖解如下:

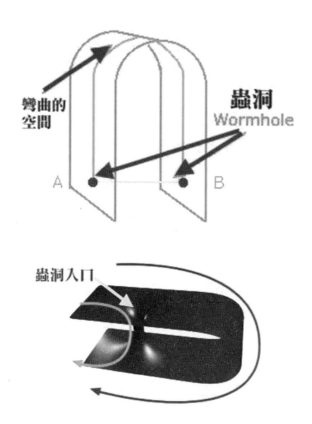

我們可以透過佛經上所說的「網孔」及科學家所提的「蟲洞」理論,進而串連整個宇宙「世界海」。在《大方廣佛華嚴經·卷三十七》上還說,凡是菩薩住「第七地」者,皆可入無量眾生界去教化眾生,亦可入無量的

---

[59] 詳史蒂芬·霍金著,許明賢、吳忠超譯:《時間簡史》,湖南科學技術出版社。2001年 3 月第 2 版第 21 次印刷。頁 84。

「世界網」[60]而至無量佛國土。這顯然是「七地菩薩」所為，並非凡夫能做到；但若能以科學的「蟲洞」理論來輔助解說，就能了解佛經中的「入無量世界網」境界並非是遙不可及的「神話」了。

　　現代天文科學家已將整個宇宙世界製作出影相藍圖，結果這樣的宇宙圖竟然與《華嚴經》所說「遞相接連」[61]而成的「世界網」相同。如隋・杜順(557～640)說《華嚴五教止觀》云：「帝網天珠，重重無盡之境界」。[62]

　　下面再附上由 DISCOVERY 於 1999 年播出於「宇宙之旅」中的視頻擷圖：[63]

---

[60]　如《大方廣佛華嚴經・卷三十七》云：「佛子！菩薩摩訶薩住此第七地已，入無量眾生界，入無量諸佛教化眾生業，入『無量世界網』，入無量諸佛清淨國土」。《大正藏》第十冊頁 196 中。同樣的經文亦見《佛說十地經・卷五》云：「菩薩住此第七地中，入於無量諸有情界，入於無量諸佛世尊，成就調伏有情之業，入於無量諸『世界網』，入於無量諸佛世尊佛剎清淨」。詳《大正藏》第十冊頁 556 上。

[61]　詳《大正藏》第十冊頁 51 中。

[62]　詳《大正藏》第四十五冊頁 1867 上。

[63]　擷圖詳於 DISCOVERY「宇宙之旅」第 48 分 15 秒處。台北協和國際於 1999 年發行。

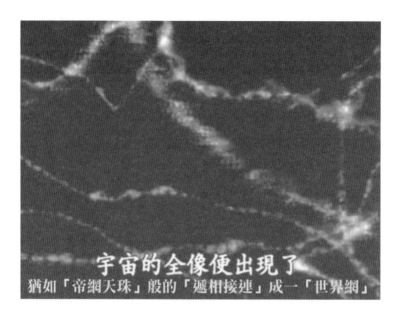

宇宙的全像便出現了
猶如「帝網天珠」般的「遞相接連」成一「世界網」

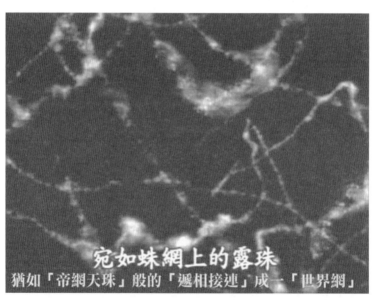

宛如蛛網上的露珠
猶如「帝網天珠」般的「遞相接連」成一「世界網」

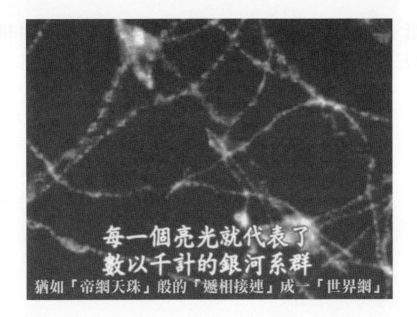

從視頻擷圖中可以看出整個宇宙就像「蛛網」上的露珠灑在虛空中，這種圖像就如唐・<u>法藏</u>述《華嚴經探玄記》云：「帝釋網天珠明徹，互相影現、影復，現影而無窮盡」，[64]亦如唐・<u>澄觀</u>《大方廣佛華嚴經疏・卷十二》所云：「帝網者……謂帝釋殿網，貫天珠成」。[65]

佛經上所說「世界網、網孔、帝網天珠」之說，竟與現代天文科學有著驚人的相似。

<hr />

[64] 詳《大正藏》第三十五冊頁 123 下。
[65] 詳《大正藏》第三十五冊頁 582 中。

第五節　圍繞「華藏莊嚴世界海」之十個世界海的宇宙論與科學觀

　　《華嚴經》上除了在「華藏世界品」中宣說「華藏莊嚴世界海」外，另在「如來現相品」中還談到圍繞在「華藏莊嚴世界海」外的十個「世界海」，本文底下就繼續探討所謂的「十方世界海」宇宙論與科學觀。為了方便閱讀，已於經文前面加上數字符號標示，唐·實叉難陀《大方廣佛華嚴經·卷第六·如來現相品第二》云：

　　　又「十方世界海」，一切諸佛皆爲諸菩薩說世界海、眾生海、法海、安立海⋯⋯所謂：

　　(1)此「華藏莊嚴世界海」東，次有「世界海」，名「清淨光蓮華莊嚴」。彼「世界種」中，有國土名「摩尼瓔珞金剛藏」，佛號「法水覺虛空無邊王」。

　　　⋯⋯(下略)⋯⋯

　　(2)此「華藏世界海」南，次有「世界海」，名「一切寶月光明莊嚴藏」。彼「世界種」中，有國土名「無邊光圓滿莊嚴」，佛號「普智光明德須彌王」。

　　　⋯⋯(下略)⋯⋯

　　(3)此「華藏世界海」西，次有「世界海」，名「可愛樂寶光明」。彼「世界種」中，有國土名「出生上妙資身具」，佛號「香焰功德寶莊嚴」。

　　　⋯⋯(下略)⋯⋯

　　(4)此「華藏世界海」北，次有「世界海」，名「毘瑠璃蓮華光圓滿藏」。彼「世界種」中，有國土名「優鉢羅華莊嚴」，佛號「普智幢音王」。

　　　⋯⋯(下略)⋯⋯

　　(5)此「華藏世界海」東北方，次有「世界海」，名「閻浮檀金玻瓈色

幢」。彼「世界種」中，有國土名「眾寶莊嚴」，佛號「一切法無畏燈」。

……(下略)……

(6)此「華藏世界海」東南方，次有「世界海」，名「金莊嚴瑠璃光普照」。彼「世界種」中有國土，名「清淨香光明」，佛號「普喜深信王」。

……(下略)……

(7)此「華藏世界海」西南方，次有「世界海」，名「日光遍照」。彼「世界種」中，有國土名「師子日光明」，佛號「普智光明音」。

……(下略)……

(8)此「華藏世界海」西北方，次有「世界海」，名「寶光照耀」。彼「世界種」中，有國土名「眾香莊嚴」，佛號「無量功德海光明」。

……(下略)……

(9)此「華藏世界海」下方，次有「世界海」，名「蓮華香妙德藏」。彼「世界種」中，有國土名「寶師子光明照耀」，佛號「法界光明」。

……(下略)……

(10)此「華藏世界海」上方，次有「世界海」，名「摩尼寶照耀莊嚴」。彼「世界種」中，有國土名「無相妙光明」，佛號「無礙功德光明王」。[66]

如下圖所示：

---

[66] 以上經文詳見《大正藏》第十冊頁 26 上~28 下。

十方世界海安立圖

無礙功德
光明王佛
摩尼寶照耀
莊嚴世界海
無相妙
光明國土

一切法
無畏燈佛
閻浮檀金玻瓈
色幢世界海
眾寶莊嚴國土

普智幢
音王佛
毘瑠璃蓮華光
圓滿藏世界海
優鉢羅華
莊嚴國土

華藏莊嚴
世界海

法水覺虛空
無邊王佛
清淨光蓮華莊嚴
世界海
摩尼瓔珞
金剛藏國土

無量功德海
光明佛
寶光照耀
世界海
眾香莊嚴
國土

普喜深信王佛
金莊嚴瑠璃光
普照世界海
清淨香光明
國土

香焰功德寶
莊嚴佛
可愛樂寶光明
世界海
出生上妙資
身具國土

普智
光明香佛
日光遍照
世界海
師子日光明
國土

法界光明佛
蓮華香
妙德藏世界海
寶師子光明
照耀國土

普智光明德
須彌王佛
一切寶月光明
莊嚴藏世界海
無邊光圓滿
莊嚴國土

果濱監製

　　前文已說過一個「世界海」約相當於 60 個「銀河系」，故中央「華藏莊嚴世界海」加上周圍 10 個「世界海」，總共有 11 個「世界海」，全部算起來是 660 個「銀河系」，這對於整個宇宙的「銀河系」數量來說，還算是很少的。如 DISCOVERY 於 2005 年 6 月播出的「新新科學觀：外星生物」中就說道：

> 　　現在當我們爲宇宙繪圖時，我們爲目前所知的空白穹蒼加入了半科學、半揣想的生物，我們稱它們爲外星生物。宇宙可能有「500 億」個「銀河系」，而每個銀河系都有「數千億顆」恆星。這表示宇宙中的恆星比地球海灘上的沙粒還多，如果說地球是唯一存有智慧生物的一粒沙的話，這觀點實在太特別了，使得天文學家不得不存疑。

　　影片中說最少有 500 億個「銀河系」，然而在 2010 年 4 月上映的「與霍金一起瞭解宇宙 (Discovery Channel HD Into the Universe With Stephen Hawking)」的「外星人」篇中，霍金 (Stephen William Hawking 1942～) 宣稱宇宙中至少有 1000 億的「銀河系」。那圍繞「華藏莊嚴世界海」加上周圍 10 個「世界海」也只有 660 個「銀河系」，這樣的數字仍在整個宇宙的數字之內。如果我們再以 1000 億個「銀河系」下去算，那就可推出宇宙至少有 16 億多個「世界海」。

　　下面附上「新新科學觀：外星生物」視頻擷圖：

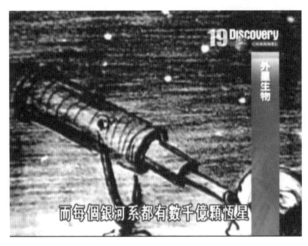

　　底下是「與霍金一起瞭解宇宙(Discovery Channel HD Into the Universe With Stephen Hawking)」視頻擷圖：

大家好 我是史提芬・霍金

我們只是宇宙「1000億」個「銀河系」星系中的其中一個

　　在《大方廣佛華嚴經卷第六・如來現相品第二》中，經文最末「**精進力無礙慧菩薩**」在說完偈頌後，佛以如下開示作結，如云：

> 如此四天下道場中，以佛神力，十方各有「一億」世界海微塵數諸
> 菩薩眾而來集會；應知一切「世界海」、一一「四天下」(四大部洲天下)
> 諸道場中，悉亦如是。[67]

　　經文出現了「一億」個「世界海」塵數諸菩薩眾來此集會，聽佛說法。

---

[67] 詳《大正藏》第十冊頁 32 下。

一億「世界海」有究竟有多少？一個「世界海」約 60 個「銀河系」，那一億世界海是 60 億個「銀河系」，這樣的數字還是在目前宇宙 1000 億「銀河系」的總數之內啊！

結 論

本章以《華嚴經》文義結合宇宙科學新知及圖表、影片來重新詮釋「世界種、世界海、華藏世界海」的構造，相信可讓人更深入了解「華藏莊嚴世界」的完整架構，這對沒有科技的佛陀時代來說，釋迦佛能對宇宙做如此清楚的描述是非常驚人及不可思議的。

內文曾提到我們目前所能「觀測」到的宇宙只有 0.5%的「可見星系」，另有 95%是不可「直接」觀測到的物質世界，所以縱使「華藏世界」中的「一億世界海」(60 億銀河系)；若以「可觀測」來說的話，它仍然在我們所討論的可見「0.5%星系」內而已，這樣整個浩瀚的所有宇宙星系將是「不可思議」的境界。其實不可「直接」觀測的 95%物質世界；在佛經中也有提到「類似」的經文，如《雜阿含經・卷第十六》云：

> 爾時世尊告諸比丘：如日遊行，照諸世界，乃至千日、千月……是名「小千世界」。此(小)千世界，中間「闇冥」，日月光照，有大德力，而彼(凡夫眾生)不見。其有眾生，生彼中者，不見(無法知見)自身分。[68]

在《方廣大莊嚴經・卷第二》亦云：

> 世界中間「幽冥」之處，「日月」威光所不能照，而皆「大明」。其中眾生各得相見，咸作是言：云何此中忽生「眾生」？[69]

《過去現在因果經・卷第一》也指出：

---

[68] 詳《大正藏》第二冊頁 111 下。
[69] 詳《大正藏》第三冊頁 547 下。

三千大千世界，常皆大明，其界中間「幽冥」之處，日月威光所不
能照，亦皆朗然。其中眾生各得「相見」，共相謂言：此中云何忽
生眾生？[70]

經典皆以「闇冥」或「幽冥」字眼描述，類似這樣的經文非常多，不
再例舉。有趣的是這些地方是「有眾生」在住的，只是彼此間「互相不能
見」而已。而目前科學家也陸續發現宇宙中不可「直接」觀測到的「暗星
系[71]、屬暗物質的矮星系[72]、反物質星系[73]⋯⋯」等，還有世界科學界最熱
門話題的「平行宇宙」(parallel universes)[74]、「平行世界」(parallel world)和「多
重宇宙」(multiverse)；甚至天文望遠鏡哈勃(Hubble Space Telescope)與克卜
勒(Kepler space telescope)每天都不斷的在發現「全新的物質」。[75]故《華嚴

---

[70] 詳《大正藏》第三冊頁 624 中。

[71] 「暗星系」是指一種含很少恆星（甚至沒有）的星系級的天體，一般認為它們是由「暗
物質」構成，且這些物質也會如同一般星系一樣繞著星系核心旋轉，而它們可能含
有一些氣體（例如氫），因此它們能藉由無線電波的波段來偵測它們的存在。目前我
們已發現的「暗星系」有：❶Cl 0024+17 (或稱為 ZwCl 0024+1652)。❷HVC 127-41-
330。❸VIRGOHI21。❹HE0450-2958。❺Segue 1。❻UGC 10214⋯⋯等。

[72] 最近發現 NGC 5291 碰撞後的殘餘物質形成三個有「暗物質」的「矮星系」。以上參
考資料：http://www.nrao.edu/pr/2007/darkdwarfs/。另 2009 年 3 月 17 日中研院天文
網亦刊出英仙座星系團 Abell 426 內的 29 個橢圓具有暗物質的「矮星系」。以上參
考資料：http://asweb.asiaa.sinica.edu.tw/modules/news/article.php?storyid=126。

[73] 科學家稱「反物質星系」是由中子星和黑洞所撕裂的「恒星」所產生的，例如 2009
年 06 月 23 日中國經濟網綜合刊出超新星「SN 2005E」不斷地釋放出大量的「反物
質」粒子，是宇宙中奇特的「反物質」工廠。以上參考資料
http://sci.ce.cn/yzdq/yz/yzxw/200906/23/t20090623_19374874.shtml。

[74] 人類早於 1954 年，一名年輕的美國普林斯頓大學博士研究生休 埃維雷特三世(Hugh
Everett III)就提出了這個大膽的理論：人類世界存在著「平行宇宙」。結果經過半個
世紀的研究和探索，美國科學家已逐步證明「平行宇宙」的存在。

[75] 2010/01/05【台灣醒報記者陳怡竹綜合報導】--「克卜勒」望遠鏡發現太空「全新的
物質」--。內容說：美國太空總署的克卜勒太空望遠鏡，日前發現了兩個未知的天
體，它們既非行星，也非恆星，因為它們比行星還熱，比恆星還小⋯⋯美國太空總
署的天體物理學者莫爾斯表示：宇宙不停地在製造一些超乎我們想像的物質」。以

經》上有「十大數」[76]的名相之說，如《大方廣佛華嚴經・卷第二十八》云：

> 如是等「百世界、千世界、百千世界、億世界、百億世界、千億世界、百千億世界」，乃至「百千億那由他」世界，廣說乃至不可說、不可說「佛刹微塵數」世界眾生，悉能分別知其心念。
> 亦知東方「一、十、百、千、萬、億、那由他、無數、無量、無邊、無等、不可數、不可稱、不可思、不可量、不可說(anabhilāpya)、不可說不可說(anabhilāpya anabhilāpya)」諸世界中，所有眾生及諸賢聖言辭、心想、行願、地位微細祕密。[77]

宇宙名相、名數總有窮盡，科學能力亦有無法突破之處，到最後仍需會歸「一眞法界」的「性空」之理。唐・李通玄《新華嚴經論・卷第二》就提出：「十方世界『一眞性海』，大智圓周爲國土境界，總爲性海，爲『一眞法界』」。[78]唐・善無畏(Śubhakara-siṃha 637〜735)《金剛頂經毘盧遮那一百八尊法身契印》亦詳細說：

> 佛告金剛密菩薩摩訶薩……一切如來……同一法性、「一眞法界」一味如如，不來不去，無相無爲，清淨法身，照圓寂海……恒沙功德不可算，廣度眾生無限極。「人空、法空、自性空」，「一眞法界」本來「空」。[79]

上參考資料 http://news.msn.com.tw/news1549115.aspx。

[76] 如《大方廣佛華嚴經・卷四十五・阿僧祇品第三十》云：「爾時，心王菩薩白佛言：世尊！諸佛如來演說①阿僧祇、②無量、③無邊、④無等、⑤不可數、⑥不可稱、⑦不可思、⑧不可量、⑨不可說、⑩不可說不可說」。詳《大正藏》第十冊頁 237 中。

[77] 詳《大正藏》第十冊頁 685 上。

[78] 詳《大正藏》第三十六冊頁 730 上。

[79] 詳《大正藏》第十八冊頁 335 上。

如下圖所示：

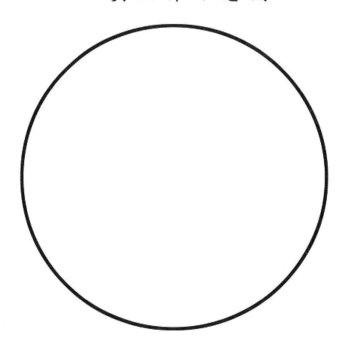

一真法界示意圖

佛典上常說「色不離空，空不離色，色即是空，空即是色」，[80]故「一真法界」可隨「眾因緣」及「萬法唯心」而變現出真實的「華藏世界海」；而「華藏世界海」亦可隨「眾因緣」而終歸「性空」而幻滅。

無論我們從佛典或科學天文角度去研究「多變不可測」及「無常」的宇宙，這種「有爲法如夢幻泡影」[81]及「萬法唯心、色即是空」的觀點是探

---

[80] 語出《大般若波羅蜜多經·卷四》。詳《大正藏》第五冊頁 17 下。
[81] 語出《金剛般若波羅蜜經》。詳《大正藏》第八冊頁 752 中。

討佛典宇宙及科學宇宙上不可或缺的真理。

附錄：《華嚴經・華藏世界品》全文解析

唐・實叉難陀譯《大方廣佛華嚴經・卷第八・華藏世界品第五之一》

爾時，普賢菩薩復告大眾言：諸佛子！此「華藏莊嚴世界海」，是毘盧遮那如來往昔於「世界海」微塵數劫修菩薩行時，一一劫中親近「世界海」微塵數佛，一一佛所淨修「世界海」微塵數大願之所嚴淨。

諸佛子！此「華藏莊嚴世界海」，有「須彌山」微塵數「風輪」所持。

(1)其最下風輪，名「平等住」，能持其上「一切寶焰熾然莊嚴」。

(2)次上風輪，名「出生種種寶莊嚴」，能持其上「淨光照耀摩尼王幢」。

(3)次上風輪，名「寶威德」，能持其上「一切寶鈴」。

(4)次上風輪，名「平等焰」，能持其上「日光明相摩尼王輪」。

(5)次上風輪，名「種種普莊嚴」，能持其上「光明輪華」。

(6)次上風輪，名「普清淨」，能持其上「一切華焰師子座」。

(7)次上風輪，名「聲遍十方」，能持其上「一切珠王幢」。

(8)次上風輪，名「一切寶光明」，能持其上「一切摩尼王樹華」。

(9)次上風輪，名「速疾普持」，能持其上「一切香摩尼須彌雲」。

(10)次上風輪，名「種種宮殿遊行」，能持其上「一切寶色香臺雲」。

(11)諸佛子！彼須彌山微塵數風輪，最在上者，名「殊勝威光藏」，能持「普光摩尼莊嚴香水海」；此「香水海」有大蓮華，名「種種光明藥香幢」。

(12)「華藏莊嚴世界海」，住在其中，四方均平，清淨堅固；「金剛輪山」，周匝圍遶；地海眾樹，各有區別。

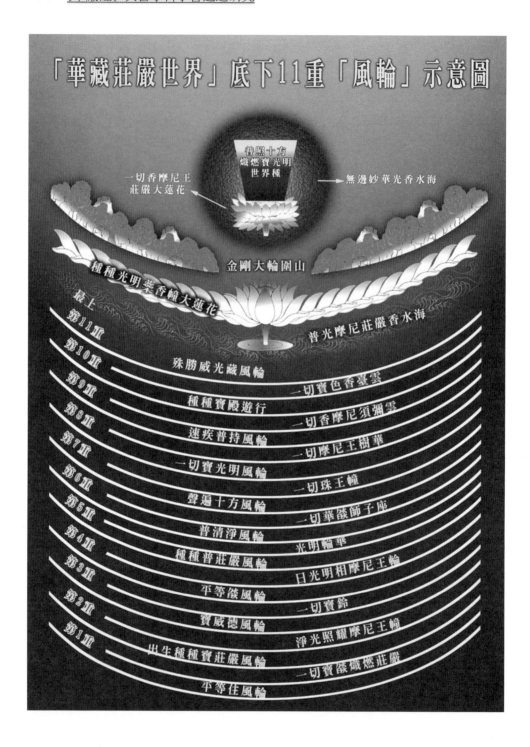

是時，普賢菩薩欲重宣其義，承佛神力，觀察十方而說頌言：

世尊往昔於諸有，微塵佛所修淨業，故獲種種寶光明，華藏莊嚴世界海。
廣大悲雲遍一切，捨身無量等剎塵，以昔劫海修行力，今此世界無諸垢。
放大光明遍住空，風力所持無動搖，佛藏摩尼普嚴飾，如來願力令清淨。
普散摩尼妙藏華，以昔願力空中住，種種堅固莊嚴海，光雲垂布滿十方。
諸摩尼中菩薩雲，普詣十方光熾然，光焰成輪妙華飾，法界周流靡不遍。
一切寶中放淨光，其光普照眾生海，十方國土皆周遍，咸令出苦向菩提。
寶中佛數等眾生，從其毛孔出化形，梵主帝釋輪王等，一切眾生及諸佛。
化現光明等法界，光中演說諸佛名，種種方便示調伏，普應群心無不盡。
華藏世界所有塵，一一塵中見法界，寶光現佛如雲集，此是如來剎自在。
廣大願雲周法界，於一切劫化群生，普賢智地行悉成，所有莊嚴從此出。

爾時，普賢菩薩復告大眾言：
(1)諸佛子！此「華藏莊嚴世界海」大輪圍山，住「日珠王蓮華」之上。
(2)「栴檀摩尼」以為其身，
(3)「威德寶王」以為其峯，
(4)「妙香摩尼」而作其輪，
(5)「焰藏金剛」所共成立，
(6)一切「香水」流注其間，
(7)「眾寶」為林，「妙華」開敷，
(8)「香草」布地，「明珠」間飾，
(9)種種「香華」處處盈滿，
(10)「摩尼」為網，周匝垂覆。
如是等，有「世界海」微塵數眾妙莊嚴。

爾時，普賢菩薩欲重宣其義，承佛神力，觀察十方而說頌言：

世界大海無有邊，寶輪清淨種種色，所有莊嚴盡奇妙，此由如來神力起。

摩尼寶輪妙香輪，及以真珠燈焰輪，種種妙寶為嚴飾，清淨輪圍所安住。

堅固摩尼以為藏，閻浮檀金作嚴飾，舒光發焰遍十方，內外映徹皆清淨。

金剛摩尼所集成，復雨摩尼諸妙寶，其寶精奇非一種，放淨光明普嚴麗。

香水分流無量色，散諸華寶及栴檀，眾蓮競發如衣布，珍草羅生悉芬馥。

無量寶樹普莊嚴，開華發蘂色熾然，種種名衣在其內，光雲四照常圓滿。

無量無邊大菩薩，執蓋焚香充法界，悉發一切妙音聲，普轉如來正法輪。

諸摩尼樹寶末成，一一寶末現光明，毘盧遮那清淨身，悉入其中普令見。

諸莊嚴中現佛身，無邊色相無央數，悉往十方無不遍，所化眾生亦無限。

一切莊嚴出妙音，演說如來本願輪，十方所有淨剎海，佛自在力咸令遍。

爾時，普賢菩薩復告大眾言：諸佛子！此世界海「大輪圍山」內所有「大地」，

(1)一切皆以「金剛」所成，堅固莊嚴，不可沮壞；

(2)清淨平坦，無有高下；

(3)「摩尼」為輪，眾寶為藏；

(4)一切眾生，種種形狀；

(5)諸「摩尼」寶，以為間錯；

(6)散眾寶末，布以蓮華；

(7)香藏「摩尼」，分置其間；

(8)諸莊嚴具，充遍如雲，

(9)三世一切諸佛國土所有莊嚴而為校飾；

(10)「摩尼」妙寶以為其網，普現如來所有境界，如「天帝網」於中布列。

諸佛子！此「世界海」地，有如是等「世界海」微塵數莊嚴。

爾時，普賢菩薩欲重宣其義，承佛神力，觀察十方而說頌言：

其地平坦極清淨，安住堅固無能壞，摩尼處處以為嚴，眾寶於中相間錯。
金剛為地甚可悅，寶輪寶網具莊嚴，蓮華布上皆圓滿，妙衣彌覆悉周遍。
菩薩天冠寶瓔珞，悉布其地為嚴好，栴檀摩尼普散中，咸舒離垢妙光明。
寶華發焰出妙光，光焰如雲照一切，散此妙華及眾寶，普覆於地為嚴飾。
密雲興布滿十方，廣大光明無有盡，普至十方一切土，演說如來甘露法。
一切佛願摩尼內，普現無邊廣大劫，最勝智者昔所行，於此寶中無不見。
其地所有摩尼寶，一切佛剎咸來入，彼諸佛剎一一塵，一切國土亦入中。
妙寶莊嚴華藏界，菩薩遊行遍十方，演說大士諸弘願，此是道場自在力。
摩尼妙寶莊嚴地，放淨光明備眾飾，充滿法界等虛空，佛力自然如是現。
諸有修治普賢願，入佛境界大智人，能知於此剎海中，如是一切諸神變。

爾時，普賢菩薩復告大眾言：
諸佛子！此「世界海」大地中，有不可說佛剎微塵數「香水海」，
(1)一切妙寶，莊嚴其底，
(2)妙香摩尼，莊嚴其岸，
(3)毘盧遮那「摩尼」寶王，以為其網，
(4)香水映徹，具眾寶色，充滿其中，
(5)種種寶華，旋布其上，
(6)栴檀細末，澄垽ㄣ（泥渣）其下，
(7)演佛言音，放寶光明，
(8)無邊菩薩，持種種蓋，現神通力，
(9)一切世界所有莊嚴，悉於中現，
(10)十寶階陛，行列分布，
(11)十寶欄楯，周匝圍遶，
(12)四天下微塵數一切寶莊嚴「芬陀利華」，敷榮水中，
(13)不可說百千億那由他數「十寶尸羅幢」，

(14)恒河沙數一切「寶衣鈴網幢」,

(15)恒河沙數無邊色相「寶華樓閣」,

(16)百千億那由他數「十寶蓮華城」,

(17)四天下微塵數眾寶樹林,「寶焰摩尼」以為其網,

(18)恒河沙數「栴檀香」,

(19)諸佛言音,光焰摩尼,

(20)不可說百千億那由他數眾寶「垣牆」,悉共圍遶,周遍嚴飾。

爾時,<u>普賢</u>菩薩欲重宣其義,承佛神力,觀察十方而說頌言:

此世界中大地上,有香水海摩尼嚴,清淨妙寶布其底,安住金剛不可壞。
香藏摩尼積成岸,日焰珠輪布若雲,蓮華妙寶為瓔珞,處處莊嚴淨無垢。
香水澄渟具眾色,寶華旋布放光明,普震音聲聞遠近,以佛威神演妙法。
階陛莊嚴具眾寶,復以摩尼為間飾,周迴欄楯悉寶成,蓮華珠網如雲布。
摩尼寶樹列成行,華蘂敷榮光赫奕,種種樂音恒競奏,佛神通力令如是。
種種妙寶芬陀利,敷布莊嚴香水海,香焰光明無暫停,廣大圓滿皆充遍。
明珠寶幢恒熾盛,妙衣垂布為嚴飾,摩尼鈴網演法音,令其聞者趣佛智。
妙寶蓮華作城廓,眾彩摩尼所嚴瑩,真珠雲影布四隅,如是莊嚴香水海。
垣牆繚繞皆周匝,樓閣相望布其上,無量光明恒熾然,種種莊嚴清淨海。
毘盧遮那於往昔,種種剎海皆嚴淨,如是廣大無有邊,悉是如來自在力。

爾時,<u>普賢</u>菩薩復告大眾言:諸佛子!一一「香水海」,

(1)各有「四天下微塵數」香水河,右旋圍遶,

(2)一切皆以「金剛」為岸,「淨光摩尼」以為嚴飾,

(3)常現諸佛「寶色光雲」;

(4)及諸眾生所有「言音」。

(5)其河所有漩澓_(水回流貌)之處,一切諸佛所修因行種種形相,皆從中

出。

(6)「摩尼」為網，「眾寶」鈴鐸，諸「世界海」所有莊嚴，悉於中現。

(7)「摩尼寶雲」以覆其上，其雲普現「華藏世界」毘盧遮那十方化佛，及一切佛神通之事。

(8)復出「妙音」，稱揚三世佛菩薩名；

(9)其香水中，常出一切寶焰光雲，相續不絕。

(10)若廣說者，一一河各有「世界海」微塵數莊嚴。

爾時，普賢菩薩欲重宣其義，承佛神力，觀察十方而說頌言：

清淨香流滿大河，金剛妙寶為其岸，寶末為輪布其地，種種嚴飾皆珍好。
寶階行列妙莊嚴，欄楯周迴悉殊麗，真珠為藏眾華飾，種種纓鬘共垂下。
香水寶光清淨色，恒吐摩尼競疾流，眾華隨浪皆搖動，悉奏樂音宣妙法。
細末栴檀作泥垽，一切妙寶同迴復，香藏氛氳布在中，發焰流芬普周遍。
河中出生諸妙寶，悉放光明色熾然，其光布影成臺座，華蓋珠瓔皆具足。
摩尼王中現佛身，光明普照十方剎，以此為輪嚴飾地，香水映徹常盈滿。
摩尼為網金為鐸，遍覆香河演佛音，克宣一切菩提道，及以普賢之妙行。
寶岸摩尼極清淨，恒出如來本願音，一切諸佛曩所行，其音普演皆令見。
其河所有漩流處，菩薩如雲常踊出，悉往廣大剎土中，乃至法界咸充滿。
清淨珠王布若雲，一切香河悉彌覆，其珠等佛眉間相，炳然顯現諸佛影。

爾時，普賢菩薩復告大眾言：諸佛子！此諸香水河，

(1)兩間之地，悉以「妙寶」種種莊嚴，

(2)一一各有「四天下微塵數」眾寶莊嚴。

(3)「芬陀利華」周匝遍滿，各有四天下微塵數；

(4)眾寶「樹林」次第行列，

(5)一一樹中，恒出一切「諸莊嚴雲」。

(6)「摩尼寶王」照耀其間，

(7)種種「華香」處處盈滿，

(8)其樹復出微妙音聲，說諸如來一切劫中所修大願。

(9)復散種種「摩尼寶王」，充遍其地，

(10)所謂：「蓮華輪」摩尼寶王、

(11)「香焰光雲」摩尼寶王、

(12)「種種嚴飾」摩尼寶王、

(13)「現不可思議莊嚴色」摩尼寶王、

(14)「日光明衣藏」摩尼寶王、

(15)「周遍十方普垂布光網雲」摩尼寶王、

(16)「現一切諸佛神變」摩尼寶王、

(17)「現一切眾生業報海」摩尼寶王，

(18)如是等，有「世界海」微塵數。

其香水河，兩間之地，一切悉具如是莊嚴。

爾時，普賢菩薩欲重宣其義，承佛神力，觀察十方而說頌言：

其地平坦極清淨，真金摩尼共嚴飾，諸樹行列蔭其中，聳幹垂條華若雲。

枝條妙寶所莊嚴，華焰成輪光四照，摩尼為果如雲布，普使十方常現覩。

摩尼布地皆充滿，眾華寶末共莊嚴，復以摩尼作宮殿，悉現眾生諸影像。

諸佛影像摩尼王，普散其地靡不周，如是赫奕遍十方，一一塵中咸見佛。

妙寶莊嚴善分布，真珠燈網相間錯，處處悉有摩尼輪，一一皆現佛神通。

眾寶莊嚴放大光，光中普現諸化佛，一一周行靡不遍，悉以十力廣開演。

摩尼妙寶芬陀利，一切水中咸遍滿，其華種種各不同，悉現光明無盡歇。

三世所有諸莊嚴，摩尼果中皆顯現，體性無生不可取，此是如來自在力。

此地一切莊嚴中，悉現如來廣大身，彼亦不來亦不去，佛昔願力皆令見。

此地一一微塵中，一切佛子修行道，各見所記當來剎，隨其意樂悉清淨。

爾時，普賢菩薩復告大眾言：諸佛子！諸佛世尊「世界海」，莊嚴不可思議。何以故？諸佛子！此「華藏莊嚴世界海」一切境界，一一皆以「世界海」微塵數清淨功德之所莊嚴。

爾時，普賢菩薩欲重宣其義，承佛神力，觀察十方而說頌言：

此剎海中一切處，悉以眾寶為嚴飾，發焰騰空布若雲，光明洞徹常彌覆。
摩尼吐雲無有盡，十方佛影於中現，神通變化靡暫停，一切菩薩咸來集。
一切摩尼演佛音，其音美妙不思議，毘盧遮那昔所行，於此寶內恒聞見。
清淨光明遍照尊，莊嚴具中皆現影，變化分身眾圍遶，一切剎海咸周遍。
所有化佛皆如幻，求其來處不可得，以佛境界威神力，一切剎中如是現。
如來自在神通事，悉遍十方諸國土，以此剎海淨莊嚴，一切皆於寶中見。
十方所有諸變化，一切皆如鏡中像，但由如來昔所行，神通願力而出生。
若有能修普賢行，入於菩薩勝智海，能於一切微塵中，普現其身淨眾剎。
不可思議億大劫，親近一切諸如來，如其一切之所行，一剎那中悉能現。
諸佛國土如虛空，無等無生無有相，為利眾生普嚴淨，本願力故住其中。

爾時，普賢菩薩復告大眾言：
諸佛子！此中有何等世界住？我今當說。
諸佛子！此不可說佛剎微塵數「香水海」中，有不可說佛剎微塵數「世界種」安住；一一「世界種」，復有不可說佛剎微塵數世界。
諸佛子！彼諸「世界種」，於「世界海」中，

(1)各各「依住」，
(2)各各「形狀」，
(3)各各「體性」，

(4)各各「方所」，

(5)各各「趣入」，

(6)各各「莊嚴」，

(7)各各「分齊」，

(8)各各「行列」，

(9)各各「無差別」，

(10)各各「力加持」。

諸佛子！此「世界種」，

(1)或有依「大蓮華海」住，

(2)或有依「無邊色寶華海」住，

(3)或有依「一切真珠藏寶瓔珞海」住，

(4)或有依「香水海」住，

(5)或有依「一切華海」住，

(6)或有依「摩尼寶網海」住，

(7)或有依「漩流光海」住，

(8)或有依「菩薩寶莊嚴冠海」住，

(9)或有依「種種眾生身海」住，

(10)或有依「一切佛音聲摩尼王海」住。

如是等，若廣說者，有「世界海」微塵數。

諸佛子！彼一切「世界種」，

(1)或有作「須彌山形」，

(2)或作「江河形」，

(3)或作「迴轉形」，

(4)或作「漩流形」，

(5)或作「輪輞形」，

(6)或作「壇墠 形」（指古代祭祀或會盟用的場地），

(7)或作「樹林形」，

(8)或作「樓閣形」，

(9)或作「山幢形」，

(10)或作「普方形」，

(11)或作「胎藏形」，

(12)或作「蓮華形」，

(13)或作「佉勒迦形」（「佉勒迦」乃指「谷麥籌 」的意思，為一種盛糧食的「圓囤 」），

(14)或作「眾生身形」，

(15)或作「雲形」，

(16)或作「諸佛相好形」，

(17)或作「圓滿光明形」，

(18)或作「種種珠網形」，

(19)或作「一切門闥 形」，

(20)或作「諸莊嚴具形」。

如是等，若廣說者，有「世界海」微塵數。

諸佛子！彼一切「世界種」，

(1)或有以「十方摩尼雲」為體，

(2)或有以「眾色焰」為體，

(3)或有以「諸光明」為體，

(4)或有以「寶香焰」為體，

(5)或有以「一切寶莊嚴多羅華」為體，

(6)或有以「菩薩影像」為體，

(7)或有以「諸佛光明」為體，

(8)或有以「佛色相」為體，

(9)或有以「一寶光」為體，

(10)或有以「眾寶光」為體，

(11)或有以「一切眾生福德海音聲」為體，

(12)或有以「一切眾生諸業海音聲」為體，

(13)或有以「一切佛境界清淨音聲」為體，

(14)或有以「一切菩薩大願海音聲」為體，

(15)或有以「一切佛方便音聲」為體，

(16)或有以「一切剎莊嚴具成壞音聲」為體，

(17)或有以「無邊佛音聲」為體，

(18)或有以「一切佛變化音聲」為體，

(19)或有以「一切眾生善音聲」為體，

(20)或有以「一切佛功德海清淨音聲」為體。

如是等，若廣說者，有「世界海」微塵數。

爾時，<u>普賢</u>菩薩欲重宣其義，承佛神力，觀察十方而說頌言：

剎種堅固妙莊嚴，廣大清淨光明藏，依止蓮華寶海住，或有住於香海等。

須彌城樹壇墠形，一切剎種遍十方，種種莊嚴形相別，各各布列而安住。

或有體是淨光明，或是華藏及寶雲，或有剎種焰所成，安住摩尼不壞藏。

燈雲焰彩光明等，種種無邊清淨色，或有言音以為體，是佛所演不思議。

或是願力所出音，神變音聲為體性，一切眾生大福業，佛功德音亦如是。

剎種一一差別門，不可思議無有盡，如是十方皆遍滿，廣大莊嚴現神力。

十方所有廣大剎，悉來入此世界種，雖見十方普入中，而實無來無所入。

以一剎種入一切，一切入一亦無餘，體相如本無差別，無等無量悉周遍。

一切國土微塵中，普見如來在其所，願海言音若雷震，一切眾生悉調伏。

佛身周遍一切剎，無數菩薩亦充滿，如來自在無等倫，普化一切諸含識。

爾時，<u>普賢</u>菩薩復告大眾言：

諸佛子！此不可說佛剎微塵數「香水海」，在「華藏莊嚴世界海」中，如「天帝網」分布而住。

諸佛子！此最中央「香水海」，名「無邊妙華光」，以「現一切菩薩形摩尼王幢」為底；出大蓮華，名「一切香摩尼王莊嚴」；有「世界種」而住其上，名「普照十方熾然寶光明」，以「一切莊嚴具」為體，有不可說佛剎微塵數世界於中布列。

(1)其最下方有世界，名「最勝光遍照」，以「一切金剛莊嚴光耀輪」為際，依「眾寶摩尼華」而住；其狀猶如「摩尼寶形」，一切「寶華莊嚴雲」彌覆其上，佛剎微塵數世界周匝圍遶，種種安住，種種莊嚴，佛號「淨眼離垢燈」。

(2)此上過佛剎微塵數世界，有世界名「種種香蓮華妙莊嚴」，以「一切莊嚴具」為際，依「寶蓮華網」而住；其狀猶如「師子之座」，一切「寶色珠帳雲」彌覆其上，二佛剎微塵數世界周匝圍遶，佛號「師子光勝照」。

(3)此上過佛剎微塵數世界，有世界名「一切寶莊嚴普照光」，以「香風輪」為際，依種種「寶華瓔珞」住；其形「八隅」，「妙光摩尼日輪雲」而覆其上，三佛剎微塵數世界周匝圍遶，佛號「淨光智勝幢」。

(4)此上過佛剎微塵數世界，有世界名「種種光明華莊嚴」，以「一切寶王」為際，依「眾色金剛尸羅幢海」住；其狀猶如「摩尼蓮華」，以「金剛摩尼寶光雲」而覆其上，四佛剎微塵數世界周匝圍遶，純一清淨，佛號「金剛光明無量精進力善出現」。

(5)此上過佛剎微塵數世界，有世界名「普放妙華光」，以「一切寶鈴莊嚴網」為際，依「一切樹林莊嚴寶輪網海」住；其形「普方」而多有「隅角」，「梵音摩尼王雲」以覆其上，五佛剎微塵數世界周匝圍遶，佛號「香光喜力海」。

(6)此上過佛剎微塵數世界，有世界名「淨妙光明」，以「寶王莊嚴幢」為際，依「金剛宮殿海」住；其形「四方」，「摩尼輪髻帳雲」而覆其上，六

佛剎微塵數世界周匝圍遶，佛號「普光自在幢」。

(7)此上過佛剎微塵數世界，有世界名「眾華焰莊嚴」，以種種「華莊嚴」為際，依「一切寶色焰海」住；其狀猶如「樓閣」之形，「一切寶色衣真珠欄楯雲」而覆其上，七佛剎微塵數世界周匝圍遶，純一清淨，佛號「歡喜海功德名稱自在光」。

(8)此上過佛剎微塵數世界，有世界名「出生威力地」，以「出一切聲摩尼王莊嚴」為際，依種種「寶色蓮華座虛空海」住；其狀猶如「因陀羅網」，以「無邊色華網雲」而覆其上，八佛剎微塵數世界周匝圍遶，佛號「廣大名稱智海幢」。

(9)此上過佛剎微塵數世界，有世界名「出妙音聲」，以「心王摩尼莊嚴輪」為際，依「恒出一切妙音聲莊嚴雲摩尼王海」住；其狀猶如「梵天身形」，「無量寶莊嚴師子座雲」而覆其上，九佛剎微塵數世界周匝圍遶，佛號「清淨月光明相無能摧伏」。

(10)此上過佛剎微塵數世界，有世界名「金剛幢」，以「無邊莊嚴真珠藏寶瓔珞」為際，依「一切莊嚴寶師子座摩尼海」住；其狀「周圓」，「十須彌山微塵數一切香摩尼華須彌雲」彌覆其上，十佛剎微塵數世界周匝圍遶，純一清淨，佛號「一切法海最勝王」。

(11)此上過佛剎微塵數世界，有世界名「恒出現帝青寶光明」，以「極堅牢不可壞金剛莊嚴」為際，依種種「殊異華海」住；其狀猶如「半月之形」，「諸天寶帳雲」而覆其上，十一佛剎微塵數世界周匝圍遶，佛號「無量功德法」。

(12)此上過佛剎微塵數世界，有世界名「光明照耀」，以「普光莊嚴」為際，依「華旋香水海」住；狀如「華旋」，「種種衣雲」而覆其上，十二佛剎微塵數世界周匝圍遶，佛號「超釋梵」。

(13)此上過佛剎微塵數世界，至此世界名「娑婆」，以「金剛莊嚴」為際，依「種種色風輪所持蓮華網」住；狀如「虛空」，以「普圓滿天宮殿莊嚴虛空雲」而覆其上，十三佛剎微塵數世界周匝圍遶，其佛即是「毘盧

遮那如來世尊」。

(14)此上過佛剎微塵數世界，有世界名「寂靜離塵光」，以「一切寶莊嚴」為際，依「種種寶衣海」住；其狀猶如「執金剛形」，「無邊色金剛雲」而覆其上，十四佛剎微塵數世界周匝圍遶，佛號「遍法界勝音」。

(15)此上過佛剎微塵數世界，有世界名「眾妙光明燈」，以「一切莊嚴帳」為際，依「淨華網海」住；其狀猶如「卐字之形」，「摩尼樹香水海雲」而覆其上，十五佛剎微塵數世界周匝圍遶，純一清淨，佛號「不可摧伏力普照幢」。

(16)此上過佛剎微塵數世界，有世界名「清淨光遍照」，以「無盡寶雲摩尼王」為際，依「種種香焰蓮華海」住；其狀猶如「龜甲之形」，「圓光摩尼輪栴檀雲」而覆其上，十六佛剎微塵數世界周匝圍遶，佛號「清淨日功德眼」。

(17)此上過佛剎微塵數世界，有世界名「寶莊嚴藏」，以「一切眾生形摩尼王」為際，依「光明藏摩尼王海」住；其形「八隅」，以「一切輪圍山寶莊嚴華樹網」彌覆其上，十七佛剎微塵數世界周匝圍遶，佛號「無礙智光明遍照十方」。

(18)此上過佛剎微塵數世界，有世界名「離塵」，以「一切殊妙相莊嚴」為際，依「眾妙華師子座海」住；狀如「珠瓔」，以「一切寶香摩尼王圓光雲」而覆其上，十八佛剎微塵數世界周匝圍遶，純一清淨，佛號「無量方便最勝幢」。

(19)此上過佛剎微塵數世界，有世界名「清淨光普照」，以「出無盡寶雲摩尼王」為際，依「無量色香焰須彌山海」住；其狀猶如「寶華旋布」，以「無邊色光明摩尼王帝青雲」而覆其上，十九佛剎微塵數世界周匝圍遶，佛號「普照法界虛空光」。

(20)此上過佛剎微塵數世界，有世界名「妙寶焰」，以「普光明日月寶」為際，依「一切諸天形摩尼王海」住；其狀猶如「寶莊嚴具」，以「一切寶衣幢雲」及「摩尼燈藏網」而覆其上，二十佛剎微塵數世界周匝圍遶，

純一清淨，佛號「福德相光明」。

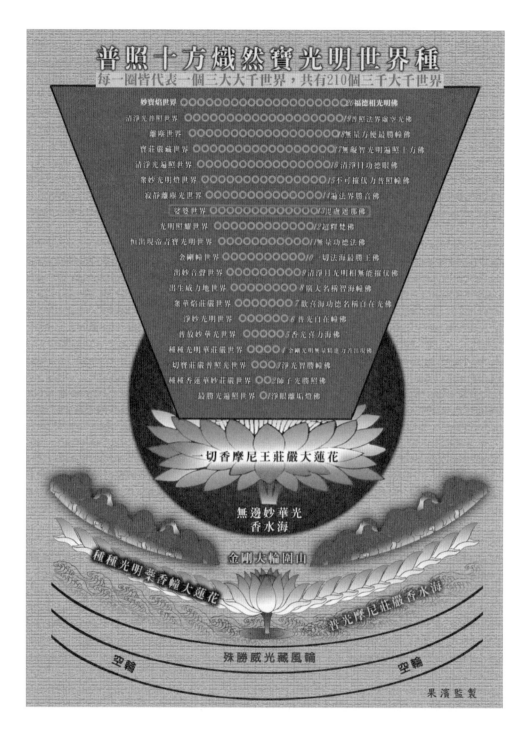

諸佛子！此「遍照十方熾然寶光明世界種」，有如是等不可說佛剎微塵數廣大世界，

(1)各各「所依住」，

(2)各各「形狀」，

(3)各各「體性」，

(4)各各「方面」，

(5)各各「趣入」，

(6)各各「莊嚴」，

(7)各各「分齊」，

(8)各各「行列」，

(9)各各「無差別」，

(10)各各「力加持」，周匝圍遶。

所謂：

(1)十佛剎微塵數「迴轉形」世界、

(2)十佛剎微塵數「江河形」世界、

(3)十佛剎微塵數「漩流形」世界、

(4)十佛剎微塵數「輪輻形」世界、

(5)十佛剎微塵數「壇墠ᐣ 形」(指古代祭祀或會盟用的場地)世界、

(6)十佛剎微塵數「樹林形」世界、

(7)十佛剎微塵數「樓觀形」世界、

(8)十佛剎微塵數「尸羅幢形」世界、

(9)十佛剎微塵數「普方形」世界、

(10)十佛剎微塵數「胎藏形」世界、

(11)十佛剎微塵數「蓮華形」世界、

(12)十佛剎微塵數「佉勒迦形」(「佉勒迦」乃指「谷麥篅ᐣ」的意思，為一種盛糧食的「圓囷ᐣ」)世界、

(13)十佛剎微塵數「種種眾生形」世界、

(14)十佛剎微塵數「佛相形」世界、

(15)十佛剎微塵數「圓光形」世界、

(16)十佛剎微塵數「雲形」世界、

(17)十佛剎微塵數「網形」世界、

(18)十佛剎微塵數「門闥形」世界。

如是等，有不可說佛剎微塵數。

此一一世界，各有十佛剎微塵數「廣大世界」周匝圍遶。

此諸世界，一一復有如上所說微塵數世界而為眷屬。

如是所說一切世界，皆在此「無邊妙華光香水海」及圍遶此海香水河中。

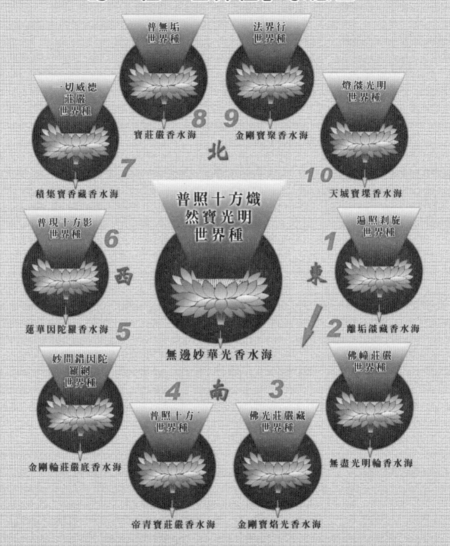

右旋圍繞「普照十方熾然寶光明世界種」的10個「世界種」示意圖

此圖為華藏莊嚴世界海中央十一個世界種安立圖，每一海皆為香水，故稱「香水海」。每一海中皆有殊勝大妙蓮花，妙蓮花上皆有二十重無量世界，叫世界種。右旋次第從東到南到西到北。

果濱監製

唐・實叉難陀譯《大方廣佛華嚴經・卷第九・華藏世界品第五之二》

7

爾時，普賢菩薩復告大眾言：

諸佛子！此「無邊妙華光香水海」東，次有「香水海」，名「離垢焰藏」；出大蓮華，名「一切香摩尼王妙莊嚴」；有「世界種」而住其上，名「遍照剎旋」，以「菩薩行吼音」為體。

(1)此中最下方，有世界名「宮殿莊嚴幢」；其形「四方」，依「一切寶莊嚴海」住，「蓮華光網雲」彌覆其上，佛剎微塵數世界圍遶，純一清淨，佛號「眉間光遍照」。

(2)此上過佛剎微塵數世界，有世界名「德華藏」；其形「周圓」，依「一切寶華藥海」住，「真珠幢師子座雲」彌覆其上，二佛剎微塵數世界圍遶，佛號「一切無邊法海慧」。

(3)此上過佛剎微塵數世界，有世界名「善變化妙香輪」；形如「金剛」，依「一切寶莊嚴鈴網海」住，「種種莊嚴圓光雲」彌覆其上，三佛剎微塵數世界圍遶，佛號「功德相光明普照」。

(4)此上過佛剎微塵數世界，有世界名「妙色光明」；其狀猶如「摩尼寶輪」，依「無邊色寶香水海」住，「普光明真珠樓閣雲」彌覆其上，四佛剎微塵數世界圍遶，純一清淨，佛號「善眷屬出興遍照」。

(5)此上過佛剎微塵數世界，有世界名「善蓋覆」；狀如「蓮華」，依「金剛香水海」住，「離塵光明香水雲」彌覆其上，五佛剎微塵數世界圍遶，佛號「法喜無盡慧」。

(6)此上過佛剎微塵數世界，有世界名「尸利華光輪」；其形「三角」，依「一切堅固寶莊嚴海」住，「菩薩摩尼冠光明雲」彌覆其上，六佛剎微塵數世界圍遶，佛號「清淨普光明雲」。

(7)此上過佛剎微塵數世界，有世界名「寶蓮華莊嚴」；形如「半月」，依「一切蓮華莊嚴海」住，「一切寶華雲」彌覆其上，七佛剎微塵數世界圍遶，純

一清淨，佛號「功德華清淨眼」。

(8)此上過佛剎微塵數世界，有世界名「無垢焰莊嚴」；其狀猶如「寶燈行列」，依「寶焰藏海」住，「常雨香水種種身雲」彌覆其上，八佛剎微塵數世界圍遶，佛號「慧力無能勝」。

(9)此上過佛剎微塵數世界，有世界名「妙梵音」；形如「卐字」，依「寶衣幢海」住，「一切華莊嚴帳雲」彌覆其上，九佛剎微塵數世界圍遶，佛號「廣大目如空中淨月」。

(10)此上過佛剎微塵數世界，有世界名「微塵數音聲」；其狀猶如「因陀羅網」，依「一切寶水海」住，「一切樂音寶蓋雲」彌覆其上，十佛剎微塵數世界圍遶，純一清淨，佛號「金色須彌燈」。

(11)此上過佛剎微塵數世界，有世界名「寶色莊嚴」；形如「卐字」，依「帝釋形寶王海」住，「日光明華雲」彌覆其上，十一佛剎微塵數世界圍遶，佛號「迴照法界光明智」。

(12)此上過佛剎微塵數世界，有世界名「金色妙光」；其狀猶如「廣大城廓」，依「一切寶莊嚴海」住，「道場寶華雲」彌覆其上，十二佛剎微塵數世界圍遶，佛號「寶燈普照幢」。

(13)此上過佛剎微塵數世界，有世界名「遍照光明輪」；狀如「華旋」，依「寶衣旋海」住，「佛音聲寶王樓閣雲」彌覆其上，十三佛剎微塵數世界圍遶，純一清淨，佛號「蓮華焰遍照」。

(14)此上過佛剎微塵數世界，有世界名「寶藏莊嚴」；狀如「四洲」，依「寶瓔珞須彌」住，「寶焰摩尼雲」彌覆其上，十四佛剎微塵數世界圍遶，佛號「無盡福開敷華」。

(15)此上過佛剎微塵數世界，有世界名「如鏡像普現」；其狀猶如「阿脩羅身」，依「金剛蓮華海」住，「寶冠光影雲」彌覆其上，十五佛剎微塵數世界圍遶，佛號「甘露音」。

(16)此上過佛剎微塵數世界，有世界名「栴檀月」；其形「八隅」，依「金剛栴檀寶海」住，「真珠華摩尼雲」彌覆其上，十六佛剎微塵數世界圍遶，純

　　一清淨，佛號「最勝法無等智」。

(17)此上過佛剎微塵數世界，有世界名「離垢光明」；其狀猶如「香水漩流」，依「無邊色寶光海」住，「妙香光明雲」彌覆其上，十七佛剎微塵數世界圍遶，佛號「遍照虛空光明音」。

(18)此上過佛剎微塵數世界，有世界名「妙華莊嚴」；其狀猶如「旋遶之形」，依「一切華海」住，「一切樂音摩尼雲」彌覆其上，十八佛剎微塵數世界圍遶，佛號「普現勝光明」。

(19)此上過佛剎微塵數世界，有世界名「勝音莊嚴」；其狀猶如「師子之座」，依「金師子座海」住，「眾色蓮華藏師子座雲」彌覆其上，十九佛剎微塵數世界圍遶，佛號「無邊功德稱普光明」。

(20)此上過佛剎微塵數世界，有世界名「高勝燈」；狀如「佛掌」，依「寶衣服香幢海」住，「日輪普照寶王樓閣雲」彌覆其上，二十佛剎微塵數世界圍遶，純一清淨，佛號「普照虛空燈」。

遍照剎旋世界種
位於「無邊妙華光香水海」東（編號1）

⑱ 高勝燈世界（佛掌狀）・普照虛空燈佛
⑲ 勝音莊嚴世界（師子之座狀）・無邊功德稱普光明佛
⑱ 妙華莊嚴世界（旋遶之形狀）・普現勝光明佛
⑰ 離垢光明世界（香水漩流狀）・遍照虛空光明音佛
⑯ 栴檀月世界（八隅形）・最勝法無等智佛
⑮ 如鏡像普現世界（阿脩羅身狀）・甘露音佛
⑭ 寶藏莊嚴世界（四洲狀）・無盡福開敷華佛
⑬ 遍照光明輪世界（華旋狀）・蓮華焰遍照佛
⑫ 金色妙光世界（廣大城廓狀）・寶燈普照幢佛
⑪ 寶色莊嚴世界（卍字形）・迴照法界光明智佛
⑩ 微塵數音聲世界（因陀羅網狀）・金色須彌燈佛
⑨ 妙梵音世界（卍字形）・廣大目如空中淨月佛
⑧ 無垢焰莊嚴世界（寶燈行列狀）・慧力無能勝佛
⑦ 寶蓮華莊嚴世界（半月形）・功德華清淨眼佛
⑥ 尸利華光輪世界（三角形）・清淨普光明雲佛
⑤ 善蓋覆世界（蓮華狀）・法喜無盡慧佛
④ 妙色光明世界（摩尼寶輪狀）・善眷屬出興遍照佛
③ 善變化妙香輪世界（金剛形）・功德相光明普照佛
② 德華藏世界（周圓形）・一切無邊法海慧佛
① 宮殿莊嚴幢世界（四方形）・眉間光遍照佛

一切香摩尼王莊嚴大蓮華

離垢焰藏香水海

空輪　　　　空輪

果濱監製

2

諸佛子！此「離垢焰藏香水海」南，次有「香水海」，名「無盡光明輪」；「世界種」名「佛幢莊嚴」；以「一切佛功德海音聲」為體。

(1)此中最下方，有世界名「愛見華」；狀如「寶輪」，依「摩尼樹藏寶王海」住，「化現菩薩形寶藏雲」彌覆其上，佛剎微塵數世界圍遶，純一清淨，佛號「蓮華光歡喜面」。

(2)此上過佛剎微塵數世界，有世界名「妙音」；佛號「須彌寶燈」。

(3)此上過佛剎微塵數世界，有世界名「眾寶莊嚴光」；佛號「法界音聲幢」。

(4)此上過佛剎微塵數世界，有世界名「香藏金剛」；佛號「光明音」。

(5)此上過佛剎微塵數世界，有世界名「淨妙音」；佛號「最勝精進力」。

(6)此上過佛剎微塵數世界，有世界名「寶蓮華莊嚴」；佛號「法城雲雷音」。

(7)此上過佛剎微塵數世界，有世界名「與安樂」；佛號「大名稱智慧燈」。

(8)此上過佛剎微塵數世界，有世界名「無垢網」；佛號「師子光功德海」。

(9)此上過佛剎微塵數世界，有世界名「華林幢遍照」；佛號「大智蓮華光」。

(10)此上過佛剎微塵數世界，有世界名「無量莊嚴」；佛號「普眼法界幢」。

(11)此上過佛剎微塵數世界，有世界名「普光寶莊嚴」；佛號「勝智大商主」。

(12)此上過佛剎微塵數世界，有世界名「華王」；佛號「月光幢」。

(13)此上過佛剎微塵數世界，有世界名「離垢藏」；佛號「清淨覺」。

(14)此上過佛剎微塵數世界，有世界名「寶光明」；佛號「一切智虛空燈」。

(15)此上過佛剎微塵數世界，有世界名「出生寶瓔珞」；佛號「諸度福海相光明」。

(16)此上過佛剎微塵數世界，有世界名「妙輪遍覆」；佛號「調伏一切染著心令歡喜」。

(17)此上過佛剎微塵數世界，有世界名「寶華幢」；佛號「廣博功德音大名稱」。

(18)此上過佛剎微塵數世界，有世界名「無量莊嚴」；佛號「平等智光明功德海」。

(19)缺

(20)此上過佛剎微塵數世界，有世界名「無盡光莊嚴幢」；狀如「蓮華」，依「一切寶網海」住，「蓮華光摩尼網」彌覆其上，二十佛剎微塵數世界圍遶，純一清淨，佛號「法界淨光明」。

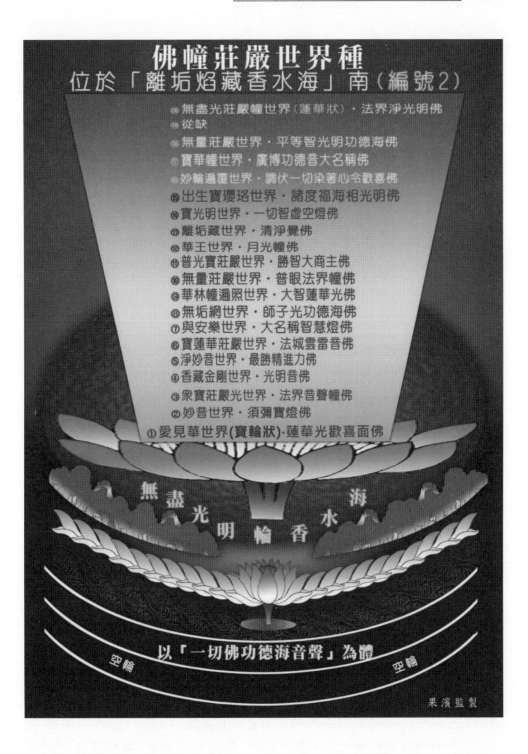

佛幢莊嚴世界種
位於「離垢焰藏香水海」南（編號2）

⑳ 無盡光莊嚴幢世界（蓮華狀）‧法界淨光明佛
⑲ 從缺
⑱ 無量莊嚴世界‧平等智光明功德海佛
⑰ 寶華幢世界‧廣博功德音大名稱佛
⑯ 妙輪遍覆世界‧調伏一切染著心令歡喜佛
⑮ 出生寶瓔珞世界‧諸度福海相光明佛
⑭ 寶光明世界‧一切智虛空燈佛
⑬ 離垢藏世界‧清淨覺佛
⑫ 華王世界‧月光幢佛
⑪ 普光寶莊嚴世界‧勝智大商主佛
⑩ 無量莊嚴世界‧普眼法界幢佛
⑨ 華林幢遍照世界‧大智蓮華光佛
⑧ 無垢網世界‧師子光功德海佛
⑦ 與安樂世界‧大名稱智慧燈佛
⑥ 寶蓮華莊嚴世界‧法城雲雷音佛
⑤ 淨妙音世界‧最勝精進力佛
④ 香藏金剛世界‧光明音佛
③ 眾寶莊嚴光世界‧法界音聲幢佛
② 妙音世界‧須彌寶燈佛
① 愛見華世界（寶輪狀）‧蓮華光歡喜面佛

無盡
光　　　　　海
明輪香水

以「一切佛功德海音聲」為體

空輪　　　　　空輪

果濱監製

③

諸佛子！此「無盡光明輪香水海」右旋，次有「香水海」，名「金剛寶焰光」；「世界種」名「佛光莊嚴藏」，以「稱說一切如來名音聲」為體。

(1)此中最下方，有世界名「寶焰蓮華」；其狀猶如「摩尼色眉間毫相」，依「一切寶色水漩海」住，「一切莊嚴樓閣雲」彌覆其上，佛剎微塵數世界圍遶，純一清淨，佛號「無垢寶光明」。

(2)此上過佛剎微塵數世界，有世界名「光焰藏」；佛號「無礙自在智慧光」。

(3)此上過佛剎微塵數世界，有世界名「寶輪妙莊嚴」；佛號「一切寶光明」。

(4)此上過佛剎微塵數世界，有世界名「栴檀樹華幢」；佛號「清淨智光明」。

(5)此上過佛剎微塵數世界，有世界名「佛剎妙莊嚴」；佛號「廣大歡喜音」。

(6)此上過佛剎微塵數世界，有世界名「妙光莊嚴」；佛號「法界自在智」。

(7)此上過佛剎微塵數世界，有世界名「無邊相」；佛號「無礙智」。

(8)此上過佛剎微塵數世界，有世界名「焰雲幢」；佛號「演說不退輪」。

(9)此上過佛剎微塵數世界，有世界名「眾寶莊嚴清淨輪」；佛號「離垢華光明」。

(10)此上過佛剎微塵數世界，有世界名「廣大出離」；佛號「無礙智日眼」。

(11)此上過佛剎微塵數世界，有世界名「妙莊嚴金剛座」；佛號「法界智大光明」。

(12)此上過佛剎微塵數世界，有世界名「智慧普莊嚴」；佛號「智炬光明王」。

(13)此上過佛剎微塵數世界，有世界名「蓮華池深妙音」；佛號「一切智普照」。

(14)此上過佛剎微塵數世界，有世界名「種種色光明」；佛號「普光華王雲」。

(15)此上過佛剎微塵數世界，有世界名「妙寶幢」；佛號「功德光」。

(16)此上過佛剎微塵數世界，有世界名「摩尼華毫相光」；佛號「普音雲」。

(17)此上過佛剎微塵數世界，有世界名「甚深海」；佛號「十方眾生主」。

(18)此上過佛剎微塵數世界，有世界名「須彌光」；佛號「法界普智音」。

(19)此上過佛剎微塵數世界，有世界名「金蓮華」；佛號「福德藏普光明」。

(20)此上過佛剎微塵數世界，有世界名「寶莊嚴藏」；形如「卐字」，依「一切香摩尼莊嚴樹海」住，「清淨光明雲」彌覆其上，二十佛剎微塵數世界圍遶，純一清淨，佛號「大變化光明網」。

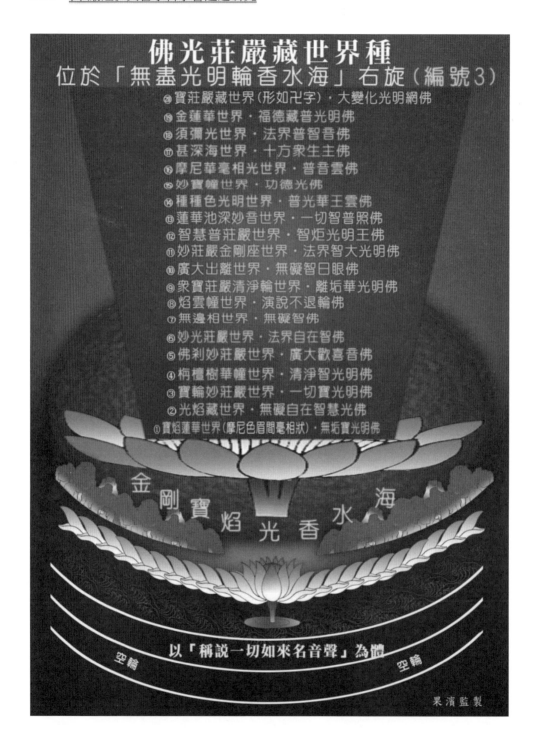

佛光莊嚴藏世界種
位於「無盡光明輪香水海」右旋（編號3）

⑳寶莊嚴藏世界(形如卍字)・大變化光明網佛
⑲金蓮華世界・福德藏普光明佛
⑱須彌光世界・法界普智音佛
⑰甚深海世界・十方眾生主佛
⑯摩尼華毫相光世界・普音雲佛
⑮妙寶幢世界・功德光佛
⑭種種色光明世界・普光華王雲佛
⑬蓮華池深妙音世界・一切智普照佛
⑫智慧普莊嚴世界・智炬光明王佛
⑪妙莊嚴金剛座世界・法界智大光明佛
⑩廣大出離世界・無礙智日眼佛
⑨眾寶莊嚴清淨輪世界・離垢華光明佛
⑧焰雲幢世界・演說不退輪佛
⑦無邊相世界・無礙智佛
⑥妙光莊嚴世界・法界自在智佛
⑤佛剎妙莊嚴世界・廣大歡喜音佛
④栴檀樹華幢世界・清淨智光明佛
③寶輪妙莊嚴世界・一切寶光明佛
②光焰藏世界・無礙自在智慧光佛
①寶焰蓮華世界(摩尼色眉間毫相狀)・無垢寶光明佛

金剛寶焰光香水海

以「稱說一切如來名音聲」為體

空輪　　　　　　　　　　空輪

果濱監製

4

諸佛子！此「金剛寶焰香水海」右旋，次有「香水海」，名「帝青寶莊嚴」；「世界種」名「光照十方」，依「一切妙莊嚴蓮華香雲」住，「無邊佛音聲」為體。

(1)於此最下方，有世界名「十方無盡色藏輪」；其狀「周迴」，有「無量角」，依「無邊色一切寶藏海」住，「因陀羅網」而覆其上，佛剎微塵數世界圍遶，純一清淨，佛號「蓮華眼光明遍照」。

(2)此上過佛剎微塵數世界，有世界名「淨妙莊嚴藏」；佛號「無上慧大師子」。

(3)此上過佛剎微塵數世界，有世界名「出現蓮華座」；佛號「遍照法界光明王」。

(4)此上過佛剎微塵數世界，有世界名「寶幢音」；佛號「大功德普名稱」。

(5)此上過佛剎微塵數世界，有世界名「金剛寶莊嚴藏」；佛號「蓮華日光明」。

(6)此上過佛剎微塵數世界，有世界名「因陀羅華月」；佛號「法自在智慧幢」。

(7)此上過佛剎微塵數世界，有世界名「妙輪藏」；佛號「大喜清淨音」。

(8)此上過佛剎微塵數世界，有世界名「妙音藏」；佛號「大力善商主」。

(9)此上過佛剎微塵數世界，有世界名「清淨月」；佛號「須彌光智慧力」。

(10)此上過佛剎微塵數世界，有世界名「無邊莊嚴相」；佛號「方便願淨月光」。

(11)此上過佛剎微塵數世界，有世界名「妙華音」；佛號「法海大願音」。

(12)此上過佛剎微塵數世界，有世界名「一切寶莊嚴」；佛號「功德寶光明相」。

(13)此上過佛剎微塵數世界，有世界名「堅固地」；佛號「美音最勝天」。

(14)此上過佛剎微塵數世界，有世界名「普光善化」；佛號「大精進寂靜慧」。

(15)此上過佛剎微塵數世界，有世界名「善守護莊嚴行」；佛號「見者生歡

喜」。

(16)此上過佛剎微塵數世界，有世界名「栴檀寶華藏」；佛號「甚深不可動智慧光遍照」。

(17)此上過佛剎微塵數世界，有世界名「現種種色相海」；佛號「普放不思議勝義王光明」。

(18)此上過佛剎微塵數世界，有世界名「化現十方大光明」；佛號「勝功德威光無與等」。

(19)此上過佛剎微塵數世界，有世界名「須彌雲幢」；佛號「極淨光明眼」。

(20)此上過佛剎微塵數世界，有世界名「蓮華遍照」；其狀「周圓」，依「無邊色眾妙香摩尼海」住，「一切乘莊嚴雲」彌覆其上，二十佛剎微塵數世界圍遶，純一清淨，佛號「解脫精進日」。

光照十方世界種
位於「金剛寶焰香水海」右旋（編號4）

⑳ 蓮華遍照世界（周圓狀）・解脫精進日佛
⑲ 須彌雲幢世界・極淨光明眼佛
⑱ 化現十方大光明世界・勝功德威光無與等佛
⑰ 現種種色相海世界・普放不思議勝義王光明佛
⑯ 栴檀寶華藏世界・甚深不可動智慧光遍照佛
⑮ 善守護莊嚴行世界・見者生歡喜佛
⑭ 普光善化世界・大精進寂靜慧佛
⑬ 堅固地世界・美音最勝天佛
⑫ 一切寶莊嚴世界・功德寶光明相佛
⑪ 妙華音世界・法海大願音佛
⑩ 無邊莊嚴相世界・方便願淨月光佛
⑨ 清淨月世界・須彌光智慧力佛
⑧ 妙音藏世界・大力善商主佛
⑦ 妙輪藏世界・大喜清淨音佛
⑥ 因陀羅華月世界・法自在智慧幢佛
⑤ 金剛寶莊嚴藏世界・蓮華日光明佛
④ 寶幢音世界・大功德普名稱佛
③ 出現蓮華座世界・遍照法界光明王佛
② 淨妙莊嚴藏世界・無上慧大師子佛
① 十方無盡色藏輪世界（周迴狀）・蓮華眼光明遍照佛

帝 青 寶 海

莊 嚴 香 水

依 一 切 妙 莊 嚴 蓮 華 香 雲 住

以「無邊佛音聲」為體

空輪　　　　　　　空輪

果濱監製

5

諸佛子！此「帝青寶莊嚴香水海」右旋，次有「香水海」，名「金剛輪莊嚴底」；「世界種」名「妙間錯因陀羅網」，「普賢智所生音聲」為體。

(1)此中最下方，有世界名「蓮華網」；其狀猶如「須彌山形」，依「眾妙華山幢海」住，「佛境界摩尼王帝網雲」而覆其上，佛剎微塵數世界圍遶，純一清淨，佛號「法身普覺慧」。

(2)此上過佛剎微塵數世界，有世界名「無盡日光明」；佛號「最勝大覺慧」。

(3)此上過佛剎微塵數世界，有世界名「普放妙光明」；佛號「大福雲無盡力」。

(4)此上過佛剎微塵數世界，有世界名「樹華幢」；佛號「無邊智法界音」。

(5)此上過佛剎微塵數世界，有世界名「真珠蓋」；佛號「波羅蜜師子頻申」。

(6)此上過佛剎微塵數世界，有世界名「無邊音」；佛號「一切智妙覺慧」。

(7)此上過佛剎微塵數世界，有世界名「普見樹峯」；佛號「普現眾生前」。

(8)此上過佛剎微塵數世界，有世界名「師子帝網光」；佛號「無垢日金色光焰雲」。

(9)此上過佛剎微塵數世界，有世界名「眾寶間錯」；佛號「帝幢最勝慧」。

(10)此上過佛剎微塵數世界，有世界名「無垢光明地」；佛號「一切力清淨月」。

(11)此上過佛剎微塵數世界，有世界名「恒出歎佛功德音」；佛號「如虛空普覺慧」。

(12)此上過佛剎微塵數世界，有世界名「高焰藏」；佛號「化現十方大雲幢」。

(13)此上過佛剎微塵數世界，有世界名「光嚴道場」；佛號「無等智遍照」。

(14)此上過佛剎微塵數世界，有世界名「出生一切寶莊嚴」；佛號「廣度眾生神通王」。

(15)此上過佛剎微塵數世界，有世界名「光嚴妙宮殿」；佛號「一切義成廣大慧」。

(16)此上過佛剎微塵數世界，有世界名「離塵寂靜」；佛號「不唐現」。

(17)此上過佛剎微塵數世界，有世界名「摩尼華幢」；佛號「悅意吉祥音」。

(18)缺

(19)缺

(20)此上過佛剎微塵數世界，有世界名「普雲藏」；其狀猶如「樓閣之形」，依「種種宮殿香水海」住，「一切寶燈雲」彌覆其上，二十佛剎微塵數世界圍遶，純一清淨，佛號「最勝覺神通王」。

妙間錯因陀羅網世界種

位於「帝青寶莊嚴香水海」右旋（編號5）

㉑普雲藏世界（樓閣之形）・最勝覺神通王佛

⑲從缺

⑱從缺

⑰摩尼華幢世界・悅意吉祥音佛

⑯離塵寂靜世界・不唐現佛

⑮光嚴妙宮殿世界・一切義成廣大慧佛

⑭出生一切寶莊嚴世界・廣度象生神通王佛

⑬光嚴道場世界・無等智遍照佛

⑫高焰藏世界・化現十方大雲幢佛

⑪恒出歡佛功德音世界・如虛空普覺慧佛

⑩無垢光明地世界・一切力清淨月佛

⑨眾寶間錯世界・帝幢最勝慧佛

⑧師子帝網光世界・無垢日金色光焰雲佛

⑦普見樹峯世界・普現眾生前佛

⑥無邊音世界・一切智妙覺慧佛

⑤真珠蓋世界・波羅蜜師子頻申佛

④樹華幢世界・無邊智法界音佛

③普放妙光明世界・大福雲無盡力佛

②無盡日光明世界・最勝大覺慧佛

①蓮華網世界（須彌山形）・法身普覺慧佛

金剛輪莊嚴底香水海

以「普賢智所生音聲」為體

空輪　　　　空輪

果濱監製

諸佛子！此「金剛輪莊嚴底香水海」右旋，次有「香水海」，名「蓮華因陀羅網」；「世界種」名「普現十方影」，依「一切香摩尼莊嚴蓮華」住，「一切佛智光音聲」為體。

(1)此中最下方，有世界名「眾生海寶光明」；其狀猶如「真珠之藏」，依「一切摩尼瓔珞海漩」住，「水光明摩尼雲」而覆其上，佛剎微塵數世界圍遶，純一清淨，佛號「不思議功德遍照月」。

(2)此上過佛剎微塵數世界，有世界名「妙香輪」；佛號「無量力幢」。

(3)此上過佛剎微塵數世界，有世界名「妙光輪」；佛號「法界光音覺悟慧」。

(4)此上過佛剎微塵數世界，有世界名「吼聲摩尼幢」；佛號「蓮華光恒垂妙臂」。

(5)此上過佛剎微塵數世界，有世界名「極堅固輪」；佛號「不退轉功德海光明」。

(6)此上過佛剎微塵數世界，有世界名「眾行光莊嚴」；佛號「一切智普勝尊」。

(7)此上過佛剎微塵數世界，有世界名「師子座遍照」；佛號「師子光無量力覺慧」。

(8)此上過佛剎微塵數世界，有世界名「寶焰莊嚴」；佛號「一切法清淨智」。

(9)此上過佛剎微塵數世界，有世界名「無量燈」；佛號「無憂相」。

(10)此上過佛剎微塵數世界，有世界名「常聞佛音」；佛號「自然勝威光」。

(11)此上過佛剎微塵數世界，有世界名「清淨變化」；佛號「金蓮華光明」。

(12)此上過佛剎微塵數世界，有世界名「普入十方」；佛號「觀法界頻申慧」。

(13)此上過佛剎微塵數世界，有世界名「熾然焰」；佛號「光焰樹緊那羅王」。

(14)此上過佛剎微塵數世界，有世界名「香光遍照」；佛號「香燈善化王」。

(15)此上過佛剎微塵數世界，有世界名「無量華聚輪」；佛號「普現佛功德」。

(16)此上過佛剎微塵數世界，有世界名「眾妙普清淨」；佛號「一切法平等神通王」。

(17)此上過佛剎微塵數世界，有世界名「金光海」；佛號「十方自在大變化」。

(18)此上過佛剎微塵數世界，有世界名「真珠華藏」；佛號「法界寶光明不可思議慧」。

(19)此上過佛剎微塵數世界，有世界名「帝釋須彌師子座」；佛號「勝力光」。

(20)此上過佛剎微塵數世界，有世界名「無邊寶普照」；其形「四方」，依「華林海」住，「普雨無邊色摩尼王帝網」彌覆其上，二十佛剎微塵數世界圍遶，純一清淨，佛號「遍照世間最勝音」。

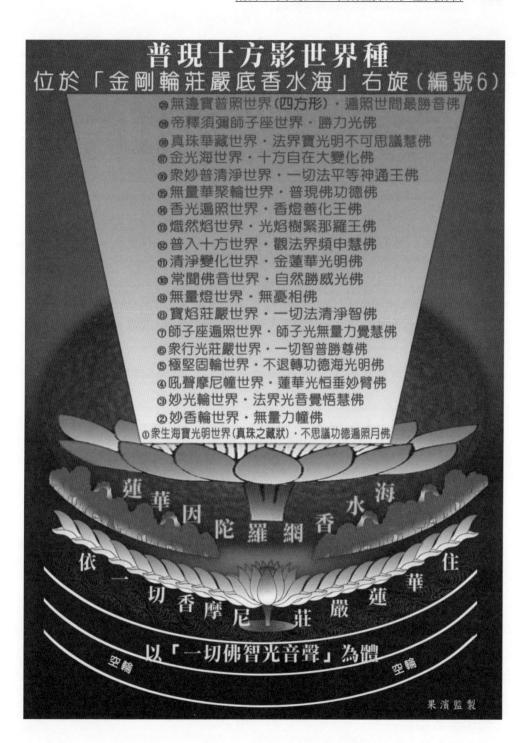

普現十方影世界種
位於「金剛輪莊嚴底香水海」右旋（編號6）

⑳無邊寶普照世界（四方形）・遍照世間最勝音佛
⑲帝釋須彌師子座世界・勝力光佛
⑱真珠華藏世界・法界寶光明不可思議慧佛
⑰金光海世界・十方自在大變化佛
⑯眾妙普清淨世界・一切法平等神通王佛
⑮無量華聚輪世界・普現佛功德佛
⑭香光遍照世界・香燈善化王佛
⑬熾然焰世界・光焰樹緊那羅王佛
⑫普入十方世界・觀法界頻申慧佛
⑪清淨變化世界・金蓮華光明佛
⑩常聞佛音世界・自然勝威光佛
⑨無量燈世界・無憂相佛
⑧寶焰莊嚴世界・一切法清淨智佛
⑦師子座遍照世界・師子光無量力覺慧佛
⑥眾行光莊嚴世界・一切智普勝尊佛
⑤極堅固輪世界・不退轉功德海光明佛
④吼聲摩尼幢世界・蓮華光恒垂妙臂佛
③妙光輪世界・法界光音覺悟慧佛
②妙香輪世界・無量力幢佛
①眾生海寶光明世界（真珠之藏狀）・不思議功德遍照月佛

蓮華因陀羅網香水海

依一切香摩尼莊嚴蓮華住

以「一切佛智光音聲」為體

空輪　空輪

果濱監製

7

諸佛子！此「蓮華因陀羅網香水海」右旋，次有「香水海」，名「積集寶香藏」；「世界種」名「一切威德莊嚴」，以「一切佛法輪音聲」為體。

(1)此中最下方，有世界名「種種出生」；形如「金剛」，依「種種金剛山幢」住，「金剛寶光雲」而覆其上，佛剎微塵數世界圍遶，純一清淨，佛號「蓮華眼」。

(2)此上過佛剎微塵數世界，有世界名「喜見音」；佛號「生喜樂」。

(3)此上過佛剎微塵數世界，有世界名「寶莊嚴幢」；佛號「一切智」。

(4)此上過佛剎微塵數世界，有世界名「多羅華普照」；佛號「無垢寂妙音」。

(5)此上過佛剎微塵數世界，有世界名「變化光」；佛號「清淨空智慧月」。

(6)此上過佛剎微塵數世界，有世界名「眾妙間錯」；佛號「開示福德海密雲相」。

(7)此上過佛剎微塵數世界，有世界名「一切莊嚴具妙音聲」；佛號「歡喜雲」。

(8)此上過佛剎微塵數世界，有世界名「蓮華池」；佛號「名稱幢」。

(9)此上過佛剎微塵數世界，有世界名「一切寶莊嚴」；佛號「頻申觀察眼」。

(10)此上過佛剎微塵數世界，有世界名「淨妙華」；佛號「無盡金剛智」。

(11)此上過佛剎微塵數世界，有世界名「蓮華莊嚴城」；佛號「日藏眼普光明」。

(12)此上過佛剎微塵數世界，有世界名「無量樹峯」；佛號「一切法雷音」。

(13)此上過佛剎微塵數世界，有世界名「日光明」；佛號「開示無量智」。

(14)此上過佛剎微塵數世界，有世界名「依止蓮華葉」；佛號「一切福德山」。

(15)此上過佛剎微塵數世界，有世界名「風普持」；佛號「日曜根」。

(16)此上過佛剎微塵數世界，有世界名「光明顯現」；佛號「身光普照」。

(17)此上過佛剎微塵數世界，有世界名「香雷音金剛寶普照」；佛號「最勝華開敷相」。

(18)缺

(19)缺

(20)此上過佛剎微塵數世界，有世界名「帝網莊嚴」；形如「欄楯形」，依「一切莊嚴海」住，「光焰樓閣雲」彌覆其上，二十佛剎微塵數世界圍遶，純一清淨，佛號「示現無畏雲」。

一切威德莊嚴世界種
位於「蓮華因陀羅網香水海」右旋（編號7）

⑳帝網莊嚴世界（欄楯形）·示現無畏雲佛
⑲從缺
⑱從缺
⑰香雷音金剛寶普照世界·最勝華開敷相佛
⑯光明顯現世界·身光普照佛
⑮風普持世界·日曜根佛
⑭依止蓮華葉世界·一切福德山佛
⑬日光明世界·開示無量智佛
⑫無量樹峯世界·一切法雷音佛
⑪蓮華莊嚴城世界·日藏眼普光明佛
⑩淨妙華世界·無盡金剛智佛
⑨一切寶莊嚴世界·頻申觀察眼佛
⑧蓮華池世界·名稱幢佛
⑦一切莊嚴具妙音聲世界·歡喜雲佛
⑥眾妙間錯世界·開示福德海密雲相佛
⑤變化光世界·清淨空智慧月佛
④多羅華普照世界·無垢寂妙音佛
③寶莊嚴幢世界·一切智佛
②喜見音世界·生喜樂佛
①種種出生世界（金剛形）·蓮華眼佛

積極寶香藏香水海

以「一切佛法輪音聲」為體

空輪　　　　　　　　空輪

果濱監製

8

諸佛子！此「積集寶香藏香水海」右旋，次有「香水海」，名「寶莊嚴」；「世界種」名「普無垢」，以「一切微塵中佛刹神變聲」為體。

(1)此中最下方，有世界名「淨妙平坦」；形如「寶身」，依「一切寶光輪海」住，「種種栴檀摩尼真珠雲」而覆其上，佛刹微塵數世界圍遶，純一清淨，佛號「難摧伏無等幢」。

(2)此上過佛刹微塵數世界，有世界名「熾然妙莊嚴」；佛號「蓮華慧神通王」。

(3)此上過佛刹微塵數世界，有世界名「微妙相輪幢」；佛號「十方大名稱無盡光」。

(4)此上過佛刹微塵數世界，有世界名「焰藏摩尼妙莊嚴」；佛號「大智慧見聞皆歡喜」。

(5)此上過佛刹微塵數世界，有世界名「妙華莊嚴」；佛號「無量力最勝智」。

(6)此上過佛刹微塵數世界，有世界名「出生淨微塵」；佛號「超勝梵」。

(7)此上過佛刹微塵數世界，有世界名「普光明變化香」；佛號「香象金剛大力勢」。

(8)此上過佛刹微塵數世界，有世界名「光明旋」；佛號「義成善名稱」。

(9)此上過佛刹微塵數世界，有世界名「寶瓔珞海」；佛號「無比光遍照」。

(10)此上過佛刹微塵數世界，有世界名「妙華燈幢」；佛號「究竟功德無礙慧燈」。

(11)此上過佛刹微塵數世界，有世界名「善巧莊嚴」；佛號「慧日波羅蜜」。

(12)此上過佛刹微塵數世界，有世界名「栴檀華普光明」；佛號「無邊慧法界音」。

(13)此上過佛刹微塵數世界，有世界名「帝網幢」；佛號「燈光迴照」。

(14)此上過佛刹微塵數世界，有世界名「淨華輪」；佛號「法界日光明」。

(15)此上過佛刹微塵數世界，有世界名「大威耀」；佛號「無邊功德海法輪音」。

(16)此上過佛剎微塵數世界，有世界名「同安住寶蓮華池」；佛號「開示入不可思議智」。

(17)此上過佛剎微塵數世界，有世界名「平坦地」；佛號「功德寶光明王」。

(18)此上過佛剎微塵數世界，有世界名「香摩尼聚」；佛號「無盡福德海妙莊嚴」。

(19)此上過佛剎微塵數世界，有世界名「微妙光明」；佛號「無等力普遍音」。

(20)此上過佛剎微塵數世界，有世界名「十方普堅固莊嚴照耀」；其形「八隅」，依「心王摩尼輪海」住，「一切寶莊嚴帳雲」彌覆其上，二十佛剎微塵數世界圍遶，純一清淨，佛號「普眼大明燈」。

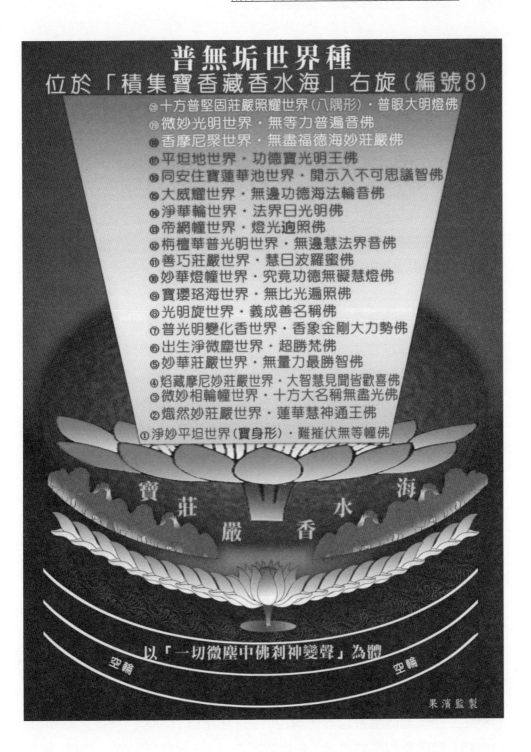

9

諸佛子！此「寶莊嚴香水海」右旋，次有「香水海」，名「金剛寶聚」；「世界種」名「法界行」，以「一切菩薩地方便法音聲」為體。

(1)此中最下方，有世界名「淨光照耀」；形如「珠貫」，依「一切寶色珠瓔海」住，「菩薩珠髻光明摩尼雲」而覆其上，佛剎微塵數世界圍遶，純一清淨，佛號「最勝功德光」。

(2)此上過佛剎微塵數世界，有世界名「妙蓋」；佛號「法自在慧」。

(3)此上過佛剎微塵數世界，有世界名「寶莊嚴師子座」；佛號「大龍淵」。

(4)此上過佛剎微塵數世界，有世界名「出現金剛座」；佛號「昇師子座蓮華臺」。

(5)此上過佛剎微塵數世界，有世界名「蓮華勝音」；佛號「智光普開悟」。

(6)此上過佛剎微塵數世界，有世界名「善慣習」；佛號「持地妙光王」。

(7)此上過佛剎微塵數世界，有世界名「喜樂音」；佛號「法燈王」。

(8)此上過佛剎微塵數世界，有世界名「摩尼藏因陀羅網」；佛號「不空見」。

(9)此上過佛剎微塵數世界，有世界名「眾妙地藏」；佛號「焰身幢」。

(10)此上過佛剎微塵數世界，有世界名「金光輪」；佛號「淨治眾生行」。

(11)此上過佛剎微塵數世界，有世界名「須彌山莊嚴」；佛號「一切功德雲普照」。

(12)此上過佛剎微塵數世界，有世界名「眾樹形」；佛號「寶華相淨月覺」。

(13)此上過佛剎微塵數世界，有世界名「無怖畏」；佛號「最勝金光炬」。

(14)此上過佛剎微塵數世界，有世界名「大名稱龍王幢」；佛號「觀等一切法」。

(15)此上過佛剎微塵數世界，有世界名「示現摩尼色」；佛號「變化日」。

(16)此上過佛剎微塵數世界，有世界名「光焰燈莊嚴」；佛號「寶蓋光遍照」。

(17)此上過佛剎微塵數世界，有世界名「香光雲」；佛號「思惟慧」。

(18)此上過佛剎微塵數世界，有世界名「無怨讎」；佛號「精進勝慧海」。

(19)此上過佛剎微塵數世界，有世界名「一切莊嚴具光明幢」；佛號「普現

悅意蓮華自在王」。

(20)此上過佛剎微塵數世界，有世界名「毫相莊嚴」；形如「半月」，依「須
彌山摩尼華海」住，「一切莊嚴熾盛光摩尼王雲」彌覆其上，二十佛剎
微塵數世界圍遶，純一清淨，佛號「清淨眼」。

10

諸佛子！此「金剛寶聚香水海」右旋，次有「香水海」，名「天城寶堞」；「世界種」名「燈焰光明」，以「普示一切平等法輪音」為體。

(1)此中最下方，有世界名「寶月光焰輪」；形如「一切莊嚴具」，依「一切寶莊嚴華海」住，「瑠璃色師子座雲」而覆其上。佛剎微塵數世界圍遶，純一清淨，佛號「日月自在光」。

(2)此上過佛剎微塵數世界，有世界名「須彌寶光」；佛號「無盡法寶幢」。

(3)此上過佛剎微塵數世界，有世界名「眾妙光明幢」；佛號「大華聚」。

(4)此上過佛剎微塵數世界，有世界名「摩尼光明華」；佛號「人中最自在」。

(5)此上過佛剎微塵數世界，有世界名「普音」；佛號「一切智遍照」。

(6)此上過佛剎微塵數世界，有世界名「大樹緊那羅音」；佛號「無量福德自在龍」。

(7)此上過佛剎微塵數世界，有世界名「無邊淨光明」；佛號「功德寶華光」。

(8)此上過佛剎微塵數世界，有世界名「最勝音」；佛號「一切智莊嚴」。

(9)此上過佛剎微塵數世界，有世界名「眾寶間飾」；佛號「寶焰須彌山」。

(10)此上過佛剎微塵數世界，有世界名「清淨須彌音」；佛號「出現一切行光明」。

(11)此上過佛剎微塵數世界，有世界名「香水蓋」；佛號「一切波羅蜜無礙海」。

(12)此上過佛剎微塵數世界，有世界名「師子華網」；佛號「寶焰幢」。

(13)此上過佛剎微塵數世界，有世界名「金剛妙華燈」；佛號「一切大願光」。

(14)此上過佛剎微塵數世界，有世界名「一切法光明地」；佛號「一切法廣大真實義」。

(15)此上過佛剎微塵數世界，有世界名「真珠末平坦莊嚴」；佛號「勝慧光明網」。

(16)此上過佛剎微塵數世界，有世界名「瑠璃華」；佛號「寶積幢」。

(17)此上過佛剎微塵數世界，有世界名「無量妙光輪」；佛號「大威力智海

藏」。

(18)此上過佛剎微塵數世界，有世界名「明見十方」；佛號「淨修一切功德幢」。

(19)缺

(20)此上過佛剎微塵數世界，有世界名「可愛樂梵音」；形如「佛手」，依「寶光網海」住，「菩薩身一切莊嚴雲」彌覆其上，二十佛剎微塵數世界圍遶，純一清淨，佛號「普照法界無礙光」。

燈焰光明世界種
位於「金剛寶聚香水海」右旋（編號10）

⑳ 可愛樂梵音世界（佛手形）‧普照法界無礙光佛
⑲ 從缺
⑱ 明見十方世界‧淨修一切功德幢佛
⑰ 無量妙光輪世界‧大威力智海藏佛
⑯ 瑠璃華世界‧寶積幢佛
⑮ 真珠末平坦莊嚴世界‧勝慧光明網佛
⑭ 一切法光明地世界‧一切法廣大真實義佛
⑬ 金剛妙華燈世界‧一切大願光佛
⑫ 師子華網世界‧寶焰幢佛
⑪ 香水蓋世界‧一切波羅蜜無礙海佛
⑩ 清淨須彌音世界‧出現一切行光明佛
⑨ 眾寶間飾世界‧寶焰須彌山佛
⑧ 最勝音世界‧一切智莊嚴佛
⑦ 無邊淨光明世界‧功德寶華光佛
⑥ 大樹緊那羅音世界‧無量福德自在龍佛
⑤ 普音世界‧一切智遍照佛
④ 摩尼光明華世界‧人中最自在佛
③ 眾妙光明幢世界‧大華聚佛
② 須彌寶光世界‧無盡法寶幢佛
① 寶月光焰輪世界（一切莊嚴具形）‧日月自在光佛

天城寶堞

香水海

以「普示一切平等法輪音」為體

空輪　　　　　空輪

果濱監製

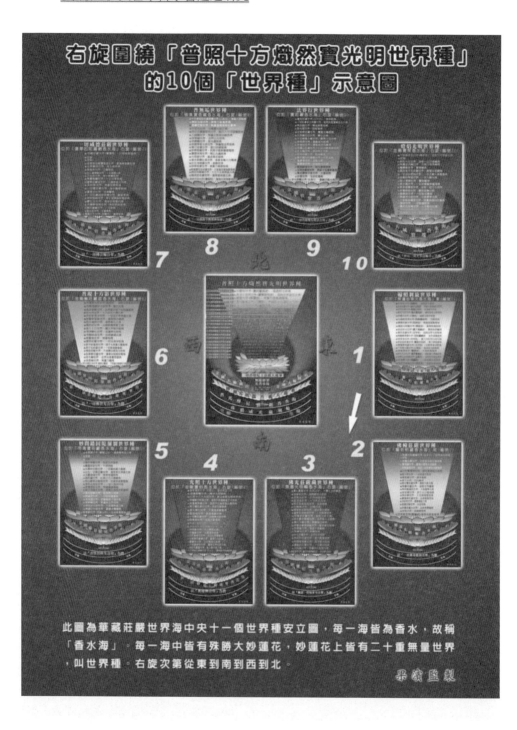

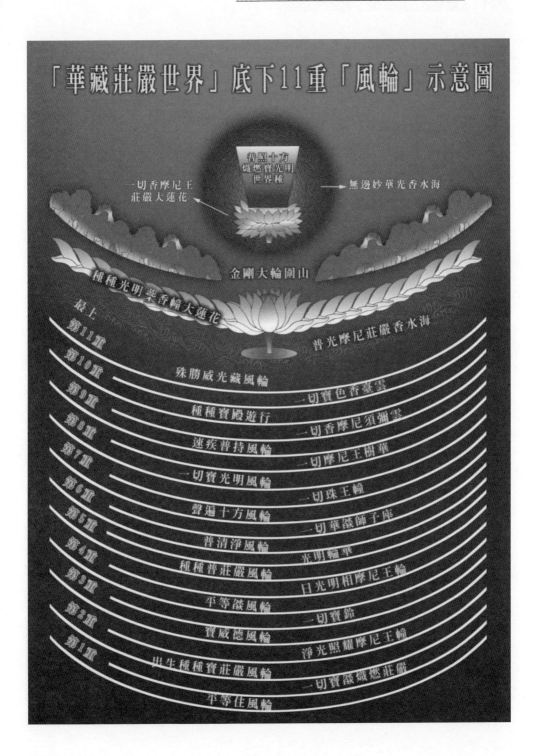

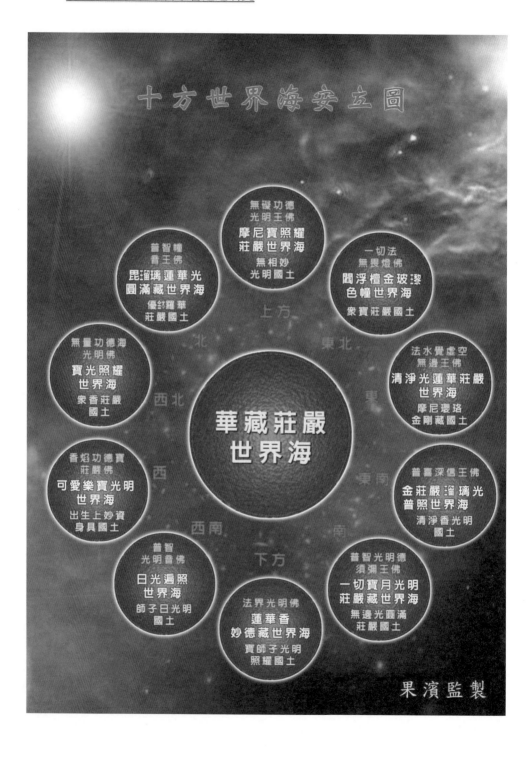

唐・實叉難陀譯《大方廣佛華嚴經・卷第十・華藏世界品第五之三》

爾時，<u>普賢菩薩</u>復告大眾言：

7

(1)諸佛子！彼「離垢焰藏香水海」東，次有「香水海」，名「變化微妙身」；此海中，有「世界種」名「善布差別方」。

(2)次有「香水海」，名「金剛眼幢」；「世界種」名「莊嚴法界橋」。

(3)次有「香水海」，名「種種蓮華妙莊嚴」；「世界種」名「恒出十方變化」。

(4)次有「香水海」，名「無間寶王輪」；「世界種」名「寶蓮華莖密雲」。

(5)次有「香水海」，名「妙香焰普莊嚴」；「世界種」名「毘盧遮那變化行」。

(6)次有「香水海」，名「寶末閻浮幢」；「世界種」名「諸佛護念境界」。

(7)次有「香水海」，名「一切色熾然光」；「世界種」名「最勝光遍照」。

(8)次有「香水海」，名「一切莊嚴具境界」；「世界種」名「寶焰燈」。

(9)_缺

(10)如是等不可說佛刹微塵數「香水海」，其最近「輪圍山」香水海，名「玻瓈地」；「世界種」名「常放光明」，以「世界海清淨劫音聲」為體。

❶此中最下方，有「世界」名「可愛樂淨光幢」，佛刹微塵數世界圍遶，純一清淨，佛號「最勝三昧精進慧」。

❷此上過「十佛刹」微塵數世界，與「金剛幢世界」齊等，有「世界」名「香莊嚴幢」，十佛刹微塵數世界圍遶，純一清淨，佛號「無障礙法界燈」。

❸此上過「三佛刹」微塵數世界，與「娑婆世界」齊等，有「世界」名「放光明藏」；佛號「遍法界無障礙慧明」。

❹此上過「七佛刹」微塵數世界，至此「世界種」_(指「常放光明」世界種)最上方，有「世界」名「最勝身香」，二十佛刹微塵數世界圍遶，純一清淨，佛號「覺分華」。

2

(1)諸佛子！彼「無盡光明輪香水海」外，次有「香水海」，名「具足妙光」；「世界種」名「遍無垢」。

(2)次有「香水海」，名「光耀蓋」；「世界種」名「無邊普莊嚴」。

(3)次有「香水海」，名「妙寶莊嚴」；「世界種」名「香摩尼軌度形」。

(4)次有「香水海」，名「出佛音聲」；「世界種」名「善建立莊嚴」。

(5)次有「香水海」，名「香幢須彌藏」；「世界種」名「光明遍滿」。

(6)次有「香水海」，名「栴檀妙光明」；「世界種」名「華焰輪」。

(7)次有「香水海」，名「風力持」；「世界種」名「寶焰雲幢」。

(8)次有「香水海」，名「帝釋身莊嚴」；「世界種」名「真珠藏」。

(9)次有「香水海」，名「平坦嚴淨」；「世界種」名「毘瑠璃末種種莊嚴」。

(10)如是等不可說佛剎微塵數「香水海」，其最近「輪圍山」香水海，名「妙樹華」；「世界種」名「出生諸方廣大剎」，以「一切佛摧伏魔音」為體。

❶此中最下方，有「世界」名「焰炬幢」；佛號「世間功德海」。

❷此上過「十佛剎」微塵數世界，與「金剛幢世界」齊等，有「世界」名「出生寶」；佛號「師子力寶雲」。

❸此上與「娑婆世界」齊等，有「世界」名「衣服幢」；佛號「一切智海王」。

❹於此「世界種」(指「出生諸方廣大剎」世界種)最上方，有「世界」名「寶瓔珞師子光明」；佛號「善變化蓮華幢」。

3

(1)諸佛子！彼「金剛焰光明香水海」外，次有「香水海」，名「一切莊嚴具瑩飾幢」；「世界種」名「清淨行莊嚴」。

(2)次有「香水海」，名「一切寶華光耀海」；「世界種」名「功德相莊嚴」。

(3)次有「香水海」，名「蓮華開敷」；「世界種」名「菩薩摩尼冠莊嚴」。

(4)次有「香水海」，名「妙寶衣服」；「世界種」名「淨珠輪」。

(5)次有「香水海」，名「可愛華遍照」；「世界種」名「百光雲照耀」。

(6)次有「香水海」，名「遍虛空大光明」；「世界種」名「寶光普照」。

(7)次有「香水海」，名「妙華莊嚴幢」；「世界種」名「金月眼瓔珞」。

(8)次有「香水海」，名「真珠香海藏」；「世界種」名「佛光明」。

(9)次有「香水海」，名「寶輪光明」；「世界種」名「善化現佛境界光明」。

(10)如是等不可說佛剎微塵數「香水海」，其最近「輪圍山」香水海，名「無邊輪莊嚴底」；「世界種」名「無量方差別」，以「一切國土種種言說音」為體。

❶此中最下方，有「世界」名「金剛華蓋」；佛號「無盡相光明普門音」。

❷此上過「十佛剎」微塵數世界，有「世界」與「金剛幢世界」齊等，名「出生寶衣幢」；佛號「福德雲大威勢」。

❸此上與「娑婆世界」齊等，有「世界」名「眾寶具妙莊嚴」；佛號「勝慧海」。

❹於此「世界種」(指「無量方差別」世界種)最上方，有「世界」名「日光明衣服幢」；佛號「智日蓮華雲」。

4

(1)諸佛子！彼「帝青寶莊嚴香水海」外，次有「香水海」，名「阿修羅宮殿」；「世界種」名「香水光所持」。

(2)次有「香水海」，名「寶師子莊嚴」；「世界種」名「遍示十方一切寶」。

(3)次有「香水海」，名「宮殿色光明雲」；「世界種」名「寶輪妙莊嚴」。

(4)次有「香水海」，名「出大蓮華」；「世界種」名「妙莊嚴遍照法界」。

(5)次有「香水海」，名「燈焰妙眼」；「世界種」名「遍觀察十方變化」。

(6)次有「香水海」，名「不思議莊嚴輪」；「世界種」名「十方光明普名稱」。

(7)次有「香水海」，名「寶積莊嚴」；「世界種」名「燈光照耀」。

(8)次有「香水海」，名「清淨寶光明」；「世界種」名「須彌無能為礙風」。

(9)次有「香水海」，名「寶衣欄楯」；「世界種」名「如來身光明」。

(10)如是等不可說佛剎微塵數「香水海」，其最近「輪圍山」香水海，名「樹莊嚴幢」；「世界種」名「安住帝網」，以「一切菩薩智地音聲」為體。

❶此中最下方，有「世界」名「妙金色」；佛號「香焰勝威光」。

❷此上過「十佛剎」微塵數世界，與「金剛幢」世界齊等，有「世界」名「摩尼樹華」；佛號「無礙普現」。

❸此上與「娑婆世界」齊等，有「世界」名「毘瑠璃妙莊嚴」；佛號「法自在堅固慧」。

❹於此「世界種」(指「安住帝網」世界種)最上方，有「世界」名「梵音妙莊嚴」；佛號「蓮華開敷光明王」。

5

(1)諸佛子！彼「金剛輪莊嚴底」香水海外，次有「香水海」，名「化現蓮華處」；「世界種」名「國土平正」。

(2)次有「香水海」，名「摩尼光」；「世界種」名「遍法界無迷惑」。

(3)次有「香水海」，名「眾妙香日摩尼」；「世界種」名「普現十方」。

(4)次有「香水海」，名「恒納寶流」；「世界種」名「普行佛言音」。

(5)次有「香水海」，名「無邊深妙音」；「世界種」名「無邊方差別」。

(6)次有「香水海」，名「堅實積聚」；「世界種」名「無量處差別」。

(7)次有「香水海」，名「清淨梵音」；「世界種」名「普清淨莊嚴」。

(8)次有「香水海」，名「栴檀欄楯音聲藏」；「世界種」名「迥出幢」。

(9)次有「香水海」，名「妙香寶王光莊嚴」；「世界種」名「普現光明力」。

(10)缺

❶缺

❷缺

❸缺

❹缺

6

(1)諸佛子！彼「蓮華因陀羅網香水海」外，次有「香水海」，名「銀蓮華妙莊嚴」；「世界種」名「普遍行」。

(2)次有「香水海」，名「毘瑠璃竹密焰雲」；「世界種」名「普出十方音」。

(3)次有「香水海」，名「十方光焰聚」；「世界種」名「恒出變化分布十方」。

(4)次有「香水海」，名「出現真金摩尼幢」；「世界種」名「金剛幢相」。

(5)次有「香水海」，名「平等大莊嚴」；「世界種」名「法界勇猛旋」。

(6)次有「香水海」，名「寶華叢無盡光」；「世界種」名「無邊淨光明」。

(7)次有「香水海」，名「妙金幢」；「世界種」名「演說微密處」。

(8)次有「香水海」，名「光影遍照」；「世界種」名「普莊嚴」。

(9)次有「香水海」，名「寂音」；「世界種」名「現前垂布」。

(10)如是等不可說佛剎微塵數「香水海」，其最近「輪圍山」香水海，名「密焰雲幢」；「世界種」名「一切光莊嚴」，以「一切如來道場眾會音」為體。

❶於此最下方，有「世界」名「淨眼莊嚴」；佛號「金剛月遍照十方」。

❷此上過「十佛剎」微塵數世界，與「金剛幢世界」齊等，有「世界」名「蓮華德」；佛號「大精進善覺慧」。

❸此上與「娑婆世界」齊等，有「世界」名「金剛密莊嚴」；佛號「娑羅王幢」。

❹此上過「七佛剎」微塵數世界，有「世界」名「淨海莊嚴」；佛號「威德絕倫無能制伏」。

7

(1)諸佛子！彼「積集寶香藏香水海」外，次有「香水海」，名「一切寶光明遍照」；「世界種」名「無垢稱莊嚴」。

(2)次有「香水海」，名「眾寶華開敷」；「世界種」名「虛空相」。

(3)次有「香水海」，名「吉祥幄遍照」；「世界種」名「無礙光普莊嚴」。

(4)次有「香水海」，名「栴檀樹華」；「世界種」名「普現十方旋」。

(5)次有「香水海」，名「出生妙色寶」；「世界種」名「勝幢周遍行」。

(6)次有「香水海」，名「普生金剛華」；「世界種」名「現不思議莊嚴」。

(7)次有「香水海」，名「心王摩尼輪嚴飾」；「世界種」名「示現無礙佛光明」。

(8)次有「香水海」，名「積集寶瓔珞」；「世界種」名「淨除疑」。

(9)次有「香水海」，名「真珠輪普莊嚴」；「世界種」名「諸佛願所流」。

(10)如是等不可說佛剎微塵數「香水海」，其最近「輪圍山」香水海，名「閻浮檀寶藏輪」；「世界種」名「普音幢」，以「入一切智門音聲」為體。

❶此中最下方，有「世界」名「華蘂焰」；佛號「精進施」。

❷此上過「十佛剎」微塵數世界，與「金剛幢世界」齊等，有「世界」名「蓮華光明幢」；佛號「一切功德最勝心王」。

❸此上過「三佛剎」微塵數世界，與「娑婆世界」齊等，有「世界」名「十力莊嚴」；佛號「善出現無量功德王」。

❹於此「世界種」（指「普音幢」世界種）最上方，有「世界」名「摩尼香山幢」；佛號「廣大善眼淨除疑」。

❽

(1)諸佛子！彼「寶莊嚴香水海」外，次有「香水海」，名「持須彌光明藏」；「世界種」名「出生廣大雲」。

(2)次有「香水海」，名「種種莊嚴大威力境界」；「世界種」名「無礙淨莊嚴」。

(3)次有「香水海」，名「密布寶蓮華」；「世界種」名「最勝燈莊嚴」。

(4)次有「香水海」，名「依止一切寶莊嚴」；「世界種」名「日光明網藏」。

(5)次有「香水海」，名「眾多嚴淨」；「世界種」名「寶華依處」。

(6)次有「香水海」，名「極聰慧行」；「世界種」名「最勝形莊嚴」。

(7)次有「香水海」，名「持妙摩尼峯」；「世界種」名「普淨虛空藏」。

(8)次有「香水海」，名「大光遍照」；「世界種」名「帝青炬光明」。

(9)次有「香水海」，名「可愛摩尼珠充滿遍照」；「世界種」名「普吼聲」。

(10)如是等不可說佛剎微塵數「香水海」，其最近「輪圍山」香水海，名「出帝青寶」；「世界種」名「周遍無差別」，以「一切菩薩震吼聲」為體。

❶此中最下方，有「世界」名「妙勝藏」；佛號「最勝功德慧」。

❷此上過「十佛剎」微塵數世界，與「金剛幢世界」齊等，有「世界」名「莊嚴相」；佛號「超勝大光明」。

❸此上與「娑婆世界」齊等，有「世界」名「瑠璃輪普莊嚴」；佛號「須彌燈」。

❹於此「世界種」（指「周遍無差別」世界種）最上方，有「世界」名「華幢海」；佛號「無盡變化妙慧雲」。

9

(1)諸佛子！彼「金剛寶聚香水海」外，次有「香水海」，名「崇飾寶埤䇷 埤䇷ㄥˊ（古代城牆上的矮牆）」；「世界種」名「秀出寶幢」。

(2)次有「香水海」，名「寶幢莊嚴」；「世界種」名「現一切光明」。

(3)次有「香水海」，名「妙寶雲」；「世界種」名「一切寶莊嚴光明遍照」。

(4)次有「香水海」，名「寶樹華莊嚴」；「世界種」名「妙華間飾」。

(5)次有「香水海」，名「妙寶衣莊嚴」；「世界種」名「光明海」。

(6)次有「香水海」，名「寶樹峯」；「世界種」名「寶焰雲」。

(7)次有「香水海」，名「示現光明」；「世界種」名「入金剛無所礙」。

(8)次有「香水海」，名「蓮華普莊嚴」；「世界種」名「無邊岸海淵」。

(9)次有「香水海」，名「妙寶莊嚴」；「世界種」名「普示現國土藏」。

(10)如是等不可說佛剎微塵數「香水海」，其最近「輪圍山」香水海，名「不可壞海」；「世界種」名「妙輪間錯蓮華場」，以「一切佛力所出音」為體。

❶此中最下方，有「世界」名「最妙香」；佛號「變化無量塵數光」。

❷此上過十佛剎微塵數世界，與「金剛幢世界」齊等，有「世界」名「不思議差別莊嚴門」；佛號「無量智」。

❸此上與「娑婆世界」齊等，有「世界」名「十方光明妙華藏」；佛號「師子眼光焰雲」。

❹於此(指「妙輪間錯蓮華場」世界種)最上方，有「世界」名「海音聲」；佛號「水天光焰門」。

10

(1)諸佛子！彼「天城寶堞¿香水海」外，次有「香水海」，名「焰輪赫¿奕光」；「世界種」名「不可說種種莊嚴」。

(2)次有「香水海」，名「寶塵路」；「世界種」名「普入無量旋」。

(3)次有「香水海」，名「具一切莊嚴」；「世界種」名「寶光遍照」。

(4)次有「香水海」，名「布眾寶網」；「世界種」名「安布深密」。

(5)次有「香水海」，名「妙寶莊嚴幢」；「世界種」名「世界海明了音」。

(6)次有「香水海」，名「日宮清淨影」；「世界種」名「遍入因陀羅網」。

(7)次有「香水海」，名「一切鼓樂美妙音」；「世界種」名「圓滿平正」。

(8)次有「香水海」，名「種種妙莊嚴」；「世界種」名「淨密光焰雲」。

(9)次有「香水海」，名「周遍寶焰燈」；「世界種」名「隨佛本願種種形」。

(10)如是等不可說佛剎微塵數「香水海」，其最近「輪圍山」香水海，名「積集瓔珞衣」；「世界種」名「化現妙衣」，以「三世一切佛音聲」為體。

❶此中最下方，有「香水海」，名「因陀羅華藏」，世界名「發生歡喜」，佛剎微塵數世界圍遶，純一清淨，佛號「堅悟智」。

❷此上過「十佛剎」微塵數世界，與「金剛幢世界」齊等，有「世界」名「寶網莊嚴」，十佛剎微塵數世界圍遶，純一清淨，佛號「無量歡喜光」。

❸此上過「三佛剎」微塵數世界，與「娑婆世界」齊等，有「世界」名「寶蓮華師子座」，十三佛剎微塵數世界圍遶，佛號「最清淨不空聞」。

❹此上過「七佛剎」微塵數世界，至此「世界種」(指「化現妙衣」世界種)最上方，有「世界」名「寶色龍光明」，二十佛剎微塵數世界圍遶，純一清淨，佛號「遍法界普照明」。

諸佛子！如是「十」不可說佛剎微塵數「香水海」中，有「十」不可說佛剎微塵數「世界種」，皆依「現一切菩薩形摩尼王幢莊嚴蓮華」住，
①各各莊嚴際無有間斷，
②各各放寶色光明，
③各各光明雲而覆其上，
④各各莊嚴具，
⑤各各劫差別，
⑥各各佛出現，
⑦各各演法海，
⑧各各眾生遍充滿，
⑨各各十方普趣入，
⑩各各一切佛神力所加持。

此一一「世界種」(總共有 111 個「世界種」)中，一切世界依「種種莊嚴」住，遞相接連，成「世界網」；於「華藏莊嚴世界海」(由 111 個「世界種」構成)種種差別，周遍建立。

爾時，普賢菩薩欲重宣其義，承佛威力而說頌言：

華藏世界海，法界等無別，莊嚴極清淨，安住於虛空。
此世界海中，剎種難思議，一一皆自在，各各無雜亂。
華藏世界海，剎種善安布，殊形異莊嚴，種種相不同。
諸佛變化音，種種為其體，隨其業力見，剎種妙嚴飾。
須彌山城網，水旋輪圓形，廣大蓮華開，彼彼互圍遶。
山幢樓閣形，旋轉金剛形，如是不思議，廣大諸剎種。
大海真珠焰，光網不思議，如是諸剎種，悉在蓮華住。
一一諸剎種，光網不可說，光中現眾剎，普遍十方海。
一切諸剎種，所有莊嚴具，國土悉入中，普見無有盡。
剎種不思議，世界無邊際，種種妙嚴好，皆由大仙力。
一切剎種中，世界不思議，或成或有壞，或有已壞滅。
譬如林中葉，有生亦有落，如是剎種中，世界有成壞。
譬如依樹林，種種果差別，如是依剎種，種種眾生住。
譬如種子別，生果各殊異，業力差別故，眾生剎不同。
譬如心王寶，隨心見眾色，眾生心淨故，得見清淨剎。
譬如大龍王，興雲遍虛空，如是佛願力，出生諸國土。
如幻師呪術，能現種種事，眾生業力故，國土不思議。
譬如眾繢像，畫師之所作，如是一切剎，心畫師所成。
眾生身各異，隨心分別起，如是剎種種，莫不皆由業。
譬如見導師，種種色差別，隨眾生心行，見諸剎亦然。
一切諸剎際，周布蓮華網，種種相不同，莊嚴悉清淨。
彼諸蓮華網，剎網所安住，種種莊嚴事，種種眾生居。
或有剎土中，險惡不平坦，由眾生煩惱，於彼如是見。
雜染及清淨，無量諸剎種，隨眾生心起，菩薩力所持。
或有剎土中，雜染及清淨，斯由業力起，菩薩之所化。

有刹放光明，離垢寶所成，種種妙嚴飾，諸佛令清淨。
一一刹種中，劫燒不思議，所現雖敗惡，其處常堅固。
由眾生業力，出生多刹土，依止於風輪，及以水輪住。
世界法如是，種種見不同，而實無有生，亦復無滅壞。
一一心念中，出生無量刹，以佛威神力，悉見淨無垢。
有刹泥土成，其體甚堅硬，黑闇無光照，惡業者所居。
有刹金剛成，雜染大憂怖，苦多而樂少，薄福之所處。
或有用鐵成，或以赤銅作，石山險可畏，罪惡者充滿。
刹中有地獄，眾生苦無救，常在黑闇中，焰海所燒然。
或復有畜生，種種醜陋形，由其自惡業，常受諸苦惱。
或見閻羅界，飢渴所煎逼，登上大火山，受諸極重苦。
或有諸刹土，七寶所合成，種種諸宮殿，斯由淨業得。
汝應觀世間，其中人與天，淨業果成就，隨時受快樂。
一一毛孔中，億刹不思議，種種相莊嚴，未曾有迫隘。
眾生各各業，世界無量種，於中取著生，受苦樂不同。
有刹眾寶成，常放無邊光，金剛妙蓮華，莊嚴淨無垢。
有刹光為體，依止光輪住，金色栴檀香，焰雲普照明。
有刹月輪成，香衣悉周布，於一蓮華內，菩薩皆充滿。
有刹眾寶成，色相無諸垢，譬如天帝網，光明恒照耀。
有刹香為體，或是金剛華，摩尼光影形，觀察甚清淨。
或有難思刹，華旋所成就，化佛皆充滿，菩薩普光明。
或有清淨刹，悉是眾華樹，妙枝布道場，蔭以摩尼雲。
有刹淨光照，金剛華所成，有是佛化音，無邊列成網。
有刹如菩薩，摩尼妙寶冠，或有如座形，從化光明出。
或是栴檀末，或是眉間光，或佛光中音，而成斯妙刹。
有見清淨刹，以一光莊嚴，或見多莊嚴，種種皆奇妙。
或用十國土，妙物作嚴飾，或以千土中，一切為莊校；

或以億刹物，莊嚴於一土，種種相不同，皆如影像現。

不可說土物，莊嚴於一刹，各各放光明，如來願力起。

或有諸國土，願力所淨治，一切莊嚴中，普見眾刹海。

諸修普賢願，所得清淨土，三世刹莊嚴，一切於中現。

佛子汝應觀，刹種威神力，未來諸國土，如夢悉令見。

十方諸世界，過去國土海，咸於一刹中，現像猶如化。

三世一切佛，及以其國土，於一刹種中，一切悉觀見。

一切佛神力，塵中現眾土，種種悉明見，如影無真實。

或有眾多刹，其形如大海，或如須彌山，世界不思議。

有刹善安住，其形如帝網，或如樹林形，諸佛滿其中。

或作寶輪形，或有蓮華狀，八隅備眾飾，種種悉清淨。

或有如座形，或復有三隅，或如佉勒迦，城廓梵王身。

或如天主髻，或有如半月，或如摩尼山，或如日輪形。

或有世界形，譬如香海旋，或作光明輪，佛昔所嚴淨。

或有輪輞形，或有壇墠形，或如佛毫相，肉髻廣長眼。

或有如佛手，或如金剛杵，或如焰山形，菩薩悉周遍。

或如師子形，或如海蚌形，無量諸色相，體性各差別。

於一刹種中，刹形無有盡，皆由佛願力，護念得安住。

有刹住一劫，或住於十劫，乃至過百千，國土微塵數。

或於一劫中，見刹有成壞，或無量無數，乃至不思議。

或有刹有佛，或有刹無佛，或有唯一佛，或有無量佛。

國土若無佛，他方世界中，有佛變化來，為現諸能事。

沒天與降神，處胎及出生，降魔成正覺，轉無上法輪。

隨眾生心樂，示現種種相，為轉妙法輪，悉應其根欲。

一一佛刹中，一佛出興世，經於億千歲，演說無上法。

眾生非法器，不能見諸佛，若有心樂者，一切處皆見。

一一刹土中，各有佛興世，一切刹中佛，億數不思議。

此中一一佛，現無量神變，悉遍於法界，調伏眾生海。
有剎無光明，黑闇多恐懼，苦觸如刀劍，見者自酸毒。
或有諸天光，或有宮殿光，或日月光明，剎網難思議。
有剎自光明，或樹放淨光，未曾有苦惱，眾生福力故。
或有山光明，或有摩尼光，或以燈光照，悉眾生業力。
或有佛光明，菩薩滿其中，有是蓮華光，焰色甚嚴好。
有剎華光照，有以香水照，塗香燒香照，皆由淨願力。
有以雲光照，摩尼蚌光照，佛神力光照，能宣悅意聲。
或以寶光照，或金剛焰照，淨音能遠震，所至無眾苦。
或有摩尼光，或是嚴具光，或道場光明，照耀眾會中。
佛放大光明，化佛滿其中，其光普照觸，法界悉周遍。
有剎甚可畏，嘷叫大苦聲，其聲極酸楚，聞者生厭怖。
地獄畜生道，及以閻羅處，是濁惡世界，恒出憂苦聲。
或有國土中，常出可樂音，悅意順其教，斯由淨業得。
或有國土中，恒聞帝釋音，或聞梵天音，一切世主音。
或有諸剎土，雲中出妙聲，寶海摩尼樹，及樂音遍滿。
諸佛圓光內，化聲無有盡，及菩薩妙音，周聞十方剎。
不可思議國，普轉法輪聲，願海所出聲，修行妙音聲。
三世一切佛，出生諸世界，名號皆具足，音聲無有盡。
或有剎中聞，一切佛力音，地度及無量，如是法皆演。
普賢誓願力，億剎演妙音，其音若雷震，住劫亦無盡。
佛於清淨國，示現自在音，十方法界中，一切無不聞。

唐·實叉難陀譯《大方廣佛華嚴經·卷第六·如來現相品第二》

爾時，諸菩薩及一切世間主，作是思惟：

(1)云何是諸「佛地」？

(2)云何是諸「佛境界」？

(3)云何是諸「佛加持」？

(4)云何是諸「佛所行」？

(5)云何是諸「佛力」？

(6)云何是諸「佛無所畏」？

(7)云何是諸「佛三昧」？

(8)云何是諸「佛神通」？

(9)云何是諸「佛自在」？

(10)云何是諸「佛無能攝取」？

(11)云何是諸「佛眼」？

(12)云何是諸「佛耳」？

(13)云何是諸「佛鼻」？

(14)云何是諸「佛舌」？

(15)云何是諸「佛身」？

(16)云何是諸「佛意」？

(17)云何是諸「佛身光」？

(18)云何是諸「佛光明」？

(19)云何是諸「佛聲」？

(20)云何是諸「佛智」？

唯願世尊哀愍我等，開示演說！

又「十方世界海」，一切諸佛皆為諸菩薩說：

(1)世界海、

(2)眾生海、

(3)法海、

(4)安立海、

(5)佛海、

(6)佛波羅蜜海、

(7)佛解脫海、

(8)佛變化海、

(9)佛演說海、

(10)佛名號海、

(11)佛壽量海，及：

(12)一切菩薩誓願海、

(13)一切菩薩發趣海、

(14)一切菩薩助道海、

(15)一切菩薩乘海、

(16)一切菩薩行海、

(17)一切菩薩出離海、

(18)一切菩薩神通海、

(19)一切菩薩波羅蜜海、

(20)一切菩薩地海、

(21)一切菩薩智海。

願佛世尊亦為我等，如是而說！

爾時，諸菩薩威神力故，於一切供養具雲中，自然出音而說頌言：

無量劫中修行滿，菩提樹下成正覺，為度眾生普現身，如雲充遍盡未來。
眾生有疑皆使斷，廣大信解悉令發，無邊際苦普使除，諸佛安樂咸令證。
菩薩無數等剎塵，俱來此會同瞻仰，願隨其意所應受，演說妙法除疑惑。

云何了知諸佛地？云何觀察如來境？佛所加持無有邊，願示此法令清淨。
云何是佛所行處，而以智慧能明入？佛力清淨廣無邊，為諸菩薩應開示。
云何廣大諸三昧？云何淨治無畏法？神通力用不可量，願隨眾生心樂說。
諸佛法王如世主，所行自在無能制，及餘一切廣大法，為利益故當開演。
佛眼云何無有量？耳鼻舌身亦復然？意無有量復云何？願示能知此方便。
如諸剎海眾生海，法界所有安立海，及諸佛海亦無邊，願為佛子咸開暢。
永出思議眾度海，普入解脫方便海，所有一切法門海，此道場中願宣說。

爾時，世尊知諸菩薩心之所念，即於面門眾齒之間，放佛剎微塵數光明，
所謂：
(1)眾寶華遍照光明、
(2)出種種音莊嚴法界光明、
(3)垂布微妙雲光明、
(4)十方佛坐道場現神變光明、
(5)一切寶焰雲蓋光明、
(6)充滿法界無礙光明、
(7)遍莊嚴一切佛剎光明、
(8)迴建立清淨金剛寶幢光明、
(9)普莊嚴菩薩眾會道場光明、
(10)妙音稱揚一切佛名號光明。
如是等佛剎微塵數，一一復有佛剎微塵數光明以為眷屬，其光悉具眾妙
寶色，普照十方各一億佛剎微塵數「世界海」。彼「世界海」諸菩薩眾，於
光明中，各得見此「華藏莊嚴世界海」。以佛神力，其光於彼一切菩薩眾
會之前而說頌言：

無量劫中修行海，供養十方諸佛海，化度一切眾生海，今成妙覺遍照尊。
毛孔之中出化雲，光明普照於十方，應受化者咸開覺，令趣菩提淨無礙。

佛昔往來諸趣中，教化成熟諸群生，神通自在無邊量，一念皆令得解脫。

摩尼妙寶菩提樹，種種莊嚴悉殊特，佛於其下成正覺，放大光明普威耀。

大音震吼遍十方，普為弘宣寂滅法，隨諸眾生心所樂，種種方便令開曉。

往修諸度皆圓滿，等於千剎微塵數，一切諸力悉已成，汝等應往同瞻禮。

十方佛子等剎塵，悉共歡喜而來集，已雨諸雲為供養，今在佛前專觀仰。

如來一音無有量，能演契經深大海，普雨妙法應群心，彼兩足尊宜往見。

三世諸佛所有願，菩提樹下皆宣說，一剎那中悉現前，汝可速詣如來所。

毘盧遮那大智海，面門舒光無不見，今待眾集將演音，汝可往觀聞所說。

爾時，「十方世界海」一切眾會，蒙佛光明所開覺已，各共來詣毘盧遮那如來所，親近供養。所謂：

1

此「華藏莊嚴世界海」東，次有「世界海」，名「清淨光蓮華莊嚴」。彼「世界種」中，有國土名「摩尼瓔珞金剛藏」，佛號「法水覺虛空無邊王」。

(1)於彼如來大眾海中，有菩薩摩訶薩，名「觀察勝法蓮華幢」，與「世界海」微塵數諸菩薩俱，來詣佛所，

(2)各現十種「菩薩身相雲」，遍滿虛空而不散滅；

(3)復現十種「雨一切寶蓮華光明雲」，

(4)復現十種「須彌寶峯雲」，

(5)復現十種「日輪光雲」，

(6)復現十種「寶華瓔珞雲」，

(7)復現十種「一切音樂雲」，

(8)復現十種「末香樹雲」，

(9)復現十種「塗香燒香眾色相雲」，

(10)復現十種「一切香樹雲」。

如是等「世界海」微塵數「諸供養雲」，悉遍虛空而不散滅。現是雲已，向

佛作禮，以為供養。即於東方，各化作「種種華光明藏」師子之座，於其座上，結跏趺坐。

2

此「華藏世界海」南，次有「世界海」，名「一切寶月光明莊嚴藏」。彼「世界種」中，有國土名「無邊光圓滿莊嚴」，佛號「普智光明德須彌王」。

(1)於彼如來大眾海中，有菩薩摩訶薩，名「普照法海慧」，與「世界海」微塵數諸菩薩俱，來詣佛所。

(2)各現十種「一切莊嚴光明藏摩尼王雲」，遍滿虛空而不散滅；

(3)復現十種「雨一切寶莊嚴具普照耀摩尼王雲」，

(4)復現十種「寶焰熾然稱揚佛名號摩尼王雲」，

(5)復現十種「說一切佛法摩尼王雲」，

(6)復現十種「眾妙樹莊嚴道場摩尼王雲」，

(7)復現十種「寶光普照現眾化佛摩尼王雲」，

(8)復現十種「普現一切道場莊嚴像摩尼王雲」，

(9)復現十種「密焰燈說諸佛境界摩尼王雲」，

(10)復現十種「不思議佛剎宮殿像摩尼王雲」，

(11)復現十種「普現三世佛身像摩尼王雲」。

如是等「世界海」微塵數「摩尼王雲」，悉遍虛空而不散滅。現是雲已，向佛作禮，以為供養。即於南方，各化作「帝青寶閻浮檀金蓮華藏」師子之座，於其座上，結跏趺坐。

3

此「華藏世界海」西，次有「世界海」，名「可愛樂寶光明」。彼「世界種」中，有國土名「出生上妙資身具」，佛號「香焰功德寶莊嚴」。

(1)於彼如來大眾海中，有菩薩摩訶薩，名「月光香焰普莊嚴」，與「世界海」微塵數諸菩薩俱，來詣佛所，

(2)各現十種「一切寶香眾妙華樓閣雲」，遍滿虛空而不散滅；

(3)復現十種「無邊色相眾寶王樓閣雲」，

(4)復現十種「寶燈香焰樓閣雲」，

(5)復現十種「一切真珠樓閣雲」，

(6)復現十種「一切寶華樓閣雲」，

(7)復現十種「寶瓔珞莊嚴樓閣雲」，

(8)復現十種「普現十方一切莊嚴光明藏樓閣雲」，

(9)復現十種「眾寶末間錯莊嚴樓閣雲」，

(10)復現十種「周遍十方一切莊嚴樓閣雲」，

(11)復現十種「華門鐸網樓閣雲」。

如是等「世界海」微塵數「樓閣雲」，悉遍虛空而不散滅。現是雲已，向佛作禮，以為供養。即於西方，各化作「真金葉大寶藏」師子之座，於其座上，結跏趺坐。

4

此「華藏世界海」北，次有「世界海」，名「毘瑠璃蓮華光圓滿藏」。彼「世界種」中，有國土名「優鉢羅華莊嚴」，佛號「普智幢音王」。

(1)於彼如來大眾海中，有菩薩摩訶薩，名「師子奮迅光明」，與「世界海」微塵數諸菩薩俱，來詣佛所，

(2)各現十種「一切香摩尼眾妙樹雲」，遍滿虛空而不散滅；

(3)復現十種「密葉妙香莊嚴樹雲」，

(4)復現十種「化現一切無邊色相樹莊嚴樹雲」，

(5)復現十種「一切華周布莊嚴樹雲」，

(6)復現十種「一切寶焰圓滿光莊嚴樹雲」，

(7)復現十種「現一切栴檀香菩薩身莊嚴樹雲」，

(8)復現十種「現往昔道場處不思議莊嚴樹雲」，

(9)復現十種「眾寶衣服藏如日光明樹雲」，

(10)復現十種「普發一切悅意音聲樹雲」。

如是等「世界海」微塵數「樹雲」，悉遍虛空而不散滅。現是雲已，向佛作禮，以為供養。即於北方，各化作「摩尼燈蓮華藏」師子之座，於其座上，結跏趺坐。

5

此「華藏世界海」東北方，次有「世界海」，名「閻浮檀金玻瓈色幢」。彼「世界種」中，有國土名「眾寶莊嚴」，佛號「一切法無畏燈」。

(1)於彼如來大眾海中，有菩薩摩訶薩，名「最勝光明燈無盡功德藏」，與「世界海」微塵數諸菩薩俱，來詣佛所，

(2)各現十種「無邊色相寶蓮華藏師子座雲」，遍滿虛空而不散滅；

(3)復現十種「摩尼王光明藏師子座雲」，

(4)復現十種「一切莊嚴具種種校飾師子座雲」，

(5)復現十種「眾寶鬘燈焰藏師子座雲」，

(6)復現十種「普雨寶瓔珞師子座雲」，

(7)復現十種「一切香華寶瓔珞藏師子座雲」，

(8)復現十種「示現一切佛座莊嚴摩尼王藏師子座雲」，

(9)復現十種「戶牖階砌及諸瓔珞一切莊嚴師子座雲」，

(10)復現十種「一切摩尼樹寶枝莖藏師子座雲」，

(11)復現十種「寶香間飾日光明藏師子座雲」。

如是等「世界海」微塵數「師子座雲」，悉遍虛空而不散滅。現是雲已，向佛作禮，以為供養。即於東北方，各化作「寶蓮華摩尼光幢」師子之座，於其座上，結跏趺坐。

6

此「華藏世界海」東南方，次有「世界海」，名「金莊嚴瑠璃光普照」。彼「世界種」中有國土，名「清淨香光明」，佛號「普喜深信王」。

(1)於彼如來大眾海中，有菩薩摩訶薩，名「慧燈普明」，與「世界海」微塵
數諸菩薩俱，來詣佛所，

(2)各現十種「一切如意王摩尼帳雲」，遍滿虛空而不散滅；

(3)復現十種「帝青寶一切華莊嚴帳雲」，

(4)復現十種「一切香摩尼帳雲」，

(5)復現十種「寶焰燈帳雲」，

(6)復現十種「示現佛神通說法摩尼王帳雲」，

(7)復現十種「現一切衣服莊嚴色像摩尼帳雲」，

(8)復現十種「一切寶華叢光明帳雲」，

(9)復現十種「寶網鈴鐸音帳雲」，

(10)復現十種「摩尼為臺蓮華為網帳雲」，

(11)復現十種「現一切不思議莊嚴具色像帳雲」。

如是等「世界海」微塵數「眾寶帳雲」，悉遍虛空而不散滅。現是雲已，向
佛作禮，以為供養。即於東南方，各化作「寶蓮華藏」師子之座，於其座
上，結跏趺坐。

ㄱ

此「華藏世界海」西南方，次有「世界海」，名「日光遍照」。彼「世界種」
中，有國土名「師子日光明」，佛號「普智光明音」。

(1)於彼如來大眾海中，有菩薩摩訶薩，名「普華光焰髻」，與「世界海」微
塵數諸菩薩俱，來詣佛所，

(2)各現十種「眾妙莊嚴寶蓋雲」，遍滿虛空而不散滅；

(3)復現十種「光明莊嚴華蓋雲」，

(4)復現十種「無邊色真珠藏蓋雲」，

(5)復現十種「出一切菩薩悲愍音摩尼王蓋雲」，

(6)復現十種「眾妙寶焰鬘蓋雲」，

(7)復現十種「妙寶嚴飾垂網鐸蓋雲」，

(8)復現十種「摩尼樹枝莊嚴蓋雲」，

(9)復現十種「日光普照摩尼王蓋雲」，

(10)復現十種「一切塗香燒香蓋雲」，

(11)復現十種「栴檀藏蓋雲」，

(12)復現十種「廣大佛境界普光明莊嚴蓋雲」。

如是等「世界海」微塵數「眾寶蓋雲」，悉遍虛空而不散滅。現是雲已，向佛作禮，以為供養。即於西南方，各化作「帝青寶光焰莊嚴藏」師子之座，於其座上，結跏趺坐。

8

此「華藏世界海」西北方，次有「世界海」，名「寶光照耀」。彼「世界種」中，有國土名「眾香莊嚴」，佛號「無量功德海光明」。

(1)於彼如來大眾海中，有菩薩摩訶薩，名「無盡光摩尼王」，與「世界海」微塵數諸菩薩俱，來詣佛所，

(2)各現十種「一切寶圓滿光雲」，遍滿虛空而不散滅：

(3)復現十種「一切寶焰圓滿光雲」，

(4)復現十種「一切妙華圓滿光雲」，

(5)復現十種「一切化佛圓滿光雲」，

(6)復現十種「十方佛土圓滿光雲」，

(7)復現十種「佛境界雷聲寶樹圓滿光雲」，

(8)復現十種「一切瑠璃寶摩尼王圓滿光雲」，

(9)復現十種「一念中現無邊眾生相圓滿光雲」，

(10)復現十種「演一切如來大願音圓滿光雲」，

(11)復現十種「演化一切眾生音摩尼王圓滿光雲」。

如是等「世界海」微塵數「圓滿光雲」，悉遍虛空而不散滅。現是雲已，向佛作禮，以為供養。即於西北方，各化作「無盡光明威德藏」師子之座，於其座上，結跏趺坐。

9

此「華藏世界海」下方，次有「世界海」，名「蓮華香妙德藏」。彼「世界種」中，有國土名「寶師子光明照耀」，佛號「法界光明」。

(1)於彼如來大眾海中，有菩薩摩訶薩，名「法界光焰慧」，與「世界海」微塵數諸菩薩俱，來詣佛所，

(2)各現十種「一切摩尼藏光明雲」，遍滿虛空而不散滅；

(3)復現十種「一切香光明雲」，

(4)復現十種「一切寶焰光明雲」，

(5)復現十種「出一切佛說法音光明雲」，

(6)復現十種「現一切佛土莊嚴光明雲」，

(7)復現十種「一切妙華樓閣光明雲」，

(8)復現十種「現一切劫中諸佛教化眾生事光明雲」，

(9)復現十種「一切無盡寶華蘂光明雲」，

(10)復現十種「一切莊嚴座光明雲」。

如是等「世界海」微塵數「光明雲」，悉遍虛空而不散滅。現是雲已，向佛作禮，以為供養。即於下方，各化作「寶焰燈蓮華藏」師子之座，於其座上，結跏趺坐。

10

此「華藏世界海」上方，次有「世界海」，名「摩尼寶照耀莊嚴」。彼「世界種」中，有國土名「無相妙光明」，佛號「無礙功德光明王」。

(1)於彼如來大眾海中，有菩薩摩訶薩，名「無礙力精進慧」，與「世界海」微塵數諸菩薩俱，來詣佛所。

(2)各現十種「無邊色相寶光焰雲」，遍滿虛空而不散滅；

(3)復現十種「摩尼寶網光焰雲」，

(4)復現十種「一切廣大佛土莊嚴光焰雲」，

(5)復現十種「一切妙香光焰雲」，

(6)復現十種「一切莊嚴光焰雲」，

(7)復現十種「諸佛變化光焰雲」，

(8)復現十種「衆妙樹華光焰雲」，

(9)復現十種「一切金剛光焰雲」，

(10)復現十種「說無邊菩薩行摩尼光焰雲」，

(11)復現十種「一切真珠燈光焰雲」。

如是等「世界海」微塵數「光焰雲」，悉遍虛空而不散滅。現是雲已，向佛作禮，以為供養。即於上方，各化作「演佛音聲光明蓮華藏」師子之座，於其座上，結跏趺坐。

十方世界海安立圖

華藏莊嚴世界海

無礙功德
光明王佛
摩尼寶照耀
莊嚴世界海
無相妙
光明國土

普智幢
音王佛
毘瑠璃蓮華光
圓滿藏世界海
優鉢羅華
莊嚴國土

一切法
無畏燈佛
閻浮檀金玻瓈
色幢世界海
眾寶莊嚴國土

無量功德海
光明佛
寶光照耀
世界海
眾香莊嚴
國土

法水覺虛空
無邊王佛
清淨光蓮華莊嚴
世界海
摩尼瓔珞
金剛藏國土

香焰功德寶
莊嚴佛
可愛樂寶光明
世界海
出生上妙資
身具國土

普喜深信王佛
金莊嚴瑠璃光
普照世界海
清淨香光明
國土

普智
光明普佛
日光遍照
世界海
師子日光明
國土

普智光明德
須彌王佛
一切寶月光明
莊嚴藏世界海
無邊光圓滿
莊嚴國土

法界光明佛
蓮華香
妙德藏世界海
寶師子光明
照耀國土

果濱監製

(1)如是等「十億」佛剎微塵數「世界海」中，有「十億」佛剎微塵數菩薩摩訶薩，一一各有「世界海」微塵數諸菩薩眾，前後圍遶而來集會。

(2)是諸菩薩，一一各現「世界海」微塵數種種莊嚴諸供養雲，悉遍虛空而不散滅。

(3)現是雲已，向佛作禮，以為供養。

(4)隨所來方，各化作種種寶莊嚴師子之座，於其座上，結跏趺坐。

(5)如是坐已，其諸菩薩身毛孔中，一一各現十「世界海」微塵數一切寶種種色光明；

(6)一一光中，悉現十「世界海」微塵數諸菩薩，皆坐蓮華藏師子之座。

(7)此諸菩薩，悉能遍入「一切法界諸安立海」所有微塵；

(8)彼一一塵中，皆有十佛世界微塵數諸廣大剎；

(9)一一剎中，皆有三世諸佛世尊。

(10)此諸菩薩，悉能遍往親近供養：

(1)於念念中，以夢自在，示現法門，開悟「世界海」微塵數眾生，

(2)念念中，以示現一切諸天沒生法門，開悟「世界海」微塵數眾生，

(3)念念中，以說一切菩薩行法門，開悟「世界海」微塵數眾生，

(4)念念中，以普震動一切剎歎佛功德神變法門，開悟「世界海」微塵數眾生，

(5)念念中，以嚴淨一切佛國土顯示一切大願海法門，開悟「世界海」微塵數眾生，

(6)念念中，以普攝一切眾生言辭佛音聲法門，開悟「世界海」微塵數眾生，

(7)念念中，以能雨一切佛法雲法門，開悟「世界海」微塵數眾生，

(8)念念中，以光明普照十方國土周遍法界示現神變法門，開悟「世界海」微塵數眾生，

(9)念念中，以普現佛身充遍法界一切如來解脫力法門，開悟「世界海」

微塵數眾生，

(10)念念中，以普賢菩薩建立一切眾會道場海法門，開悟「世界海」微塵
數眾生。

如是普遍一切法界，隨眾生心，悉令開悟。

(1)念念中，一一國土，各令如須彌山微塵數眾生墮惡道者，永離其苦，

(2)各令如須彌山微塵數眾生住邪定者，入正定聚，

(3)各令如須彌山微塵數眾生，隨其所樂生於天上，

(4)各令如須彌山微塵數眾生，安住聲聞、辟支佛地，

(5)各令如須彌山微塵數眾生，事善知識具眾福行，

(6)各令如須彌山微塵數眾生，發於無上菩提之心，

(7)各令如須彌山微塵數眾生，趣於菩薩不退轉地，

(8)各令如須彌山微塵數眾生，得淨智眼，見於如來所見一切諸平等法，

(9)各令如須彌山微塵數眾生，安住諸力諸願海中，以無盡智而為方便淨
諸佛國，

(10)各令如須彌山微塵數眾生，皆得安住毘盧遮那廣大願海，生如來家。

爾時，諸菩薩光明中同時發聲，說此頌言：

諸光明中出妙音，普遍十方一切國，演說佛子諸功德，能入菩提之妙道。
劫海修行無厭倦，令苦眾生得解脫，心無下劣及勞疲，佛子善入斯方便。
盡諸劫海修方便，無量無邊無有餘，一切法門無不入，而恒說彼性寂滅。
三世諸佛所有願，一切修治悉令盡，即以利益諸眾生，而為自行清淨業。
一切諸佛眾會中，普遍十方無不往，皆以甚深智慧海，入彼如來寂滅法。
一一光明無有邊，悉入難思諸國土，清淨智眼普能見，是諸菩薩所行境。
菩薩能住一毛端，遍動十方諸國土，不令眾生有怖想，是其清淨方便地。
一一塵中無量身，復現種種莊嚴剎，一念沒生普令見，獲無礙意莊嚴者。

三世所有一切劫，一剎那中悉能現，知身如幻無體相，證明法性無礙者。
普賢勝行皆能入，一切眾生悉樂見，佛子能住此法門，諸光明中大音吼。

本書參考文獻

一、藏經部份

（底下 1~21 皆從 CBETA 電子佛典集成 April 2011 中所檢索）

1. 唐・實叉難陀譯《大方廣佛華嚴經》。八十卷。
2. 東晉・佛馱跋陀羅譯《大方廣佛華嚴經》。六十卷。
3. 唐・般若譯《大方廣佛華嚴經》。四十卷。
4. 《大方廣佛華嚴經隨疏演義鈔》。
5. 《最勝問菩薩十住除垢斷結經》。
6. 《度世品經》。
7. 《續華嚴經略疏刊定記》。
8. 《法界安立圖》。
9. 《妙法蓮華經文句》。
10. 《正法華經》。
11. 《妙法蓮華經》。
12. 《大般涅槃經》。
13. 《佛說聖觀自在菩薩梵讚》。
14. 《大佛頂如來密因修證了義諸菩薩萬行首楞嚴經》。
15. 《楞嚴經疏解蒙鈔》。
16. 《楞嚴經圓通疏》。
17. 《楞嚴經正脉疏》。
18. 《大方廣總持寶光明經》。
19. 《大乘入楞伽經》。
20. 《摩訶止觀》。
21. 《摩訶止觀義例隨釋》。

22. 《四教儀註彙補輔宏記》。

23. 《四分律含注戒本疏行宗記》。

24. 《註法華本迹十不二門》。

25. 《梵網經菩薩戒本疏》。

26. 《占察善惡業報經》。

27. 《止觀輔行傳弘決》。

28. 《大明三藏法數》。

29. 《大寶積經》。

30. 《佛說大般泥洹經》。

31. 《大方等無想經》。

32. 《大集大虛空藏菩薩所問經》。

33. 《八識規矩頌解》。

34. 《成實論》。

35. 《法華義疏》。

36. 《法華統略》。

37. 《妙法蓮華經玄贊》。

二、中文圖書

1. 格林(BrianGreene)著，李泳譯：《宇宙的琴弦》，湖南科學技術出版
   社。2007 年 06 月。

2. 史蒂芬·霍金著，許明賢、吳忠超譯：《時間簡史》，湖南科學技術出
   版社。2001 年 3 月第 2 版第 21 次印刷。

3. 谷口義明著，林志隆譯：《不可思議的銀河》，世茂出版社。2001 年
   12 月。

4. 陳琪瑛：《華嚴經·入法界品：空間美感的當代詮釋》，台北法鼓出
   版社。2007 年 09 月 01 日。

5. 龍樹菩薩釋，迦色編著：《圖解華嚴經：讀懂經中之王》。陝西師範

大學出版社。2008 年 04 月 01 日。

6. 李水根、趙翔鵬編著：《二維和高維空間的分形圖形藝術》。中國大陸科學出版社。2009 年 1 月 1 日發行。

7. 釋天蓮《八十華嚴經・華藏世界品》之探究。台北華嚴專宗學院大學部第七屆畢業論文。1999、6。

8. 李治華「華藏世界安立圖象新詮」。台北《華嚴專宗學院佛學研究所論文集七》。

9. 法爾科內《分形幾何中的技巧》。東北大學出版社。1999 年 6 月。

10. 辛厚文主編《分形理論及其應用》。中國科技大學出版社，1993。

11. 孫博文《電腦分形藝術》。黑龍江美術出版社，1999。

12. 金以文、魯世傑《分形幾何原理及其應用》，浙江大學出版社，1998。

13. 李水根、趙翔鵬《二維和高維空間的分形圖形藝術》。大陸科學出版社，2009。

14. Mandelbrot 撰《大自然的分形幾何學》（最新修訂本）。上海遠東出版，1998 年。

15. 林鴻溢，李映雪編著《分形論～奇異性探索》。北京理工大學出版社。1992 年 9 月。

16. 林國弘等譯（Brian Greene 原著），《優雅的宇宙》，台北：台灣商務，2003。

17. 麥可・泰波/著，潘定凱譯《全像宇宙投影三部曲》（Michael Talbot, The Holographic Universe）。臺北：琉璃光出版，1997 年 12 月 1 日。

18. 張穎清《生物全息診療法》。山東大學出版，1987 年 3 月。

19. 潘金貴《分形藝術程序設計》，南京大學出版社，1998 年 3 月。

20. 王興元《廣義 M-J 集的分形機理》，大連理工大學出版社，2002 年 5 月。

21. 曾國屏等編《分形-大自然的藝術構造》，山東教育出版社出版發行，1996 年 12 月。

22. 顏澤賢《現在系統理論》，台北：遠流。1993 年 8 月。

23. 曹天元 Capo 撰《上帝擲骰子嗎：量子物理史話》，台北：八方出版社，2007 年 07 月。

24. 楊展如《分形物理學》，上海科技教育出版社，1996 年 9 月。

25. 嚴春友、嚴春寶《文化全息論》，山東人民出版社。1991 年 5 月。

26. 劉式達、梁福明、劉式適、辛國君編著《自然科學中的混沌和分形》，北京大學出版社，2003 年 11 月。

27. 肯尼士.法爾科內著，曾文曲、王向陽譯《分形幾何中的技巧》，東北大學出版社，1999 年 6 月。

28. 陳凌著《分形幾何學》，大陸地震出版社，1998 年 7 月。

29. K.j.Falconer 著《分形集幾何學》，中國礦業大學出版社，1992 年 7 月。

30. 文志英著《分形幾何的數學基礎》，上海科教出版社，1998 年 7 月。

31. 謝和平等著《分形幾何——數學基措應用》，重慶大學出版社，1991 年 5 月。

32. 汪國泉、李後強著《分形幾何與動力系統》，黑龍江教育出版社，1993 年。

33. 本社編著《分形·標度及遠離平衡態的增長》，清華大學出版社，2000 年 6 月。

34. 張志三著《科學家談物理-漫談分形》，湖南教育出版社，1994 年 12 月。

35. 辛厚文著《分形介質反應動力學》，上海科技教育出版社，1997 年 12 月。

36. 王橋等著，武漢測繪《地圖資訊的分形描述與自動綜合研究》，成都科技大學出版社，1998 年 9 月。

37. 李崇靖主編《分形的理論及應用》，雲南大學出版社，1996 年 9 月。

38. 史蒂芬・霍金/原著，葉李華譯《胡桃裡的宇宙》（The universe in a

nutshell），台北：大塊文化出版，2001 年 11 月。

39. 鄒方《果殼中的宇宙導讀》，湖南科技出版社，2007 年 12 月。

40. 桂格・布萊登（Gregg Braden）原作，達娃譯《無量之網：一個讓你看見奇蹟，超越極限，心想事成的神祕境地》（The Divine Matrix: Bridging Time, Space, Miracles, and Belief）。台北：橡實文化出版。2010 年 02 月。

41. 談錫永譯。《入楞伽經梵本新譯》。台北市：全佛文化，2005，12。

42. 格林(BrianGreene)著，李泳譯：《宇宙的琴弦》，湖南科學技術出版社。2007 年 6 月。

43. 姜放著《構造宇宙的空間基本單元》(統一的物質統一的力)，中國大陸知識產權出版社，2009 年 8 月。

44. Lynne McTaggart(琳恩・麥塔格特)著，梁永安譯《念力的祕密：叫喚自己的內在力量》(《The Intention Experiment: Using Your Thoughts to Change Your Life and the World》)。臺北：橡實文化出版，2008 年 9 月。

45. 馬可・亞科波尼(Marco Iacoboni)著，洪蘭譯《天生愛學樣：發現鏡像神經元》(Mirroring people)。臺北：遠流出版，2009 年 7 月。

46. 麗塔・卡特著(Rita Carter)，洪蘭譯《大腦的祕密檔案》(《Mapping the Mind》)，台北：遠流出版，2002 年 2 月。

47. Cordelia Fine 著，饒偉立譯《住在大腦裡的八個騙子》。台北：大塊文化出版社，2007 年 4 月。

48. Rebecca Rupp 著，洪蘭譯《記憶的秘密》。台北：貓頭鷹出版社。2004 年 2 月。

49. Elkhonon Goldberg 著，洪蘭譯《大腦總指揮》。台北：遠流出版社。2004 年 3 月。

50. Jeffrey M. Schwartz / Sharon Begley 著，張美惠譯《重塑大腦》。台北：時報出版社。2003 年 12 月。

51. 朗達‧拜恩（Rhonda Byrne）原作，謝明憲譯《祕密》（The Secret）。
台北：方智出版。2007 年 06 月。

三、影片資料

1. 影片：我們到底知道多少續集：掉進兔子洞（What the BLEEP –
Down the Rabbit Hole）。2006 年美國發行。

2. 影片：PBS NOVA。片名：宇宙的結構之量子躍遷（PBS NOVA
S39E07：The Fabric of the Cosmos Quantum Leap）。《PBS：新星第
38-39 季》2010 年 11 月發行。

3. 影片：PBS NOVA。片名：宇宙的結構之多重宇宙（PBS NOVA
S39E08：The Fabric of the Cosmos Universe or Multiverse）。《PBS：
新星第 38-39 季》2010 年 11 月發行。

4. 影片：「與摩根 弗裡曼一起探索宇宙的起源」第二季第一集：有死
後之生嗎？英國 2010 年 6 月發行。

5. 影片：「眼見真的為實」？(BBC Horizon 2010：Is Seeing Believing ?)。

6. 影片：「神秘的你」(BBC The Secret You 2009)。

7. 影片：「天才是怎樣煉成的」(BBC Horizon：What Makes a Genius 2010)。

8. 影片：「超能力人類」(Discovery Channel：Real Superhumans)。

9. 影片：「史丹 李的特異功能」(Stan Lee's Superhumans)二季共 21 集。

四、西文圖書

1. David Bohm, "Wholeness and the Implicate Order"，（Routledge Press, 2002 11）。

2. Sir Charles Eliot, "Japanese Buddhism"，（London:Routledge & Kegan Paul ,1959）。

3. Alain Aspect, Claude Fabre, Gilbert Grynberg, "Introduction to Quantum

Optics: From the Semi-classical Approach to Quantized Light", （Cambridge University Press, 2010 10）。

4. Joseph Chilton Pearce, "The Crack in the Cosmic Egg", （New York：Pocket Books，1974）。

5. Michael Talbot, "The Holographic Universe", （New York：Harper Perennial Press, 1992）。

6. Gary Zukav, "The Dancing Wu Li Masters：An Overview of the New Physics", （Bantam Books New York Press 2001 8）。

7. Arthur Fabel and Donald St. John, "Teilhard In The 21st Century: The Emerging Spirit Of Earth",（Maryknoll, New York：Orbis Books, 2003）。

8. Diarmuid O'Murchu, "Quantum Theology", （New York: The Crossroad Publishing Company. 1997）。

9. Stephen Hawking, "The Universe in a Nutshell", （Bantam Press 2001 11）。

10. Deepak Chopra, "The Spontaneous Fulfillment of Desire", （New York：Three Rivers Press, 2003）。

果濱其餘著作一覽表

一、《大佛頂首楞嚴王神咒・分類整理》(國語)。1996 年 8 月。大乘精舍
　　印經會發行。➔書籍編號 C-202。

二、《生死關初篇》。1996 年 9 月。大乘精舍印經會發行。
　　➔書籍編號 C-207。

三、《雞蛋葷素説》。1998 年。大乘精舍印經會發行。
　　➔ISBN：957-8389-12-4。

四、《生死關全集》。1998 年。和裕出版社發行。
　　➔ISBN：957-8921-51-9。

五、《大悲神咒集解(附千句大悲咒文)》。2002 年 9 月。臺南噶瑪噶居法
　　輪中心貢噶寺發行。新鳴遠出版有限公司製作。
　　➔ISBN：957-28070-0-5。

六、《唐密三大咒修持法要全集》。2006 年 8 月。新鳴遠出版有限公司發
　　行。➔ISBN：978-957-8206-28-1。

七、2007 年 8 月出版的《穢跡金剛法全集》。新鳴遠出版有限公司發行。
　　➔ISBN：978-957-8206-31-1。

八、《楞嚴經聖賢錄》(上下冊)。2007 年 8 月及 2012 年 8 月。萬卷樓圖書
　　股份有限公司發行。
　　➔ISBN：978-957-739-601-3(上冊)。ISBN 978-957-739-765-2(下冊)。

九、《《楞嚴經》傳譯及其真偽辯證之研究》。2009 年 8 月。萬卷樓圖書
　　股份有限公司發行。➔ISBN：978-957-739-659-4。

十、《果濱學術論文集(一)》。2010 年 9 月。萬卷樓圖書股份有限公司發
　　行。➔ISBN：978-957-739-688-4。

十一、《淨土聖賢錄・五編(合訂版)》。2011 年 7 月初版。萬卷樓圖書股
　　份有限公司發行。➔ISBN：978-957-739-714-0。

十二、《漢譯《法華經》三種譯本比對暨研究(全彩版)》。2013 年 9 月初版。萬卷樓圖書股份有限公司發行。→ISBN：978-957-739-816-1。

十三、《漢傳佛典「中陰身」之研究》。2014 年 2 月初版。萬卷樓圖書股份有限公司發行。→ISBN：978-957-739-851-2。

十四、《華嚴經》與哲學科學會通之研究》。2014 年 2 月初版。萬卷樓圖書股份有限公司發行。→ISBN：978-957-739-852-9。

十五、《楞嚴經》大勢至菩薩「念佛圓通章」釋疑之研究》。2014 年 2 月初版。萬卷樓圖書股份有限公司發行。
→ISBN：978-957-739-857-4。

✠大乘精舍印經會。地址：臺北市漢口街一段 132 號 6 樓。電話：(02)23145010、23118580

✠和裕出版社。地址：臺南市海佃路二段 636 巷 5 號。電話：(06)2454023

✠萬卷樓圖書股份有限公司。地址：臺北市羅斯福路二段 41 號 6 樓之 3。電話：(02)23216565、23952992

果濱佛學專長

一、漢傳佛典生老病學。二、漢傳佛典死亡學。三、悉曇梵咒學。四、楞伽學。五、維摩學。六、般若學(《金剛經》+《大般若經》+《文殊師利所說般若波羅蜜經)。七、十方淨土學。八、佛典兩性哲學。九、佛典宇宙天文學。

十、中觀學。十一、唯識學(唯識三十頌+《成唯識論》)。十二、楞嚴學。

十三、唯識腦科學。十四、敦博本六祖壇經學。十五、佛典與科學。

十六、法華學。十七、佛典人文思想。十八、《唯識双密學》(《解深密經+密嚴經》)。十九、佛典數位教材電腦。二十、華嚴經科學。

國家圖書館出版品預行編目(CIP)資料

《華嚴經》與哲學科學會通之研究/ 果濱 撰.－
初版.－ 臺北市：萬卷樓, 2014.02
面；　公分
ISBN 978-957-739-852-9(精裝)

1.華嚴部

221.2   103001677

《華嚴經》與哲學科學會通之研究

2014 年 2 月初版 軟精裝　　　　　定 價：新台幣 480 元

ISBN 978-957-739-852-9

編　著　者：陳士濱（法名：果濱）
　　　　　　現為德霖技術學院通識中心專任教師
發　行　人：陳滿銘
封 面 設計：張守志
出　版　者：萬卷樓圖書股份有限公司
編輯部地址：106 臺北市羅斯福路二段 41 號 9 樓之 4
電話：02-23216565
傳真：02-23218698
E-mail：wanjuan@seed.net.tw
萬卷樓網路書店：http://www.wanjuan.com.tw
發行所地址：106 臺北市羅斯福路二段 41 號 6 樓之 3
電話：02-23216565
傳真：02-23944113
劃撥帳號：15624015
作 者 網站：http://www.ucchusma.net/sitatapatra/
承 印 廠 商：中茂分色製版印刷事業股份有限公司
◉版權所有　翻印必究◉
新聞局出版事業登記證局版臺業字第 5655 號
（如有缺頁、破損、倒裝，請寄回本公司更換，謝謝）